基于模型理论的
信息系统开发基础

モデル理論アプローチ
情報システム開発の基礎

[日]高原康彦　斋藤敏雄　旭贵朗　｜　著
柴直树　竹田信夫　高木彻

赵群飞　**校译**

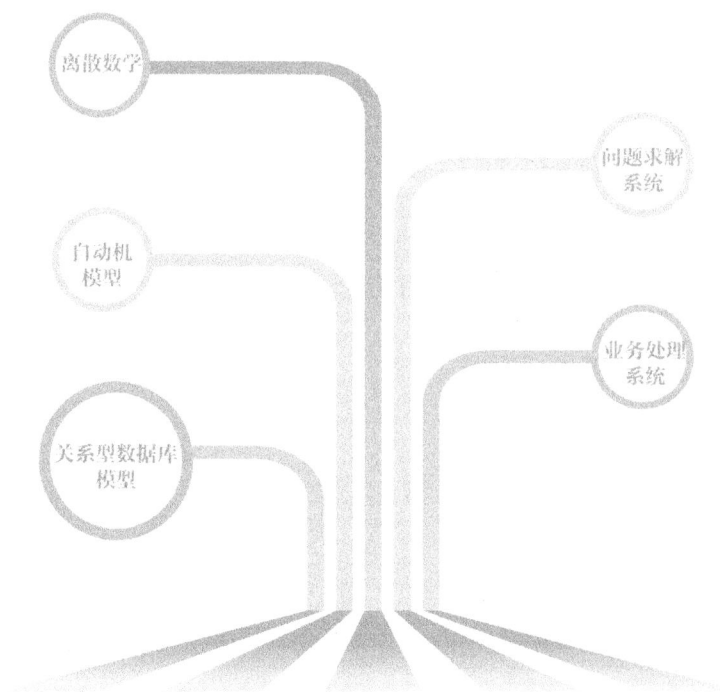

离散数学

问题求解
系统

自动机
模型

业务处理
系统

关系型数据库
模型

上海交通大学出版社
SHANGHAI JIAO TONG UNIVERSITY PRESS

内容提要

本书的初衷是希望读者从逻辑训练着手,在学习系统基础理论的同时,实践展开信息系统开发。与传统方法不同,本书没有把信息系统作为软件工程的研究对象,而是将其作为系统理论的研究对象,用系统理论的方法来实现信息系统的开发。全书共有 8 章,可分为两部分:第一部分包括第 1 章至第 4 章,是系统理论的基础部分,介绍了离散数学的基本概念和定义,自动机模型和关系型数据库模型等内容;第二部分包括第 5 章至第 8 章,是信息系统开发的实践部分,结合问题求解系统、业务处理系统等实例,介绍了在特定的系统开发环境下把模型理论应用于信息系统开发的展开方法。本书的日文版作为信息管理专业等多个学科的本科生用教科书,自出版以来被日本多所大学采用,颇受欢迎,并于2016 年修订后再次出版。现译为中文出版,可用作高等院校各类相关专业的教科书或自学参考书。

图书在版编目(CIP)数据

基于模型理论的信息系统开发基础/(日)高原康彦等著;赵群飞校译.—上海:
上海交通大学出版社,2020
ISBN 978 - 7 - 313 - 23713 - 2

Ⅰ.①基…　Ⅱ.①高…②赵…　Ⅲ.①信息系统—系统开发—教材
Ⅳ.①G202

中国版本图书馆 CIP 数据核字(2020)第 166743 号

基于模型理论的信息系统开发基础
JIYU MOXING LILUN DE XINXI XITONG KAIFA JICHU

著　　者:〔日〕高原康彦　斋藤敏雄　旭贵朗　　　　校 译 者:赵群飞
　　　　柴直树　竹田信夫　高木彻
出版发行:上海交通大学出版社　　　　　　　　　　地　　址:上海市番禹路 951 号
邮政编码:200030　　　　　　　　　　　　　　　　电　　话:021 - 64071208
印　　制:当纳利(上海)信息技术有限公司　　　　经　　销:全国新华书店
开　　本:710mm×1000mm　1/16　　　　　　　　印　　张:16.75
字　　数:291 千字
版　　次:2020 年 11 月第 1 版　　　　　　　　　　印　　次:2020 年 11 月第 1 次印刷
书　　号:ISBN 978 - 7 - 313 - 23713 - 2
定　　价:88.00 元

序

　　高原教授团队的著作《基于模型理论的信息系统开发基础》中文译著终于
出版了，这不禁让我回想起 26 年前东渡日本，在东京工业大学高原研究室作
为访问学者，与高原教授合作开展"基于一般系统理论的决策支持系统开发方
法"项目研究时的情景。高原教授不仅对中国有着深厚的感情，而且熟读中国
古典名著，尤其推崇中国的大思想家和教育家孔子。高原教授一生致力于系
统理论研究和人才培育，是日本经营情报学会的创始人之一，并曾担任会长，
是日本信息系统（information system, IS）领域具有重要影响的学者。他在系
统理论领域取得了丰硕的研究成果，并且培养了一大批出色的从事系统理论
研究及信息系统开发的科技人才。本著作正是在高原教授一系列研究成果基
础上编写的面向有志于开发信息系统的大学生的教科书。

　　传统上，信息系统开发大多基于非形式化的软件工程方法，缺乏严谨的操
作理论，也没有形成一个正式的准则框架，因此在某种程度上信息系统开发仍
然是一门艺术，更多依赖于开发者的经验。长久以来，信息系统开发者致力于
寻求消除从系统需求、系统设计到系统开发方面的歧义，以期开发可信的系
统，但实际开发出来的系统在运行过程中仍不免存在着许多缺陷。作为一位
系统理论研究者，高原教授将信息系统和决策支持系统视为系统理论的研究
对象，并用系统理论的方法来实现信息系统和决策支持系统的开发。基于系
统理论，高原教授及其团队提出并构建了一套独特的且更具可操作性的智能
信息系统开发理论方法——"基于模型理论方法的形式化开发方法"。该方法
提供了一套可靠的系统描述，并且能产生可信的系统。它通过提供用户接口
（用于业务处理系统）和目标寻找器（用于问题求解系统）作为信息系统开发的
黑箱组件，并结合自动系统生成，从而促进可靠的系统实现和快速的系统开
发。一旦在用户接口中给出了基于计算机可接受集合论的系统描述，就可以
在该方法提供的集成平台上生成包含业务处理系统和问题求解系统的可执行
智能信息系统。由于系统可以部署在开源软件上，因此采用该方法开发系统

既可以实现系统的快速开发，还可以降低开发成本。该方法的另一个独特之处在于它通过允许用户使用基本的集合论而不是计算机语言来执行系统构建，从而简化了最终用户的系统维护。

为了让普通的信息系统开发者能够掌握基于模型理论方法的形式化开发方法，高原教授及其团队于 2007 年编写了这本作为信息管理专业本科生用的教材，并于 2016 年进行了修订。本著作从逻辑训练着手，使学生在学习系统理论基础的同时，最终学会采用该方法开发信息系统应用程序。自出版以来，本著作已被日本多所大学采用，取得了良好的教学效果，为日本培养了大量信息系统开发人才。我很乐见本著作引入中国，并相信它将为我国信息系统开发人才的培养作出贡献。

中国工程院院士　陈晓红教授

2020 年 2 月 26 日

译　者　序

本书原著的第一作者高原教授，毕业于日本排名第一的东京大学，1963 年去美国凯斯理工学院［Case Institute of Technology，现名凯斯西储大学（Case Western Reserve University）］留学，师从系统管理学大师 M. D. 梅萨罗维奇（M. D. Mesarovic）教授，他们一起撰写了 *Theory of Hierarchical Multilevel Systems*、*Mathematical Theory of General Systems* 和 *General Systems Theory：Mathematical Foundations* 等经典著作。由此可见，高原教授也是系统科学发展史上早期十分重要的代表人物之一。1972 年他回到日本，在东京工业大学任副教授、教授，一直到 1997 年退休成为名誉教授。本书其他几位作者，都是高原教授的得意门生。

1985 年，我作为国家公派出国留学研究生，就读于东京工业大学系统科学研究科，有幸在高原教授的精心指导下，获得了理学博士学位。在读博的三年里，我逐渐领悟了一些高原教授的系统科学论观，其中让我终生受用的有三个观点：第一，系统科学和系统工程是思考问题、分析问题和解决问题的"思想"；第二，复杂系统皆有层次（阶层）性，即使对象在物理上不存在层次结构，也可以用"hierarchical approach"去建模和分析；第三，任何一个系统都可以看作是输入-输出系统，是定义在输入集合 X 与输出集合 Y 的直积上的一个子集，也就是说一般系统的模型都可以形式化地表达成 $S \subset X \times Y$。

作为数理一般系统理论的主要奠基人，高原教授认为模型理论的核是泛代数（universal algebra）和范畴论（category theory），一般系统理论只是作为模型理论的一种应用。他坚信管理信息系统既然是一个系统，当然就应该是一般系统理论研究的对象。

在日本，几乎看不到模型理论的教科书。有一次，高原教授来中国访问去逛书店时，发现了《模型论基础》（王世强著，科学出版社于 1987 出版），他感触颇深。他想中国读者众多，如果这类书用中文出版的话，肯定能促进模型理论方法的应用和发展。这就是他要把日文原著翻译成中文出版的初衷。为了实现这个夙愿,2019年深秋,他不顾80多岁高龄,车马劳顿,亲临上海,与上海交通大学出版社商讨翻译出版的有关事宜。

1986年,高原教授在我的陪同下首次访问中国,到西安交通大学和上海交通大学讲学。从那以后,他多次来中国讲学和参加学术会议,与中国同行的学术交流从未间断过,后来还被中南大学聘为特聘教授。他在任教期间招收过许多中国留学生,其中中国工程院院士、湖南工商大学校长陈晓红是他的高徒。因此,我们特邀请陈院士为本书写了序,在此衷心表示感谢! 同时,非常感谢为我们出谋献策的中南大学商学院副院长刘咏梅教授,以及帮助整理原著电子版和中文版中的图、表、公式的千叶工业大学高木彻博士和何主翔同学。此外,我们也对为本书的日文翻译给予很多帮助的上海鼎乾人才服务有限公司陈建新总经理,以及在本书出版过程中负责策划、编辑、校对等事务的上海交通大学出版社科技分社的钱方针社长和编辑们致以诚挚的感谢!

上海交通大学电子信息与电气工程学院教授　赵群飞

2020年4月

修 订 版 序

本书是 2007 年出版的《基于模型理论的信息系统开发基础》的修订版。出版本书的目的是希望读者从逻辑训练着手，在学习系统基础理论的同时，应用并展开信息系统的开发。作者认为，信息系统不是软件工程的研究对象，而是系统理论的研究对象。本次发行的修订版仍然坚持了这一立场。

第一版出版 8 年以来，本书已被用作多个学科的教科书。本书的全体作者在"离散数学""信息系统建模""问题求解方案""信息处理概述""应用信息处理"以及"研讨会"等本科教学实践中都有显著的成果。在研究生培养过程中也为学生提供了合适的研究课题。然而，伴随着信息技术的进步和社会形势的显著变化，作者也认为有必要针对这些变化在本书的内容方面做出相应的调整。经过讨论后一致决定发行修订版。

与第一版相比，修订版的第一个大的变更是增加了关系型数据库建模的利用和仿真系统的开发这两章内容（第 4 章和第 8 章）以满足教学上的需要。但为了避免篇幅过长，将第一版中相当于操作手册的部分移到了网站上。模型理论方法的本质特征在于通过逻辑和集合定义对象系统的模型，并使用适合描述该模型的 CAST（computer acceptable set theory）语言进行编程，提供通过 CAST 语言直接运行该模型的软件 MTA-SDK（model theory approach-system development kit）。把详细介绍 CAST 语言规范（语法等）的第一版第 4 章"计算机可读表达"的全部内容移到了网站上。此外，第一版第 7 章"系统开发环境"是对开发环境（MTA-SDK）的安装说明，在本次修订中，也对其部分内容进行了调整和变更以适应当下的技术发展。新开发环境的获取和设置的相关内容放在修订版的第 5 章。

修订版的第二个大的变更是为了应对社会形势的变化。在许多大学，双学期制（semester）早已得到了普及，而且每门课的教学是按每个学期而不是每学年进行一次成绩考核。教科书的篇幅不宜过长，应压缩成能够在一学期之内完成的教学内容，同时也需调低售价。因此，日文的修订版分成了《基于模型理论的信息系统开发基础——模型篇》和《基于模型理论的信息系统开发基础——实践篇》两册出版。

修订版的第三个大的变更是运行环境的变更。第一版中,各种模型的运行环境都是 Unix OS。但是,无论是文科生还是理科生,多数学生的个人计算机都不具备运行 Unix OS 的环境。针对这一现状,近年来,已经可以使用虚拟机技术在一台个人计算机上同时运行多个操作系统。因此,修订版中,增加了如何通过在 Windows OS 上运行虚拟机软件,完全实现模型开发和运行的内容(第 5 章)。但开发运行环境的基础仍然是 Unix OS。在第一版中的 Unix OS 采用的是 Fedora 发行版,而修订版中改为多数学生们使用的 Ubuntu 发行版。不过学生们一般可以不用在意 Unix OS 的版本。

综上所述,与第一版相比,尽管修订版在内容结构上看起来变化很大,但是以系统理论为根本这一初衷是一贯的,并未发生任何改变。

作者希望可以通过这些调整让书变得更加"容易使用",也非常期待能够得到读者的反馈意见。

全体作者

2016 年 1 月吉日

目　　录

模　型　篇

实　践　篇

模型篇 ▶

1 逻 辑 思 考

（1）理解描述集合所需的"词汇"规则，为下一章中的集合应用做好准备。

（2）理解命题逻辑的含义，能够严谨地应用不含变量的陈述。

（3）理解谓词逻辑的含义，并严谨地应用含有变量的陈述。

本章我们将学习相关理论，以便能够使用集合论进行系统开发。首先需要学习的是集合论的常用术语。

系统开发需要具有严谨性，即在系统开发中，必须确保多方对在系统开发的沟通交流中所使用的陈述及其含义具有相同的认识和理解。如果同一陈述在 A 先生的解释中是正确的，而在 B 先生的解释中却是错误的，那么这就会引发问题。也就是说，在对同一陈述进行解释时，不可以产生歧义（含义不清或有多个含义）。

当然，在进行系统开发时所使用的语言也是我们每天使用的自然语言，但是为了确保其严谨性，就需要自然语言的使用方式具备一定的"形式性"。当开展严谨的讨论时，就需要明确词汇的"形式性"。人类的这种尝试可以追溯到公元前的古希腊，亚里士多德为其奠定了基础。也就是说，严谨地使用语言的技能，早已经过了 2 000 多年的积累。

"逻辑"是在按照这种"形式性"展开话题讨论时应遵循的约定。从本章开始，将学习如何根据这些约定描述被称作"集合"的"事物的聚集"，并借此来描述系统的行为。逻辑中，存在关于陈述的"含义"的论述和关于从既有陈述中获取新陈述的"推论"的论述。需要理解集合的陈述的确切含义。下面将学习逻辑中最具代表性的命题逻辑和谓词逻辑，特别是学习它们的含义。

1.1 命 题 逻 辑

命题逻辑指涉及不包含变量的陈述的逻辑。在集合论的论述中经常用到变量,但是,首先需要确认一下不包含变量的基本论述所应具有的性质以及利用这些性质时的约定。

1.1.1 命题定义

严谨性的基础在于陈述的真假客观性。换言之就是可以判断某个陈述是正确的或是错误的,但是,如果陈述的真假客观性不是人们的共识,那么陈述的严谨性就得不到保证。命题就是具备这种性质的陈述。

定义 1-1 命题

命题(**proposition or statement**)指可以判断真假的陈述。

命题的真假是可以判断的,无论是真(正确)还是假(不正确),每个人的认识都是相同的陈述。例如,对于下面这句话:

"本书是用日语写的。"

应该没有人会提出异议。换句话说,无论对谁而言,这都是一个正确的陈述,是一个真命题。而对于下面这句话:

"本书是文学作品。"

就不会有人认为它是正确的。因此,这句话就是一个假命题。

此外,对于下面的陈述:

"本书的内容不难。"

则既有同意的人,也有反对的人。而且,还有的人也许会认为"这本书既不好说它难,也不好说它不难"。可见,这个陈述不能让所有人判断为真或为假。因此,它就不是命题。在典型的逻辑中,某一个陈述被解释为真还是被解释为假取决于具体情况,如果该陈述的真假完全无法判断,那么其不属于讨论对象[①]。

下面,举一个与数字相关的例子:

"3 是质数"

是一个真命题。

"3 比 4 大"或者"3>4"

———————————————————————

① 逻辑有多种类型,还有陈述取真和假两值之外的逻辑(称为多值逻辑)。

则是一个假命题。

根据定义,每个命题有且只有一个值,"真"或"假"。这称为命题的**真值**（**truth value**）。

下文,我们将就命题展开学习与讨论。为了使讨论对于一般命题来说是成立的,且不用去关心各个命题的具体内容是什么,书中用符号 P, Q 等来代表命题。这些用来代表命题的符号称为**命题符号**（**propositional symbol**）。请注意,这些命题符号始终具有"真"或"假"的真值。例如,P 这个命题符号所代表的值要么是"真",要么是"假",而不会是"真""假"之外的其他值。当然,具体是"真"还是"假",取决于 P 是一个什么样的命题。

1.1.2 复合命题

可以通过以下方式将既有命题组合起来创建新命题（称为复合命题）。

定义1-2 析取

当 P, Q 都是命题时,$P \lor Q$ 表示当 P, Q 中只要有一个为真时,其就是真命题,称为 P 与 Q 的**析取**（**disjunction**）。

符号 $P \lor Q$ 的读法是"P 或者 Q"。若要使"P 或者 Q"这个陈述为真,则 P, Q 中只要有一个为真即可。利用"或者"这个连词将两个命题组合成一个新命题,含义如上所述。例如,下面这个陈述:

"本书是用日语写的,或者,本书是文学作品。"

就是一个复合命题,而且其真值为真。

$x \geqslant y$ 表示"$x > y$ 或者 $x = y$"。例如,将 $5 \geqslant 5$ 写成如下所示的命题形式:

$(5 > 5) \lor (5 = 5)$

这也是一个复合命题,其真值为真。

定义1-3 合取

当 P, Q 都是命题时,$P \land Q$ 表示只有 P, Q 都为真时其才是真命题,称为 P 与 Q 的**合取**（**conjunction**）。

符号 $P \land Q$ 的读法是"P 并且 Q"。有时也会将 $P \land Q$ 记作 $P \& Q$。若要使"P 并且 Q"这个陈述为真,则 P, Q 双方都必须为真。利用"并且"这个连词将两个命题组合成一个新命题,含义如上所述。例如,下面这个陈述:

"本书是用日语写的,并且,本书是文学作品。"

就是一个复合命题,其真值为假。

再如,将 $3 > 2 > 1$ 写成如下所示的命题形式:

$$(3>2) \wedge (2>1)$$

这也是一个复合命题,其真值为真。

定义 1-4　否定

当 P 是命题时,$\neg P$ 表示当 P 为真时其真值为假,而当 P 为假时其真值为真,称为 P 的**否定**(**negation**)。

符号 $\neg P$ 的读法是"非 P"。当 P 为真时,"非 P"这一陈述的真值为假;反过来,当 P 为假时,其真值为真。如此,利用"非"这个词从一个给定的命题形成了一个新命题,含义如上所述,将一个命题的真值反转过来。例如,下面这个陈述:

"本书不是文学作品。"

就是一个复合命题,其真值为真。

$x \neq y$ 表示"非$(x = y)$"。例如,将 $5 \neq 3$ 写成如下所示的命题形式:

$$\neg(5 = 3)$$

这也是一个复合命题,其真值为真。

把多个命题连接起形成复合命题的符号($\neg$,$\vee$,$\wedge$)称为**逻辑连接符**(**logical connective**)。不同的逻辑连接符可以连接的命题数量也各不相同,这是事先规定好的。逻辑连接符所能连接命题的数量称为逻辑连接符的**元数**(**arity**)。需要注意的是,$\vee$ 和 $\wedge$ 是把两个命题组合成一个命题的逻辑连接符,其元数为 2,而 $\neg$ 是从一个命题形成另一个新命题的逻辑连接符,其元数为 1。

1.1.3　真值表和重言式

当使用 T,F 分别表示命题的真值(true)和假值(false)时,上述三个复合命题的真值如表 1-1 所示。

表 1-1　复合命题的真值

P	Q	$\neg P$	$P \wedge Q$	$P \vee Q$
T	T	F	T	T
T	F	F	F	T
F	T	T	F	T
F	F	T	F	F

由于命题 P,Q 各自都可以是 T 或 F,因此 P,Q 可以通过组合得到如表 1-1 所示的真值组合,这样的组合有 4 种。对于命题 P,Q 的真值的所有组合,用来表示所讨论的复合命题的真值的表称为**真值表**(**truth table**)。

真值表不仅可以用来表示逻辑连接符的含义,如下例所示,而且经常用来确定复杂的复合命题的真值。

逻辑连接符不仅可以连接简单的命题,而且可以通过把多个复合命题连接起来创建更为复杂的复合命题。此时,最终得到的复合命题的真值就是根据已有的定义确定的。例如,下面这个复合命题:

$$(P \lor Q) \land (\lnot Q) \tag{1-1}$$

这个复合命题就是使用 $\land$ 将复合命题 $P \lor Q$ 和复合命题 $\lnot Q$ 连接在一起形成的命题。那么在写出该复合命题的真值表时,只要按照上述命题式(1-1)的形成过程来求其真值即可。首先,列举出命题 P,Q 的所有真值的组合并准备好真值表(见表 1-2)。

表 1-2　真值表的书写方法(1)

P	Q
T	T
T	F
F	T
F	F

其次,分别求得复合命题 $P \lor Q$ 和 $\lnot Q$ 的所有真值。这样,根据析取和否定的定义,真值表就变成了表 1-3 所示的样子。

表 1-3　真值表的书写方法(2)

P	Q	$P \lor Q$	$\lnot Q$
T	T	T	F
T	F	T	T
F	T	T	F
F	F	F	T

最后,根据合取的定义,求出 $(P \lor Q) \land (\lnot Q)$ 的所有真值,完成真值表(见表 1-4)。

表 1-4 真值表的书写方法（3）

P	Q	$P \vee Q$	$\neg Q$	$(P \vee Q) \wedge (\neg Q)$
T	T	T	F	F
T	F	T	T	T
F	T	T	F	F
F	F	F	T	F

无论组成复合命题的各个命题的真值是真或是假，其真值总为真的命题称为**恒真命题**，或者**重言式**（tautology）。若要判断某个命题是不是重言式，只要确认其真值表即可。例如，下面这个复合命题：

$$(P \vee Q) \wedge (\neg Q)$$

该命题的真值表如表 1-4 所示。根据该真值表可以得知，随着命题 P,Q 的真值组合的不同，有可能出现该命题的真值为假的情况，因此该命题不是重言式。

由于重言式的真值总是为真，与组成该重言式的各个命题的真值无关，因此其正确性并不取决于组成该重言式的各个命题的内容，而是由该重言式的形式（结构）来决定的。例如，下面这个命题：

$$P \vee \neg P$$

该命题是重言式，因此无论 P 是什么命题，该命题的真值都为真。实际上，$(5＝5) \vee (5 \neq 5)$ 也是重言式。此外，下列说法也是正确的：

"地球是由奶酪制成的，或者，地球不是由奶酪制成的。"

无论组成复合命题的各个命题的真值是真或是假，如果该复合命题的真值总为假，则该复合命题就为**矛盾命题**（contradiction）。若要判断某个命题是不是矛盾命题，同样也只需确认其真值表即可。例如，下面这个命题：

$$P \wedge \neg P$$

该命题就是一个矛盾命题［参见练习题 1-8(a)］。因此，说出下列这句话的人，其所说的内容就是矛盾的。

"我虽然爱你，但不爱你。"

或者

"这是小说又不是小说。"

这种陈述在形式上也属于矛盾命题。

当复合命题 R 包含命题 P,Q 时，可以用 $R(P,Q)$ 来表示。R 的真值是由 P,Q 的真值来决定的。换句话说，如果使用下一章要学习的集合概念来表达的话，就是"R 的真值是 P,Q 的真值的函数"。

定义 1-5 **逻辑对等**

对于由命题 P,Q 构成的两个复合命题 $R(P,Q)$ 和 $S(P,Q)$，如果对于 P,Q 的所有真值组合，$R(P,Q)$ 与 $S(P,Q)$ 的真值都完全相同，那么 $R(P,Q)$ 与 $S(P,Q)$ 是**逻辑对等**（**logically equivalent**）或**对等**（**equivalent**）的，记作

$$R(P,Q) \equiv S(P,Q)$$

若要判断两个复合命题是不是逻辑对等的，只需写出这两个复合命题的真值表并进行确认即可。逻辑对等的(复合)命题的含义完全相同，因此把这些逻辑对等的(复合)命题视作同一命题也无妨(可以互相自由替换)。

以下定律通常用作逻辑对等的陈述。请通过练习题来证明它们是成立的(参见练习题 1-12)。

1) 排中律

$$\neg(\neg P) \equiv P$$

2) 幂等律

$$P \vee P \equiv P$$
$$P \wedge P \equiv P$$

3) 交换律

$$P \vee Q \equiv Q \vee P$$
$$P \wedge Q \equiv Q \wedge P$$

4) 结合律

$$(P \vee Q) \vee R \equiv P \vee (Q \vee R)$$
$$(P \wedge Q) \wedge R \equiv P \wedge (Q \wedge R)$$

5) 分配律

$$(P \vee Q) \wedge R \equiv (P \wedge R) \vee (Q \wedge R)$$
$$(P \wedge Q) \vee R \equiv (P \vee R) \wedge (Q \vee R)$$

6) 德摩根定律(De Morgan's Law)

$$\neg(P \vee Q) \equiv (\neg P \wedge \neg Q)$$

$$\neg(P \wedge Q) \equiv (\neg P \vee \neg Q)$$

上述等值陈述的关系中,只要确认幂等律以后的关系即可知,把 S, T 作为复合命题,如果下述表达成立,即

$$S \equiv T$$

那么就可以把在 S 和 T 里出现的逻辑连接符中的 $\vee$ 和 $\wedge$ 这两种互换后得到的复合命题分别记作 S', T'。此时,

$$S' \equiv T'$$

成立。这是普遍成立的事实,称为**对偶原理**(duality principle)。

1.1.4 蕴含

作为带有两个元数的逻辑连接符,经常在以下场合使用。

定义 1-6   蕴含

当 P, Q 都是命题时,$P \to Q$ 是一个复合命题。当 P 为假时,则无论 Q 的真值是真还是假,该复合命题的真值都为真;当 P 为真时,只有 Q 为真时,该复合命题的其值才为真,而 Q 为假时,该复合命题的真值为假。该复合命题称为 P 和 Q 的**蕴含**(implication)。

$P \to Q$ 有时也会读作"如果 P,则 Q"。把 P 称作蕴含命题的**前提**(hypothesis),把 Q 称作**结论**(conclusion)或**后果**。蕴含的真值表如表 1-5 所示。

表 1-5 蕴含的真值表

P	Q	$P \to Q$
T	T	T
T	F	F
F	T	T
F	F	T

此外,假设 $P \to Q$ 为真时,Q 为 P 的**必要条件**(necessary condition),P 为 Q 的**充分条件**(sufficient condition)。关于对该含义的详细说明,请参见位于本章末尾的附录。

根据上述真值表,复合命题"如果地球是圆的话,则 5 是质数"就为真。这

是因为,该复合命题中的前提和结论都是真的。即如果存在两个真命题,那么将这两个真命题组合起来形成的蕴含命题的真值是真。请注意,这种思维方式与日常思维不同。在下一节要研究的谓词级别上进行思考的话,就可以很好地理解如上面真值表进行定义的原因。对此,位于本章末尾的附录中也另有详细说明。

例如,对于下列这一复合命题:

"如果本书是文学作品的话,则 4 是质数。"

由于前提"本书是文学作品"是假的,因此不论结论"4 是质数"的真值是真还是假,该复合命题整体的真值都是真的。"本书是文学作品"这个陈述的含义内容与"4 是质数"这个陈述的含义内容之间不存在任何关联性。或者说,前者与后者之间不存在如果一方成立则另一方也必然成立的相关性,也不存在在时间顺序上,前者发生在后者的前面这种关系。

在日常生活中,并不会这样使用"如果"这一连词。"如果埃及艳后的鼻子很低的话,则世界历史就和我们今天看到的不一样了",这里表达了"埃及艳后的鼻子很低"这一陈述与"世界历史就和我们今天看到的不一样了"这一陈述之间的假设关系。认为这个陈述正确的人所表达的是,如果"埃及艳后的鼻子很低"这一事实成立的话,则"世界历史就和我们今天看到的不一样了"。这一事实也会同时成立这一观点。因此,同一人就会认为"如果埃及艳后的鼻子很低的话,则世界历史就和我们今天看到的一样了"这一陈述是错误的。

虽然大家可能对能否判断"鼻子很低"的真假有疑问,但是请大家忽略这一点,只需在思考时把这两个陈述视为命题即可。正如许多人认为的那样,假设埃及艳后的鼻子很高,此时,"埃及艳后的鼻子很低"这一命题就是假的。由于前提是假的,因此"如果埃及艳后的鼻子很低的话,则世界历史就和我们今天看到的不一样了"这个复合命题在逻辑上下文中就是真的。正是因为前提是假的,则无论结论是真还是假,命题整体都是真的,所以"如果埃及艳后的鼻子很低的话,则世界历史就和我们今天看到的一样了"这一陈述在逻辑上下文中也是真的。

因此,在逻辑上下文中,"如果"不用于表示假设关系。按照上述定义的蕴含称为实质蕴含(material implication),与在日常生活中所使用的蕴含有区别。

请注意下述内容:

$$P \rightarrow Q \equiv (\neg P) \lor Q$$

由逻辑对等的含义可知蕴含命题 $P \rightarrow Q$ 成立的陈述与 $(\neg P) \lor Q$ 成立的陈述具有相同的真值。下面,向大家说明一种利用这个事实对蕴含命题的含义进行的通俗易懂的解释①。

比如，你拿枪指向某人，说：

"动就杀了你。"

日语中，经常像这样省略主语，而且"动"这个动作与"杀"这个动作之间的关系也用"就"这样简洁的连词表达，因此它们之间的关系非常模糊。如果用英语表达的话，主语和连词就会明确地表达出来，而两个动作间的关系也会明确地表达出来。

If you move, I will kill you. （如果你动的话，我会杀了你。）

如果把"you move"作为 P，把"I will kill you"作为 Q，则这句话就成为一个 $P{\rightarrow}Q$ 的蕴含命题。若用英文表达，则该命题与下面这个命题的含义是相同的。

Don't move, or I will kill you. （不要动，否则我会杀了你。）

"Don't move"是一个祈使句，如果忽视了"祈使语气"或"直接语气"这种语言学上的语气（mood）之间的差异，由于"Don't move"的主语是"you"，因此可以换一种方式表达：

You don't move, or I will kill you. （你不要动，否则我会杀了你。）

这样一来，用之前的 P 和 Q 来表达的话，就是一个 $({}^{\neg}P)\vee Q$ 命题。

最后，再定义一个带有两个参数的逻辑连接符。

定义 1-7　等价

当 P,Q 都是命题时，$P{\leftrightarrow}Q$ 指只有当 P,Q 具有相同的真值时其真值才为真的命题，称为 P 和 Q 的**等价**（equivalence）。

等价的真值表如表 1-6 所示。

表 1-6　等价的真值表

P	Q	$P{\leftrightarrow}Q$
T	T	T
T	F	F
F	T	F
F	F	T

复合命题 $P{\leftrightarrow}Q$ 表示两个命题 P,Q 的成立/不成立是完全一致的。因

---

① 基础数学研究者前原昭二在其所著的《符号逻辑读本》一书中使用了这种解释。遗憾的是，这本书目前已绝版，无法再通过购买获得。

此,当 $P\leftrightarrow Q$ 为真时,表示"P 成立时 Q 也成立(Q if P)"这一说法是正确的。但是,P 不成立,Q 也不会成立,即只有 P 成立时,Q 才成立(Q only if P)。由此,$P\leftrightarrow Q$ 也可以解读为"P 成立,而且只有当 P 成立时,Q 才成立(Q if and only if P)"①此外,当 $P\leftrightarrow Q$ 为真时,$P\leftrightarrow Q$ 和 $Q\leftrightarrow P$ 会同时为真。因此,当 $P\leftrightarrow Q$ 为真时,P,Q 互为**充分必要条件**(**necessary and sufficient condition**)。

在位于本章末尾的附录中,对 $R\equiv S$ 和 $R\leftrightarrow S$ 的关系进行了解释说明。

练习题

1-1 关于下列每个话题,请分别举出一个是命题的陈述的例子,并描述其真值。

(a)数学分析(主要以微积分等极限值为研究对象的数学)。

(b)代数学(主要以方程和矩阵为研究对象的数学)。

(c)文学。

(d)体育运动。

参考答案:

(本题为举例说明。当然,存在无数个其他正确答案。)

(a)单调有界递增数列具有收敛点。此命题的真值为真②。

(b)给定任意两个以实数为元素的二次正方矩阵 A 和 B,$AB=BA$ 都成立。该命题的真值为假③。

(c)到 2014 年为止,获得了诺贝尔文学奖的日本作家是川端康成和三岛由纪夫这两位。该命题的真值为假。如果将三岛由纪夫替换成大江健三郎,则该命题的真值为真。

(d)2005 年,中央联盟的棒球联赛的获胜队是阪神虎队。该命题的真值为真。

1-2 说明下列各陈述是不是命题。如果是命题,而且足够客观的话,则请描述其真值;如果不是命题,则请给出理由。

(a)2006 年,目前广岛球队是中央联盟的联赛球队。

(b)$3\times 2=7$。

(c)$3x=6$。

---

① 请注意,在日语中,由连词引导的从句必须写在主句之前。因此,日语中前提和后果的顺序与普通的英语表达正好相反。此外,"if and only if"有时会缩写成"iff"。

② 这是"实数空间"这一结构所具有的性质。更确切地说,实数是把有理数按照性质扩展后得到的。

③ 矩阵乘积一般来说不满足交换律。请各自思考反例。

(d) π 的小数点之后的第 100 万亿位的数字是 3。

(e) 如果明天下雨,我们会被雨淋湿。

参考答案:

(a) 是命题,为真。

(b) 是命题,为假。

(c) 如果不把值代入到 x 中,则无法确定其真值。因此,不是命题。

(d) 虽然确认真值并不是一件容易的事,但毫无疑问该陈述肯定是真或假中的一个值。因此,是命题[①]。

(e) 从数学的角度来看,不是命题。"下雨"和"被雨淋湿"这种陈述本身就是模糊的(到底下雨指的是多少 mm 以上的降雨?),即使能够从这些陈述中排除掉模糊性,也无法知道是明天还是将来会被雨淋湿(也许一整天都待在屋内就不会被雨淋湿)。因此,无法确定该陈述的真值。

1-3 对于下列命题,用 T 标记出真命题,用 F 标记出假命题。

(a) $\sqrt{2}$ 是有理数。

(b) $\sqrt{2}$ 是实数。

(c) $\sqrt{2}$ 不是有理数。

(d) $2\sqrt{2}$ 是实数。

(e) $\sqrt{3}$ 是实数。

参考答案:

(a) F。

(b) T。

(c) T。

(d) T。

(e) T。

1-4 描述下面所列复合命题的真值。

(a) $(2 > 3) \wedge (2^2 = 4)$。

(b) $(3 \geqslant 3) \vee (2 是因数)$。

---

① 这是一个在数学上占据了主流位置的答案,而不是唯一正确的答案。此陈述一定是真或者是假这件事情是毫无疑问的,但如果没有已知的充分现实的手段来确定其具体值到底是哪一个时,是否可以将此陈述称为命题,则仍存在争议。即使在数学思维中,也应该意识到,在真理概念的最基本部分中有多个这样的陈述,并且不一定有确切的答案。

(c) ¬(2 是方程式 $4x = 3$ 的解)。

参考答案：

(a) (2＞3)的真值为 F，因此复合命题整体的真值为 F。

(b) (3≥3)的真值为 T，因此复合命题整体的真值为 T。

(c) 命题"2 是方程 $4x = 3$ 的解"的真值为 F，因此复合命题整体的真值为 T。

1-5 当 P 是命题时，下列等价相关复合命题为真时，请标记 T；否则，请标记 F。

(a) $P \to P \leftrightarrow \neg P \to P$。

(b) $(P \to \neg P) \leftrightarrow (\neg(P \to P) \to \neg P)$。

参考答案：

(a) T。

(b) F。

1-6 P 和 Q 都是命题，请回答当 P 与 Q 分别为真或为假时，下列演算结果为真的组合有几个。

(a) $P \land Q$。

(b) $P \lor Q$。

(c) $P \to Q$。

参考答案：

(a) 1。

(b) 3。

(c) 3。

1-7 写出真值表，并说明下列命题是矛盾命题。

$$P \land \neg(P \lor Q)$$

参考答案：

真值如下表所示。

P	Q	$P \lor Q$	$\neg(P \lor Q)$	$P \land \neg(P \lor Q)$
T	T	T	F	F
T	F	T	F	F
F	T	T	F	F
F	F	F	T	F

因此,该命题是矛盾命题。

1-8 写出下列命题的真值表。

(a) $P \vee (\neg P)$。

(b) $P \wedge (\neg P)$。

(c) $P \rightarrow (Q \rightarrow R)$。

(d) $(P \rightarrow Q) \rightarrow R$。

(e) $((P \rightarrow Q) \wedge (Q \rightarrow R)) \rightarrow (P \rightarrow R)$。

1-9 当 P 和 Q 都是命题时,下列命题是恒真命题的标记 T,是矛盾命题的标记 C,既不是恒真命题也不是矛盾命题的标记 N。

(a) $\neg P \wedge P$。

(b) $\neg(\neg P \wedge P) \vee P$。

(c) $\neg(P \vee Q) \wedge P$。

(d) $P \wedge \neg(P \vee Q)$。

(e) $\neg(P \vee Q) \wedge Q$。

(f) $\neg(P \vee Q) \vee (P \vee Q)$。

参考答案:

(a) C。

(b) T。

(c) C。

(d) C。

(e) C。

(f) T。

1-10 P, Q, R, S 均是命题,请回答当各个命题分别为真或为假时,下列复合命题为真的组合有几个。

(a) $P \rightarrow Q \rightarrow R$。

(b) $(P \rightarrow Q) \wedge (R \rightarrow \neg S)$。

(c) $\neg((P \rightarrow Q) \wedge (R \rightarrow \neg S))$。

(d) $(P \rightarrow Q) \wedge (R \rightarrow \neg S)$。

参考答案:

(a) 5。

(b) 9。

(c) 7。

(d) 15。

1-11 写出真值表,说明下列命题成立。

(a) $P \rightarrow Q \equiv (\neg P) \vee Q$。

(b) $P \leftrightarrow Q \equiv (P \rightarrow Q) \wedge (Q \rightarrow P)$。

(c) $(P \rightarrow Q) \equiv (\neg Q \rightarrow \neg P)$。

参考答案:略。

1-12 说明本节中出现的下述法则均成立。

(a) 排中律。

(b) 幂等律。

(c) 交换律。

(d) 结合律。

(e) 分配律。

(f) 德摩根定律。

参考答案:略。

1-13 假设你访问过这样一个岛,岛上的居民要么是诚实的人,要么是骗子,诚实的人只说真话,骗子只说假话。你遇到了3个人。他们的名字分别是康盖罗、菲戈、贡萨洛。你为了确认他们当中谁是诚实的人,向康盖罗问了一个问题,"菲戈和贡萨洛两个人都是诚实的人吗?"之后,康盖罗回答说:"是的。"然后你又追问,"贡萨洛是诚实的人吗?"但令人吃惊的是,他回答,"不是。"那么,到底谁才是诚实的人呢?

(a) 让我们用下面的命题符号和逻辑连接符建立一个命题来表达康盖罗的说法。由此发现这个命题实际上是一个矛盾命题。

   C:康盖罗是诚实的人

   F:菲戈是诚实的人

   G:贡萨洛是诚实的人

这说明康盖罗是个骗子。

(b) 根据上面得到的结果,可以得出康盖罗的两个说法都是错误的这一结论。接下来,就可以根据两个伪命题来求得命题 C,F,G 的真值,确定谁是诚实的人。

参考答案:

(a) 根据"菲戈和贡萨洛两个人都是诚实的人,而且,贡萨洛不是诚实的

人",将命题符号化可译为

$$(F \wedge G) \wedge \neg G$$

写出真值表后就会发现,这是一个矛盾命题。因此,康盖罗是骗子(命题 C 为假)。

(b) 康盖罗的两个说法是 $(F \wedge G)$ 和 $\neg G$。由于假设骗子总是说假话,因此这两个说法都是假的,即

$$F \wedge G \text{ 为假} \tag{1-2}$$

$$\neg G \text{ 为假} \tag{1-3}$$

那么根据式(1-3),G 就是真的,也就是说,贡萨洛是诚实的人。

根据式(1-2),可以得知

$$\neg F \vee \neg G \text{ 为真}$$

由于 $\neg G$ 为假,因此 $\neg F$ 必须为真(即 F 为假)。由此,可以得知菲戈是骗子。那么,作为结论,诚实的人只有贡萨洛。

1-14 利用真值表说明下面的(a)和(b)成立,并利用(a)和(b)来说明(c)是成立的。

(a) $A \wedge B \rightarrow C \equiv A \rightarrow (B \rightarrow C)$。

(b) $A \rightarrow X \wedge Y \equiv (A \rightarrow X) \wedge (A \rightarrow Y)$。

(c) $(A \wedge B1 \rightarrow C1) \wedge (A \wedge B2 \rightarrow C2) \equiv A \rightarrow (B1 \rightarrow C1) \wedge (B2 \rightarrow C2)$。

参考答案:

(a)～(b) 略

(c) 左边 $\equiv (A \rightarrow (B1 \rightarrow C1)) \wedge (A \rightarrow (B2 \rightarrow C2))$ 通过(a)

$\equiv A \rightarrow (B1 \rightarrow C1) \wedge (B2 \rightarrow C2) = $ 右边   通过(b)

【1.2】 谓 词 逻 辑

数学中,经常使用带有多个变量的陈述。例如,$3x = 6$。在这个陈述中,含有变量 x。假如 x 是一个取实数值的变量,并且 $3x$ 就是其通常的含义,那么该表达式的两边是否相等取决于 x 的值。例如,当 x 的取值为 2 时,两边相等,因此该陈述为真。但是,如果 x 的取值是其他值,如 x 的取值为 1 时,则该

陈述为假。由此可见，根据所包含的变量的取值不同，包含有变量的陈述的真值也不同。也就是说，如果不给出变量的值，就无法判断该陈述的真值。

在 1.1 节中讨论过的命题是可以判断其真假的陈述。但是，如上述例子，多数含有变量的陈述都无法单独判断其自身的真假。因此，这样的陈述自身并不是命题。**谓词**（**predicate**）指如上例所示含有变量，而且不给出变量的值就无法判断真假的陈述，写作 $P(x)$，即表示含有变量 x 的谓词。

1.2.1　量词与定义域

谓词本身没有真值，但可以使用量词将其变为能够确定真假的陈述，即命题。具有代表性的量词有全称量词和存在量词两种。

定义 1-8　全称量词

当 $P(x)$ 是含有变量 x 的谓词时，则有

$$(\forall x)P(x)$$

上述公式表示对所有的 x，$P(x)$ 都为真，而且只有当对于所有的 x，$P(x)$ 都为真时才为真命题。$\forall$ 称为**全称量词**（**universal quantifier**）。

定义 1-9　存在量词

当 $P(x)$ 是含有变量 x 的谓词时，则有

$$(\exists x)P(x)$$

上述公式表示当存在使 $P(x)$ 为真的 x 时，而且只有当存在使 $P(x)$ 为真的 x 时才为真命题。$\exists$ 称为**存在量词**（**existential quantifier**）。

有时也会把带有变量的"$\forall x$"和"$\exists x$"分别称为全称量词和存在量词。类似地，有时也会把带有括号的"$(\forall x)$"和"$(\exists x)$"分别称为全称量词和存在量词。

带量词的陈述的真假取决于其所带变量的取值范围。例如，下面这一陈述：

$$(\forall x)(x^2 \geqslant 0)$$

如果 x 的取值范围是全体实数，则该陈述就是正确的。但是，如果把 x 的取值范围扩展到复数，则该陈述就是错误的（$i^2 = -1$）。因此，如果要严格确定带有量词的陈述的真值，则必须要提前确定该陈述所含变量的取值范围。变量的取值范围称为变量的**定义域**（**domain**）。

由于定义域是由变量可以取的所有值构成的，如果运用下一章要学的概念，则定义域可称之为集合。有时也会利用集合的符号来表示变量的定义域 D：

$$(\forall x \in D)P(x)$$
$$(\exists x \in D)P(x)$$

其中，$x \in D$ 表示 x 是集合 D 的一个元素。相关内容将在下一章中详细讲述。因此，在这里只需要理解"x 的取值在 D 范围内"即可。

如果用 **R** 表示全体实数的集合，用 **C** 表示全体复数的集合，那么上面的例子中，则有

$$(\forall x \in \mathbf{R})(x^2 \geqslant 0)$$

就是真命题。

$$(\forall x \in \mathbf{C})(x^2 \geqslant 0)$$

就是假命题。

对于使用了存在量词的命题，其真值也会随着其所含变量的定义域的不同而发生变化。请大家尝试举出一个例子（参见本节练习题）。

接下来思考下面的陈述：

"白乌鸦不存在。"

只要对该陈述的含义稍做思考，就可明确得知，该陈述的真值与下面这个陈述的真值是一致的，即

"所有的乌鸦都不是白色的。"

把全体乌鸦作为变量 x 的定义域，并使用 $W(x)$ 来表示"x 是白色的"这一谓词，上述两个陈述可分别写为用下面公式表示的命题，即

$$\neg(\exists x)W(x)$$
$$(\forall x)\neg W(x)$$

由此可知，一般来说对于任意谓词 $P(x)$，下面的关系都成立。

$$\neg(\exists x)P(x) \equiv (\forall x)\neg P(x)$$

同样

"并不是所有的天鹅都是白色的。"

这一陈述与下面这个陈述的真值相同[1]。

---

[1] 虽然在日语中"不是白色的天鹅（日语汉字：白鸟）"这种表达方式可能会让人感到奇怪，但实际上在澳大利亚确实存在黑天鹅（black swan）。

"有不是白色的天鹅。"

由此可知,一般来说对于任意谓词 $P(x)$,下面的关系都成立。

$$\neg(\forall x)P(x) \equiv (\exists x)\neg P(x)$$

当 $P(x)$ 表示含有变量 x 的谓词时,若要证明带有全称量词的命题 $(\forall x)P(x)$ 为真,则必须证明对定义域内的任意 x,$P(x)$ 都为真。若要证明带有存在量词的命题 $(\exists x)P(x)$ 为真,则只需在定义域内找到一个使 $P(x)$ 成立的 x 即可。若要证明 $(\forall x)P(x)$ 为假,则只需在定义域内找到一个使 $P(x)$ 为假的 x 即可。这是因为,"$(\forall x)P(x)$ 为假"的说法与"$\neg(\forall x)P(x)$ 为真"的说法具有相同的真值,从上面的讨论可知,$(\exists x)\neg P(x)$ 必须为真,只要证明存在使 $\neg P(x)$ 为真的 x 即可。也就是说,只要找到一个使 $P(x)$ 为假的 x 即可。若要证明 $(\exists x)P(x)$ 为假,就需要证明对定义域内的任意 x,$P(x)$ 都为假。这是因为,"$(\exists x)P(x)$ 为假"的说法与"$\neg(\exists x)P(x)$ 为真"的说法具有相同的真值。从上面的讨论可知,$(\forall x)\neg P(x)$ 必须为真,也就是说,必须证明对于任意 x,$\neg P(x)$ 都为真,或者说 $P(x)$ 都为假。

1.2.2 量词的辖域

量词在陈述中发挥作用的范围称为该量词的范围(scope)或者**辖域**。对量词的辖域有必要引起注意。例如,当把 x 的定义域设为全体实数时:

$$(\exists x)(x \geqslant 0 \vee x < 0)$$

这一陈述认为存在满足下述谓词的实数 x,即 $x \geqslant 0 \vee x < 0$ 其真值为真(对任意实数,该谓词都为真)。存在量词 $(\exists x)$ 的辖域就是谓词"$x \geqslant 0 \vee x < 0$"全体。

此外,下述陈述:

$$(\exists x)(x \geqslant 0) \vee (\exists x)(x < 0) \tag{1-4}$$

是通过对命题:

$$(\exists x)(x \geqslant 0) \tag{1-5}$$

和命题:

$$(\exists x)(x < 0) \tag{1-6}$$

进行析取操作得到的。

命题式$(1-5)$和命题式$(1-6)$的量词辖域分别是由谓词"$x \geqslant 0$"和"$x <$
0"定义的辖域,两个命题都是真命题,因此命题式$(1-4)$为真。

一般来说,对于只带有变量x的任意谓词$P(x)$和$Q(x)$,下述公式成立。

$$(\exists x)(P(x) \vee Q(x)) \equiv (\exists x)P(x) \vee (\exists x)Q(x)$$

但是,$(\exists x)(P(x) \wedge Q(x))$与$(\exists x)P(x) \wedge (\exists x)Q(x)$不一定是逻辑对
等的(参见练习题$1-19$)。

同样,一般来说,虽然下述命题成立,

$$(\forall x)(P(x) \wedge Q(x)) \equiv (\forall x)P(x) \wedge (\forall x)Q(x)$$

但是,$(\forall x)(P(x) \vee Q(x))$与$(\forall x)P(x) \vee (\forall x)Q(x)$不一定是逻辑对
等的(参见练习题$1-20$)。

1.2.3　多元谓词

对于多元谓词,可以利用多个量词使其变成命题。例如,当变量x, y的定
义域都是全体实数时,则有

$$(\forall x)(\forall y)(x + y = y + x)$$

为真,表示实数上的加法运算的交换律。此命题是对$x + y = y + x$这个带有
两个变量的谓词,通过下述过程使量词发生作用而生成的。

首先,把量词$(\forall y)$作用于此谓词,得到下述陈述。

$$(\forall y)(x + y = y + x)$$

由于变量x尚未进入量词的辖域,因此不确定x的值就无法确定该陈述的真
值,即尚未成为命题。其次,把量词$(\forall x)$作用于此谓词,得到下述命题。

$$(\forall x)(\forall y)(x + y = y + x)$$

量词$(\forall x)$的辖域是"$(\forall y)(x + y = y + x)$"。若要确保此命题为真,则只需
证明对于定义域内的任意x,$(\forall y)(x + y = y + x)$为真即可。因此,对于任
意选定的x,该所述都应该成立,即只要可以确保对定义域内的任意y,$x +$
$y = y + x$成立即可。作为结论,此命题所表达的是"对于任意x和任意y,
$x + y = y + x$都成立",是一个真命题。

需要注意的是,调整量词的顺序会导致含义发生变化。例如,

$(\forall y)(\exists x)(y = x^3)$ 所表达的是"对于任意的 y，都存在可以满足 $y = x^3$ 这一等式的 x"，其真值为真，表示任意实数的立方根都存在。将 $\forall y$ 与 $\exists x$ 的位置交换后形成的命题 $(\exists x)(\forall y)(y = x^3)$ 所表达的是"存在 x，对于任意 y，满足 $y = x^3$ 这一等式"，其真值为假。

也可以对谓词使用逻辑连接符来生成复杂的陈述。例如，当变量 x, y 的定义域都是全体实数时，则有

$$(\forall y)(y \geqslant 0 \rightarrow (\exists x)(y = x^2))$$

其真值为真，表示存在非负实数的平方根。

练习题

1-15　设变量 x 的定义域为全体实数，求出下列命题的真值(本题谓词中用到的公式的含义就是其在通常的实数计算中的含义)。

(a) $(\forall x)(0x = 0)$。

(b) $(\exists x)(x^2 < 0)$。

参考答案：

(a) 使任意实数与 0 相乘的结果都是 0。真。

(b) 在实数范围内，不存在平方后为负的数。假。

1-16　集合 S 是"大学生的集合"，谓词 $M(x)$ 定义为"x 选修了离散数学"，将下列句子写成逻辑表达式。

(a) 有选修了离散数学的学生。

(b) 并非所有的学生都选修了离散数学。

(c) 有未选修离散数学的学生。

参考答案：

(a) $(\exists x \in S)M(x)$。

(b) $\neg(\forall x \in S)M(x)$。

(c) $(\exists x \in S)(\neg M(x))$。

1-17　谓词 $P(x): x^2 - x - 2 = 0$，下列命题为真时请标记 T，当其为假时请标记 F，当其既不为真也不为假时请标记 N。

(a) $P(-1)$。

(b) $P(0)$。

(c) $P(2)$。

参考答案:

(a) T。

(b) F。

(c) T。

1-18 举例说明使 $(\exists x)(x^2 = -1)$ 为真时 x 的定义域,使该陈述为假时 x 的定义域。

参考答案:

把定义域设为全体实数时,该陈述为假。把定义域设为全体复数时,该陈述为真。

1-19 将变量 x 的定义域设为全体实数。举出只带有一个变量 x,而且使 $(\exists x)(P(x) \wedge Q(x))$ 与 $(\exists x)P(x) \wedge (\exists x)Q(x)$ 两个命题具备不同真值的谓词 $P(x)$,$Q(x)$ 的例子。

参考答案:

设 $P(x)$,$Q(x)$ 分别为 $x^2 = 1$ 和 $2x = 0$,由于 $P(x)$,$Q(x)$ 分别在 $x = \pm 1$ 和 $x = 0$ 时为真,因此虽然 $(\exists x)P(x) \wedge (\exists x)Q(x)$ 为真,但因为不存在使 $P(x)$,$Q(x)$ 同时为真的实数 x,所以 $(\exists x)(P(x) \wedge Q(x))$ 为假。

1-20 对于 $(\forall x)(P(x) \wedge Q(x))$ 与 $(\forall x)P(x) \vee (\forall x)Q(x)$ 命题组合,请回答同上一题一样的问题。

参考答案:

设 $P(x)$,$Q(x)$ 分别为 $x \geqslant 0$ 和 $x < 0$,对于任意实数 $P(x)$ 或 $Q(x)$ 这两个命题肯定会有一个成立。因此,$(\forall x)(P(x) \vee Q(x))$ 为真。但是,$P(x)$ 和 $Q(x)$ 这两个命题都并非对任意实数都成立,因此 $(\forall x)P(x) \vee (\forall x)Q(x)$ 为假。

1-21 对于下列命题,当其为真时请标记 T,当其为假时请标记 F,当其不是命题时请标记 N。

(a) $(\exists x \in \mathbf{R})(\forall y \in \mathbf{R})(xy = y)$。

(b) $(\forall x \in \mathbf{R})(\exists y \in \mathbf{R})(xy = y)$。

(c) $(\exists y \in \mathbf{R})(\forall x \in \mathbf{R})(xy = y)$。

(d) $(\forall y \in \mathbf{R})(\exists x \in \mathbf{R})(xy = y)$。

参考答案:

(a) T$(x = 1)$。

(b) T$(y = 0)$。

(c) T($y = 0$)。

(d) T($x = 1$)。

1-22 对于集合 $S = \{s \mid s \text{ 是学生}\}$ 和 $C = \{c \mid c \text{ 是科目}\}$，当谓词 $L(s, c)$ 定义为"s 喜欢 c"时，把下列句子写成逻辑表达式。

(a) 任一科目都被学生喜欢。

(b) 任一学生都有喜欢的科目。

(c) 有喜欢所有科目的学生。

参考答案：

(a) $(\forall c \in C)(\exists s \in S)(L(s, c))$。

(b) $(\forall s \in S)(\exists c \in C)(L(s, c))$。

(c) $(\exists s \in S)(\forall c \in C)(L(s, c))$。

1-23 把变量 x, y 的定义域分别设为全体男人和全体女人。用 $L(x, y)$ 表示带有两个变量的谓词，其含义是"x 爱上了 y"。使用自然语言分别描述下列命题的含义。

(a) $(\forall x)(\exists y)(L(x, y))$。

(b) $(\exists x)(\forall y)(L(x, y))$。

参考答案：

(a) 每个男人都有一个爱自己的女人（每个男人都有一个女恋人）。

(b) 有的男人爱所有的女人（有的男人把所有的女人都当作情人）。

1-24 用自然语言描述上一问题中两个陈述的否定陈述。

参考答案：略。

1-25 把变量 x, y 的定义域都设为全体实数。对下列描述实数域上的加法运算/乘法运算性质的命题，求其真值。

(a) $(\exists x)(\forall y)(xy = y)$。

(b) $(\exists x)(\forall y)(x + y = y)$。

(c) $(\forall x)(\exists y)(x + y = 0)$。

(d) $(\exists y)(\forall x)(x + y = 0)$。

(e) $(\forall x)(\exists y)(xy = 1)$。

参考答案：略。

1-26 把下列句子写成逻辑表达式。

(a) 所有实数的平方都是正数。

(b) 对于所有实数，存在和为 a 的实数。

(c) 除 0 以外,每个实数都存在逆数。

(d) 对于任意两个实数,只存在一个与这两个实数的和相等的实数。

(e) 不存在加上一个自然数后仍得到 0 的自然数。

参考答案:

(a) $(\forall x \in \mathbf{R})(x^2 > 0)$。

(b) $(\forall x \in \mathbf{R})(\exists y \in \mathbf{R})(x + y = a)$。

(c) $(\forall x \in \mathbf{R} - \{0\})(\exists y \in \mathbf{R})\left(y = \dfrac{1}{x}\right)$。

(d) $(\forall x \in \mathbf{R})(\forall y \in \mathbf{R})(\exists ! z)(x + y = z)$。

(e) $(\forall x \in \mathbf{N})\neg(\exists y \in \mathbf{N})(x + y = 0)$。

1-27 质数是在大于 1 的自然数中,无法用比它小的正整数的乘积来表示的数。使用逻辑符号来表达质数的定义。

参考答案:

$\mathbf{Z}$ 为整数的集合。"x 是质数"的定义如下:

$$x > 1 \wedge \neg(\exists y \in \mathbf{Z})(\exists z \in \mathbf{Z})(y < x \wedge z < x \wedge x = yz)$$

附　　录

1) 充分必要条件

假设 $P \to Q$ 为真。此时,若要 P 为真,则 Q 也必须为真。也就是说,Q 的成立是使 P 成立的必要条件,即 Q 为 P 的**必要条件**(necessary condition)。同样,$P \to Q$ 为真时,若 P 为真,则 Q 总为真。也就是说,P 的成立是保证 Q 成立的充分条件,即 P 为 Q 的**充分条件**(sufficient condition)。

2) 蕴含的含义

把变量 x 的定义域设为自然数,并思考下面这个谓词:

"如果 $x > 4$,则 $x > 2$"

通过向该谓词添加全称量词得到的命题:

对任意自然数 x,$x > 4 \to x > 2$

该命题为真。这可以根据自然数通常都是有序的这一性质(传递律)来证明。

如果变量的范围很小,为有限个元素,则也可以通过代入来进行确认。代入后所有条件与结论的真值如表 1-7 所示。

表 1-7 所有条件与结论的真值表

变量 x	前提 P $x>4$	结论 Q $x>2$	蕴含 $P{\to}Q$ $x>4{\to}x>2$
1	1>4(假)	1>2(假)	1>4→1>2
2	2>4(假)	2>2(假)	2>4→2>2
3	3>4(假)	3>2(真)	3>4→3>2
4	4>4(假)	4>2(真)	4>4→4>2
5	5>4(真)	5>2(真)	5>4→5>2
6	6>4(真)	6>2(真)	6>4→6>2

根据表 1-7 可以确认,当前提为真时($x{\geqslant}5$),结论也必定同时为真。根据蕴含的真值表可知,当前提为真时($x{\geqslant}5$),蕴含 $x>4{\to}x>2$ 整体也为真。因此,根据前提为真结论就必定为真这一含义,可以理解为"对任意自然数 x, $x>4{\to}x>2$"。

但是,前提为假($x=1,2,3,4$)时又是怎么样的情况呢? 实际上,根据蕴含的真值表可知,当前提为假时,无论结论的真值是真还是假,蕴含命题 $P{\to}Q$ 都被定义为真。例如,$x=1$ 时,前提与结论都是假。因此,下面这个命题 1>4→1>2 整体是真的。

综上所述,"对任意自然数 x,$x>4{\to}x>2$"成立。

3)$R{\equiv}S$ 与 $R{\leftrightarrow}S$ 的关系

"$R{\equiv}S$"与"$R{\leftrightarrow}S$ 是重言式"的含义是相同的。但是,$R{\equiv}S$ 是在元级(更高一级)上描述两个命题 R 和 S 之间的关系,而 $R{\leftrightarrow}S$ 本身就是一个命题,在这方面两者存在差异。

4)重言式的例子

下面,举出了几个具有代表性的重言式的例子。其中有几个已经在练习题中出现过。

$$P \to P, P \lor (\lnot P), (P \land Q) \to P, (P \to Q) \to (\lnot Q \to \lnot P),$$
$$(P \land (P \to Q)) \to Q, ((P \to Q) \land (Q \to R)) \to (P \to R)$$

② 集 合 表 述

（1）理解集合的概念，能够表述各种各样的集合。

（2）在集合上定义顺序结构，用来处理列表、向量、矩阵之类的数据。

（3）理解集合定义的各种运算，能够实现集合的基本操作。

（4）理解"关系"和"函数"，可运用这两个概念处理集合间的关系。

在开发信息系统时，首先要进行的重要工作之一是制作明确描述系统所需功能和数据结构的详细信息的系统规格说明书。作为能够正确且简洁地表达此系统规格说明的工具，集合的概念非常有用。

严格地表述系统规格可以使用多种方法。本书中采用集合论的表述方法，之所以这样做是因为集合的表述语言具有普遍性和一般性。普遍性指可以把任何事物收集起来形成集合，简单地说，集合就是"一堆事物"，此处的"事物"可以是任何事物。例如，所有质数可以是一个集合，同样，与某个企业有交易往来的所有商家也可以构成一个集合。此外，系统性认知的根本是着眼于事物与事物之间的关联性，而集合论中的关系、函数这些概念正是为了达到此目的而最为常用的工具。

采用集合论描述系统规格的另一个原因是（如第4章所述）系统规格可以表述成"计算机可读"的内容，即表述成可以在计算机上处理的形式。本章中学习的集合概念，通过使用在第4章中学习的描述方法，从而表述成几乎可以直接在计算机上处理的形式，并且可以自动转换为可执行的计算机程序。之所以可以做到这一点，是因为模型论方法把 Prolog（programming in logic）的基础语言用作系统描述语言，而基于形式逻辑的集合论描述与 Prolog 之间则具备非常高的亲和性。这一点也是本书所提倡的模型理论方法的特点之一。

本章是集合的基础内容，下面将用大量的实例来解说。

[2.1] 集合的表示及其标记法

成为考察对象的"一堆事物"称为**集合**（set），构成集合的"事物"称为**元素**（element）。集合就是由元素聚集起来形成的集体。

例如，掷骰子时出现的一组点数是集合，并且该集合的元素是 1～6 这六个整数。

再如，保管在某个仓库内的一组商品是集合，其中每个商品则是该集合的元素。

下文中，原则上以 A,B,C 之类的大写英文字母来表示集合，以 a,b,c 之类的小写英文字母来表示元素。

当 x 是集合 A 的元素时，可以说 x 属于集合 A，或者说 x 被 A 所包含，再或者说集合 A 包含 x，用符号 $x \in A$ 来表示。用 $x \notin A$ 来表示 x 不是集合 A 的元素。

例 2-1　如果把掷骰子时可能出现的点数的集合记作 A，那么 $1 \in A$，$7 \notin A$，这两个命题都为真。

定义 2-1　**集合的表示方法**

集合的表示方法有如下两种。

1) 列举出集合中的所有元素

在大括号{}内一一列举集合中的所有元素，元素之间用逗号隔开。例如，可以把由元素 a,b,c 构成的集合 A 表示成

$$A = \{a,b,c\}$$

2) 用谓词描述集合中的元素所满足的性质和条件

把由满足性质 $P(x)$ 的所有元素 x 构成的集合 A 记作

$$A = \{x \mid P(x)\}$$

$P(x)$ 是一个谓词，其所包含的变量 x 代表集合的元素。变量名 x 可以是任何字母，只要其与谓词内使用的变量相一致即可。

该方法的含义与 $x \in A \leftrightarrow P(x)$ 的含义相同。符号 $\leftrightarrow$ 表示等价（充分必要条件）。也就是说，如果 x 是集合 A 的元素，则谓词 $P(x)$ 为真，反过来也成立。

例如，使用谓词 $(x=a) \lor (x=b) \lor (x=c)$，集合 $A = \{a,b,c\}$ 可以表

示为

$$A = \{x \mid (x = a) \lor (x = b) \lor (x = c)\}$$

此外,还可以表示为

$$x \in A \leftrightarrow (x = a) \lor (x = b) \lor (x = c)$$

本方法在证明(论证)和模型描述中经常使用。

例 2-2　可以用下列两种方法表示掷骰子时出现的点数的集合。

(a) $\{1, 2, 3, 4, 5, 6\}$

(b) $\{x \mid x$ 是掷骰子时出现的点数$\}$

例 2-3　可以用下列两种方法表示自然数的集合 **N**。

(a) $\mathbf{N} = \{1, 2, 3, \cdots\}$

(b) $\mathbf{N} = \{x \mid x$ 是自然数$\}$

例 2-4　用{啤酒,日本酒,葡萄酒,烧酒,威士忌}来表示保管在某个仓库的商品的种类的集合时,下列两个命题:葡萄酒 $\in$ {啤酒,日本酒,葡萄酒,烧酒,威士忌},可乐 $\notin$ {啤酒,日本酒,葡萄酒,烧酒,威士忌}都为真。

例 2-5　下列两个集合,其中一个集合是由名字和年龄形成的数据对构成,另一个是由集合构成。

$$\{(太郎, 20), (花子, 18)\}$$
$$\{\{0\}, \{1, 2\}, \{3, 4, 5\}\}$$

如此例所示,元素不一定必须是单一的事物。由名字和年龄形成的数据对或一个集合本身也可以成为另一个集合的元素。

在对集合进行直观的可视化描述时,经常使用**维恩图**(**Venn diagram**)。维恩图用位于平面上的点表示集合的元素,用一个圆来代表一个集合。例如,图 2-1 就是用维恩图表示例 2-2 中骰子点数的集合。

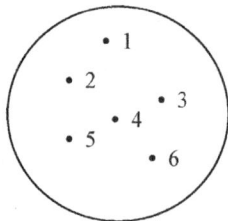

图 2-1　用维恩图表示集合

定义 2-2 空集

一个元素都没有的集合称为**空集**(empty set),用符号 $\varnothing$ 表示。

例 2-6 下述集合中,由于不存在满足谓词所定义的条件的整数 x,因此该集合为空集。

$$\{x \mid x \text{ 是整数} \wedge x < 0 \wedge x > 4\}$$

定义 2-3 子集

当属于集合 A 的所有元素都是集合 B 的元素时,A 就是 B 的**子集**(subset)(见图 2-2),还可以称 A 包含于 B,或者 B 包含 A,用 $A \subseteq B$ 表示。当集合 A 不是集合 B 的子集时,用 $A \nsubseteq B$ 表示。

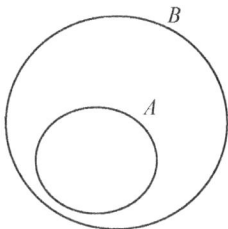

图 2-2 用维恩图表示子集

例 2-7 给出三个集合 $A = \{1, 2, 3, 4, 5, 6\}$,$B = \{2, 4, 6\}$,$C = \{5, 6, 7\}$,此时,B 是 A 的子集,C 不是 A 的子集,即 $B \subseteq A$,$C \nsubseteq A$。

例 2-8 把集合 B 定义为 $\{x \mid x \text{ 是整数} \wedge 0 < x < 10\}$,如下所述,可以通过集合 B 定义集合 C。

$$C = \{x \mid x \in B \wedge x \text{ 是偶数}\}$$

此时,集合 C 就是集合 B 的子集。证明过程如下:

$$x \in C \rightarrow (x \in B) \wedge (x \text{ 是偶数}) \rightarrow x \in B$$

换句话说,只需把 x 属于 C 作为前提,就可以得出 x 属于 B 的结论。

由于任意集合 A 都满足 $A \subseteq A$,因此所有集合都是其自身的子集。此外,对任意集合 A 来说,空集都是其子集,也就是说 $\varnothing \subseteq A$ 成立。

定义 2-4 集合的相等

当两个集合 A 与 B 都含有相同的元素时,即属于 A 的元素都属于 B,同时属于 B 的元素又都属于 A 时,则 A 与 B 相等(equivalent),用 $A = B$ 表示。

当 A 与 B 不等时,用 $A \neq B$ 表示。

例 2 - 9 两个集合 A 与 B 的定义分别如下:

$$A = \{1, 2, 3, 4, 5, 6\}$$
$$B = \{x \mid x \text{ 是整数} \wedge 0 < x < 7\}$$

此时,这两个集合相等。证明过程如下:

$$x \in A \leftrightarrow (x=1) \vee (x=2) \vee (x=3) \vee (x=4) \vee (x=5) \vee (x=6) \leftrightarrow$$
$$x \text{ 是整数} \wedge 0 < x < 7 \leftrightarrow x \in B$$

因此,只需证明元素 x 属于集合 A 和元素 x 属于集合 B 等价即可。

在此,进一步定义集合 A',即

$$A' = \{3, 5, 4, 1, 6, 2\}$$

此时,$A = A'$ 成立。即集合中所列举元素的顺序没有意义(集合中的元素是无序的)。

由于任意的集合都是其自身的子集,如果 $A = B$,则 $A \subseteq B$ 而且 $B \subseteq A$。此外,根据集合相等的定义,如果 $A \subseteq B$ 而且 $B \subseteq A$,则 $A = B$。根据这两个性质可知:

$$A = B \leftrightarrow A \subseteq B \text{ 而且 } B \subseteq A$$

成立。因此,也可以用这一事实证明两个集合相等。

定义 2 - 5 **真子集**

当 $A \subseteq B$ 而且 $A \neq B$ 时,集合 A 称为集合 B 的**真子集**(proper subset)。

例 2 - 10 设 $A = \{1, 2, 3\}$,$B = \{1, 2, 3, 4, 5\}$。很显然,A 是 B 的真子集。

定义 2 - 6 **有限集合和无限集合**

集合 A 是由有限个元素构成的集合,称 A 为**有限集合**(finite set),集合 A 是由无限个元素构成的集合,则称 A 为**无限集合**(infinite set)。

例 2 - 11 定义集合 A 与 B:

$A = \{x \mid x \text{ 是 X 大学的在校学生}\}$

$B = \{y \mid y \text{ 是 X 大学的在校一年级学生}\}$

此时,A 和 B 都是有限集合,而且 B 是 A 的真子集。

定义 2 - 7 **幂集**

由集合 A 的所有子集构成的集合称为 A 的**幂集**(power set),用符号

$\wp(A)$ 表示。定义如下：

$$\wp(A) = \{S \mid S \subseteq A\}$$

例 2-12 把集合 A 定义为 $\{1,2\}$。此时，集合 A 的幂集为

$$\wp(A) = \{\varnothing, \{1\}, \{2\}, \{1,2\}\}$$

需要注意的是，幂集中包含空集 $\varnothing$。

练习题

2-1 用两种方法来表示以光的三原色为元素的集合。

2-2 使用谓词来表示从 1～99 的自然数的集合。

2-3 找出下列集合中相等的集合。其中，$\mathbf{N}$ 是自然数的集合。

$$\{1,2,3\}, \{4,5,6\}, \{1,3,5\}, \{2,4,6\}, \{1,2,3,4,5,6\}$$

$A = \{x \mid x \in \mathbf{N} \text{ 而且 } 3 < x < 7\}, B = \{y \mid y \in \mathbf{N} \text{ 而且 } 0 < y < 7\}, C = \{z \mid z \in \mathbf{N} \text{ 而且 } 0 < z < 7 \text{ 而且 } z \text{ 是偶数}\}$

2-4 $A = \{1,2,3,4,5,6,7\}, B = \{2,4,6\}, C = \{1,3,5,7,9\}, D = \{2,3,4,5\}, E = \{6,7,8,9\}, F = \varnothing$，判断以下描述的真假。

(a) $C \subseteq A$。

(b) $D \not\subseteq A$。

(c) $B \subseteq C$。

(d) $F \subseteq A$。

(e) $B \subseteq B$。

(f) $B \subseteq A$。

(g) D 是 A 的真子集。

2-5 求出集合 $\{a,b\}$ 的所有子集。

2-6 有一个刻有数字 1～4 的 4 面体骰子，求出投掷该骰子时可能出现的所有点数的集合 A，并求出该集合 A 的幂集。

2-7 按下例所示把用文字书写的陈述表示成使用符号 $\in$ 与 $\notin$ 的谓词。

例：系统内的所有文件都是可读文件。

设 $A = \{f \mid f \text{ 是系统内的文件}\}, B = \{f \mid f \text{ 是可读文件}\}$，则 $(\forall x)(x \in A \rightarrow x \in B)$。

（a）系统内的所有文件都是可读文件或可写文件。

（b）如果文件 x 是可读文件而且是可写文件,则 x 就不是机密文件。

（c）如果文件 x 是机密文件,则其既不是可读文件,也不是可写文件。

〔2.2〕 列　　表

如上一节所述,即使集合中的元素重复出现也表示同一个集合。此外,元素的排列顺序完全没有含义。针对这一定义,让这种单纯的"一堆事物"集合在其元素的重复与顺序方面具备相应含义后,即可成为列表。

为了区别列表与集合,没有使用{},而是在[]中排列所有的元素,并用逗号将元素隔开,表示如下:

$$[1,2,1,4,5,2]$$
$$[a,b,a,a,b]$$

例 2-13　　$[1,2,3]\neq[1,1,2,3]\neq[2,3,1]$

如此例所示,具有重复元素的列表或元素顺序不同的列表是与原来完全不同的列表。

2.2.1　向量

定义 2-8　　向量

如下所述,**向量**(**vector**)x 指由 n 个数排列形成的集合。

$$\boldsymbol{x}=(x_1,x_2,x_3,\cdots,x_n)$$

在此,x_i 为向量 $\boldsymbol{x}$ 的第 i 个元素(i-th element)。

因此,可以使用下述列表表示向量 $\boldsymbol{x}$。

$$\boldsymbol{x}=[x_1,x_2,x_3,\cdots,x_n]$$

定义 2-9　　零向量

所有元素都是 0 的向量称为**零向量**(**zero vector**)。可用列表表示为

$$\boldsymbol{0}=[0,0,0,\cdots,0]$$

定义 2-10　　向量之和

元素个数相等的两个向量 $\boldsymbol{x}$ 与 $\boldsymbol{y}$ 的和(**sum**)$\boldsymbol{x}+\boldsymbol{y}$ 指将两个向量的对应元

素相加之后得到的向量。可用列表表示为

$$\boldsymbol{x} + \boldsymbol{y} = [x_1, x_2, x_3, \cdots, x_n] + [y_1, y_2, y_3, \cdots, y_n]$$
$$= [x_1 + y_1, x_2 + y_2, x_3 + y_3, \cdots, x_n + y_n]$$

定义 2-11　实数与向量之积

实数 k 与向量 $\boldsymbol{x}$ 的积（**product**）$k\boldsymbol{x}$ 指将 $\boldsymbol{x}$ 的每个元素乘以 k 之后得到的向量。可用列表表示为

$$k\boldsymbol{x} = k[x_1, x_2, x_3, \cdots, x_n] = [kx_1, kx_2, kx_3, \cdots, kx_n]$$

例 2-14　$[1,2,3,4,5] + [3,2,4,1,5] = [4,4,7,5,10]$

$$2[1,2,3] = [2,4,6]$$

2.2.2　矩阵

定义 2-12　矩阵

矩阵（**matrix**）$\boldsymbol{A}$ 指由排列成 m 列、n 行的 mn 个量构成的集合。

$$\boldsymbol{A} = \begin{pmatrix} a_{11} & a_{12} & \cdots & a_{1n} \\ a_{21} & a_{22} & \cdots & a_{2n} \\ \vdots & \vdots & & \vdots \\ a_{m1} & a_{m2} & \cdots & a_{mn} \end{pmatrix}$$

构成矩阵的 mn 个数字称为**元素**（**element**），位于从上面数第 i 行，从左面数第 j 列的元素 a_{ij} 称为元素 (i, j)。排成一行的数字称为**行**（**row**），排成一列的数字称为**列**（**column**）。

可以把矩阵看成是由下述 m 个行（此处的各个行称为行向量）构成的列表。

$$(a_{11} \quad a_{12} \quad \cdots \quad a_{1n}), (a_{21} \quad a_{22} \quad \cdots \quad a_{2n}), \cdots, (a_{m1} \quad a_{m2} \quad \cdots \quad a_{mn})$$

或者，也可以把矩阵看成是由下述 n 个列（此处的各个列称为列向量）构成的列表。

$$\begin{pmatrix} a_{11} \\ a_{21} \\ \vdots \\ a_{m1} \end{pmatrix} \begin{pmatrix} a_{12} \\ a_{22} \\ \vdots \\ a_{m2} \end{pmatrix}, \cdots, \begin{pmatrix} a_{1n} \\ a_{2n} \\ \vdots \\ a_{mn} \end{pmatrix}$$

因此,如果把行向量与列向量表示成列表,那么矩阵就是由所有行向量构成的列表,或者说,是由所有列向量构成的列表,即可以把矩阵表示为如下列表形式。

$$A = [[a_{11}, a_{12}, \cdots, a_{1n}], [a_{21}, a_{22}, \cdots, a_{2n}], \cdots, [a_{m1}, a_{m2}, \cdots, a_{mn}]]$$

或者

$$A = [[a_{11}, a_{21}, \cdots, a_{m1}], [a_{12}, a_{22}, \cdots, a_{m2}], \cdots, [a_{1n}, a_{2n}, \cdots, a_{mn}]]$$

例 2 - 15 把 3 行 3 列的矩阵

$$\begin{pmatrix} 1 & 2 & 3 \\ 4 & 5 & 6 \\ 7 & 8 & 9 \end{pmatrix}$$

表示成由行向量构成的列表:

$$[[1,2,3],[4,5,6],[7,8,9]]$$

或者,将其表示成由列向量构成的列表:

$$[[1,4,7],[2,5,8],[3,6,9]]$$

定义 2 - 13 **矩阵之和**

具有相同个数的行和列的两个矩阵 A 与 B 的和 $A + B$ 指把两个矩阵的相应元素相加之后得到的矩阵。

定义 2 - 14 **实数与矩阵之积**

实数 k 与矩阵 A 的**积**(**product**)kA 指把 A 的每个元素乘以 k 之后得到的矩阵。

定义 2 - 15 **转置矩阵**

m 行 n 列的矩阵 A 的**转置矩阵**(**transposed matrix**)指把矩阵 A 的行向量按顺序与列向量互相置换后得到的 n 行 m 列的矩阵,记作 A^{T}。

如果

$$A = \begin{pmatrix} a_{11} & a_{12} & \cdots & a_{1n} \\ a_{21} & a_{22} & \cdots & a_{2n} \\ \vdots & \vdots & & \vdots \\ a_{m1} & a_{m2} & \cdots & a_{mn} \end{pmatrix}$$

则有

$$\boldsymbol{A}^{\mathrm{T}}=\begin{pmatrix} a_{11} & a_{21} & \cdots & a_{m1} \\ a_{12} & a_{22} & \cdots & a_{m2} \\ \vdots & \vdots & & \vdots \\ a_{1n} & a_{2n} & \cdots & a_{mn} \end{pmatrix}$$

练习题

2-8　判断下列命题的真假。

(a) $[1,2,3,4]=[2,3,4,1]$。

(b) $[1,1,2,2,3,3,4,4]=[1,2,3,4]$。

(c) $[2,3,1,4,5]\neq[2,3,4,5,1]$。

2-9　求出向量 $\boldsymbol{A}$ 与向量 $\boldsymbol{B}$ 的和向量 $\boldsymbol{A}+\boldsymbol{B}$。

$$\boldsymbol{A}=[5,7,3,1,4,2],\boldsymbol{B}=[1,4,2,7,4,1]$$

2-10　下列两个矩阵 $\boldsymbol{A}$ 与 $\boldsymbol{B}$ 是由行向量构成的列表,求出这两个矩阵的和矩阵 $\boldsymbol{A}+\boldsymbol{B}$,并用列表表示该和矩阵。

$$\boldsymbol{A}=[[1,2,3],[4,5,6],[7,8,9]],\boldsymbol{B}=[[3,2,1],[6,5,4],[9,8,7]]$$

2-11　矩阵 $\boldsymbol{A}$ 是一个由行向量构成的列表表示的矩阵,求出矩阵 $\boldsymbol{A}$ 的转置矩阵。但仍用以行向量构成的列表的形式表示该转置矩阵。

$$\boldsymbol{A}=[[1,2,3,4],[5,6,7,8]]$$

[2.3]　集 合 的 运 算

存在某个确定的集合 U,如果要考察的集合都是该集合 U 的子集,那么把集合 U 称为**全集**或**泛集**(universal set)。本节中,将讨论给定一个全集,并对从该全集的一个或多个子集生成新集合的方法。

定义 2-16　和集

由属于集合 A 或属于集合 B 的元素全体构成的集合,称为集合 A 与集合 B 的**和集**或者**并集**(union),记作 $A\cup B$。定义如下:

$$A\cup B=\{x\mid x\in A\ \vee\ x\in B\}$$

例 2-16　$A=\{1,2,3\},B=\{2,3,4,5\}$，则 $A\bigcup B=\{1,2,3,4,5\}$。

对于并集，有如下性质：

$$A\bigcup A=A（幂等律）$$
$$A\bigcup B=B\bigcup A（交换律）$$
$$A\bigcup(B\bigcup C)=(A\bigcup B)\bigcup C（结合律）$$
$$A\bigcup\varnothing=A$$
$$A\bigcup U=U$$
$$A\subseteq B\leftrightarrow A\bigcup B=B$$

前三个性质（幂等律、交换律、结合律）在本书的第 1 章中也曾出现过。这表明上述性质的表达式与第 1 章中的对应性质相似，并且上述并集相关性质成立的根本原因在于其在逻辑上具有相同名称的性质。例如，幂等律的性质如下所示：

$$A\bigcup A=\{x\mid x\in A\vee x\in A\} \qquad （根据并集的定义）$$
$$=\{x\mid x\in A\} \qquad （根据逻辑上的幂等律）$$
$$=A$$

其他性质也相同。

定义 2-17　交集

由所有属于集合 A 且属于集合 B 的元素构成的集合，称为集合 A 与集合 B 的**交集**（**intersection**）或**共同部分**，记作 $A\bigcap B$。定义如下：

$$A\bigcap B=\{x\mid x\in A\wedge x\in B\}$$

例 2-17　$A=\{1,2,3\},B=\{2,3,4,5\}$，则 $A\bigcap B=\{2,3\}$。

当集合 A 与集合 B 的交集是空集时，即集合 A 与 B 是**互不相交**（**disjoint**）的。

对于交集，有如下性质：

$$A\bigcap A=A（幂等律）$$
$$A\bigcap B=B\bigcap A（交换律）$$
$$A\bigcap(B\bigcap C)=(A\bigcap B)\bigcap C（结合律）$$
$$A\bigcap\varnothing=\varnothing$$
$$A\bigcap U=A$$
$$A\subseteq B\leftrightarrow A\bigcap B=A$$

与并集的情况相同,前三个性质与第 1 章中出现的具有相同名称的性质相同。

对于并集和交集,下述性质(分配律)成立:

$$A \cap (B \cup C) = (A \cap B) \cup (A \cap C)$$
$$A \cup (B \cap C) = (A \cup B) \cap (A \cup C)$$

这里的分配律成立的原因也是第 1 章中出现过的逻辑上的分配律。

定义 2-18 补集

设 $A \subseteq U$,由 U 中不属于集合 A 的所有元素构成的集合,称为集合 A 的**补集(complement)**,记作 $\complement_U A$。定义如下:

$$\complement_U A = \{x \mid x \in U \wedge x \notin A\}$$

例 2-18 $U = \{x \mid x \text{ 是 } 1 \sim 9 \text{ 的整数}\}$,$A = \{1, 2, 3\}$,则 $\complement_U A = \{4, 5, 6, 7, 8, 9\}$。

对于补集,有如下性质:

$$\complement_U (\complement_U A) = A \text{(排中律)}$$
$$\complement_U \varnothing = U$$
$$\complement_U U = \varnothing$$
$$A \cup \complement_U A = U$$
$$A \cap \complement_U A = \varnothing$$
$$A \subseteq B \leftrightarrow \complement_U B \subseteq \complement_U A$$

对于并集、交集和补集,**德摩根定律(De Morgan's law)**的下述重要性质也成立。该重要性质成立的原因也是第 1 章中逻辑上的德摩根定律,即

$$\complement_U (A \cup B) = \complement_U A \cap \complement_U B$$
$$\complement_U (A \cap B) = \complement_U A \cup \complement_U B$$

定义 2-19 差集

由属于集合 A 且不属于集合 B 的所有元素构成的集合,称为集合 A 与集合 B 的**差集(difference)**,记作 $A - B$。定义如下:

$$A - B = \{x \mid x \in A \wedge x \notin B\}$$

例 2-19 $A = \{1, 2, 3\}$,$B = \{2, 3, 4, 5\}$,$A - B = \{1\}$。

对于定义 2-16~定义 2-19,可以用如图 2-3 所示的维恩图进行描述。

维恩图中,用长方形表示全集 U,其他所有集合都用位于此长方形内部的圆形表示。

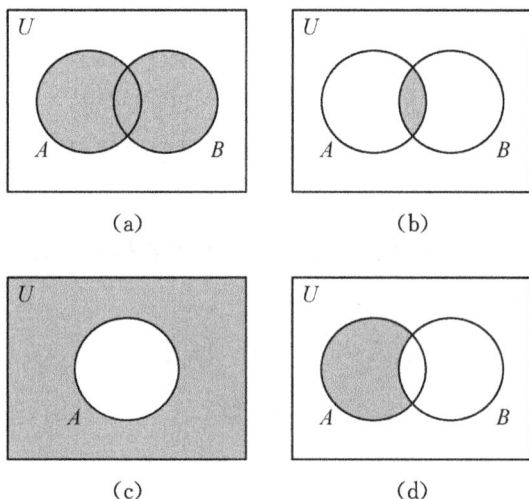

图 2-3　用维恩图表示集合的运算

(a) $A\bigcup B$;(b) $A\bigcap B$;(c) $\complement_U A$;(d) $A-B$

定义 2-20　**基数**

集合 A 中元素的个数称为**基数(cardinality)**或**浓度**,记作 $|A|$。

例 2-20　$A=\{1,2,3\}$,则 $|A|=3$。

例 2-21　$|\{x\,|\,x$ 是 $0<x<5$ 的整数$\}|=4$ 为真,$|\{1,2\}|=3$ 为假。

A 与 B 是有限集合。此时,有如下性质:

$$A\bigcap B=\varnothing\rightarrow|A\bigcup B|=|A|+|B|$$
$$A\bigcap B\neq\varnothing\rightarrow|A\bigcup B|=|A|+|B|-|A\bigcap B|$$

例 2-22　100 位学生中,有手机的学生有 70 人,有个人计算机的学生有 50 人,既没有手机也没有个人计算机的学生有 10 人。此时,同时有手机和个人计算机的学生的人数是多少?

把有手机的学生的集合记作 A,把有个人计算机的学生的集合记作 B:

$$|A|=70,|B|=50,|A\bigcup B|=100-10=90$$

同时有手机和个人计算机的学生人数为

$$|A \cap B| = |A| + |B| - |A \cup B| = 70 + 50 - 90 = 30$$

练习题

2-12 用列举法表示以下集合。

(a) $\{x \mid x = 3k + 1, k \in \{-1, 0, 1\}\}$。

(b) $\{x \mid 2x^2 - 7x + 3 = 0, x \in \mathbf{N}\}$。

(c) $\{x \mid x = n^2, n \in \{1, 2, 3\}\}$。

(d) $\{x \mid x \in \mathbf{N}, 3 < x < 5\}$。

(e) $\{x \mid x \in \mathbf{Z}, 4 + x = 3\}$。

(f) $\{x \mid x \in \mathbf{N}, 3 < x < 12\}$。

(g) $\{x \mid x \in \mathbf{Z}, 7 < x < 15\}$。

参考答案：

(a) $\{-2, 1, 4\}$。

(b) $\{3\}$。

(c) $\{1, 4, 9\}$。

(d) $\{4\}$。

(e) $\{-1\}$。

(f) $\{4, 5, 6, 7, 8, 9, 10, 11\}$。

(g) $\{8, 9, 10, 11, 12, 13, 14\}$。

2-13 回答下列数字属于集合 $\mathbf{N}, \mathbf{Z}, \mathbf{Q}, \mathbf{R}, \mathbf{C}$ 中的几个集合。

(a) $\dfrac{1}{2}$。

(b) $2i - 1$。

(c) $\sqrt{3}$。

参考答案：

(a) 3。

(b) 1。

(c) 2。

2-14 设 1~10 的所有整数的集合为全集 U，集合 A 和集合 B 分别为 $A = \{1, 2, 3, 4, 5\}, B = \{3, 5, 7, 9\}$，求出 $A \cup B, A \cap B, \complement_U A, A - B$。

参考答案：略。

2-15 设 1~20 的所有整数的集合为全集 U，求出下列集合，并列举构成各集合的所有元素。

(a) $\{x \mid x$ 是偶数$\} \bigcup \{y \mid y$ 是 3 的倍数$\}$。

(b) $\{x \mid x$ 是偶数$\} \bigcap \{y \mid y$ 是 3 的倍数$\}$。

(c) $\{x \mid x$ 是偶数$\}$ 的补集。

(d) $\{x \mid x$ 是偶数$\} - \{y \mid y$ 是 3 的倍数$\}$。

参考答案:略。

2-16 各集合分别为 $A=\{1\}$，$B=\{1,3\}$，$C=\{1,5,9\}$，$D=\{1,2,3,4,5\}$，$E=\{1,3,5,7,9\}$，当下列各集合的描述正确时,标记 T,否则,标记 F。

(a) $A \subset \varnothing$。

(b) $\varnothing \subset A$。

(c) $A \not\subset \varnothing$。

(d) $B \subset C$。

(e) $C \subset D$。

(f) $D \not\subset E$。

参考答案:

(a) F。

(b) T。

(c) T。

(d) F。

(e) F。

(f) T。

2-17 各集合分别为 $A=\{1,2,3,4,5\}$，$B=\{4,5,6,7\}$，$C=\{5,6,7,8,9\}$，$D=\{1,3,5,7,9\}$，$E=\{2,4,6,8\}$，$F=\{1,5,9\}$，$U=\{1,2,\cdots,8,9\}$，求出下述集合。

(a) $A \bigcap (B \bigcup E)$。

(b) $(A \bigcap D) - B$。

(c) $\complement_U (A - E)$。

(d) $(B \bigcap F) \bigcup (C \bigcap E)$。

参考答案:

(a) $\{2,4,5\}$。

(b) $\{1,3\}$。

(c) $\{2,4,6,7,8,9\}$。

(d) $\{5,6,8\}$。

2-18 进行下列集合运算。

(a) $\{1,2,3,4,5\} \bigcap (\{4,5,6,7\} \bigcup \{2,4,6,8\})$。

(b) $\{1,2,3,4,5\} \bigcap ((\{4,5,6,7\} \bigcup \{5,6,7,8,9\}) \bigcap \{1,3,5,7,9\})$。

(c) $(\{1,2,3,4,5\} - \{1,3,5,7,9\}) \bigcap \{5,6,7,8,9\}$。

参考答案：

(a) $\{2,4,5\}$。

(b) $\{5\}$。

(c) $\varnothing$。

2-19 求出下列集合的基数。其中，$\mathbf{N}=\{1,2,3,\cdots\}$。

(a) $\{$Sony, Sharp, Toshiba, Matsushita, Hitachi, Mitsubishi$\}$。

(b) $\{a \mid a \in \mathbf{N} \wedge 5 < a < 15\}$。

(c) $\{x \mid x \in \mathbf{N} \wedge x < 10 \wedge x \text{ 是质数}\}$。

(d) $\{(a,b) \mid a \in \mathbf{N} \wedge 1 < a < 5 \wedge b = aa\}$。

参考答案：略。

2-20 设 U 为全集，通过维恩图来说明以下性质成立。

(a) $A \subseteq B \leftrightarrow A \bigcup B = B$。

(b) $A \subseteq B \leftrightarrow \complement_U B \subseteq \complement_U A$。

(c) $A \bigcap (B \bigcup C) = (A \bigcap B) \bigcup (A \bigcap C)$。

(d) $\complement_U (A \bigcup B) = \complement_U A \bigcap \complement_U B$。

(e) $\complement_U (A \bigcap B) = \complement_U A \bigcup \complement_U B$。

(f) $A \subseteq B \leftrightarrow A \bigcap \complement_U B = \varnothing$。

参考答案：略。

2-21 设 U 为全集，写出下列集合的对偶。

(a) $A \bigcup (B \bigcap C) = \varnothing$。

(b) $(A \bigcup B) \bigcap (A \bigcup \complement_U B) = A \bigcup \varnothing$。

(c) $(A \bigcap U) \bigcup (B \bigcap A) = A$。

参考答案：

(a) $A \bigcap (B \bigcup C) = U$。

(b) $(A \bigcap B) \bigcup (A \bigcap \complement_U B) = A \bigcap U$。

(c) $(A \bigcup \varnothing) \bigcap (B \bigcup A) = A$。

2-22 当全集 U 为 90 的正因数的集合($U=\{1,2,3,5,6,9,10,15,$

18,30,45,90})时,求出下列集合的浓度。

(a) $\{a \mid a = 2n, n \in \mathbf{N}\} \bigcup \{b \mid b = 3n, n \in \mathbf{N}\}$。

(b) $\{a \mid a = 2n, n \in \mathbf{N}\} \bigcap \{b \mid b = 5n, n \in \mathbf{N}\}$。

(c) $\{a \mid a = 3n, n \in \mathbf{N}\} \bigcup \complement_U \{b \mid b = 5n, n \in \mathbf{N}\}$。

参考答案:

(a) 10({2,3,6,9,10,15,18,30,45,90})。

(b) 3({10,30,90})。

(c) 10({1,2,3,6,9,15,18,30,45,90})。

2-23 对于集合的集合 $A = \{\{1,2,3\},\{4,5\},\{6,7,8\}\}$,选出下列各个陈述中的真命题。

(a) $1 \in A$。

(b) $\{1,2,3\} \subset A$。

(c) $\{6,7,8\} \in A$。

(d) $\{\{4,5\}\} \subset A$。

(e) $\varnothing \in A$。

(f) $\varnothing \subset A$。

(g) $\wp(\{1,2,3\}) \subset \wp(\{4,5\})$。

(h) $\wp(\{1,2,3\}) \bigcap \wp(\{4,5\}) = \{\varnothing\}$。

参考答案:

(a) F。

(b) F。

(c) T。

(d) T。

(e) F。

(f) T。

(g) F。

(h) T。

2-24 用列举法表示下列集合。

(a) $\wp(\{a,b\}) \bigcap \wp(\{1,2\})$。

(b) $\wp(\{a,b\}) \bigcap \wp(\{b,c\})$。

(c) $\wp(\{a,b,c,d\}) - \wp(\varnothing)$。

参考答案:

(a) $\varnothing$。

(b) $\{\varnothing,\{b\}\}$。

(c) $\{\{a\},\{b\},\{c\},\{d\},\{a,b\},\cdots,\{a,b,c,d\}\}$。

2 - 25 求出下列集合运算的结果。

(a) $|\wp(\{a,b,c\})|$。

(b) $|\wp(\{a,b,c,d\})|$。

(c) $|\wp(\{a,b,c,d,e\})|$。

(d) $|\wp(\{a,b,c,d,e,f,g,h,i,j\})|$。

(e) $|\wp(\{x_1,\cdots,x_n\})|$。

参考答案：

(a) 8。

(b) 16。

(c) 32。

(d) 1024。

(e) 2^n。

[2.4] 直积与关系的定义

2.4.1 直积的定义

定义 2 - 21 直积

分别从集合 A 与集合 B 中逐个取出元素，由按照这个顺序排列形成的所有组对构成的集合，称为集合 A 与集合 B 的**直积**（**product**）或者**笛卡尔乘积**（**Cartesian product**），记作 $A \times B$。定义如下：

$$A \times B = \{(a,b) \mid a \in A \wedge b \in B\}$$

(a,b) 称为**有序对**（**ordered pair**）。当且仅当 $a=a'$ 且 $b=b'$ 时，有序对 (a,b) 与有序对 (a',b') 才相等。

例 2 - 23 $A=\{x,y\}$，$B=\{u,v,w\}$，则 $A \times B = \{(x,u),(x,v),(x,w),(y,u),(y,v),(y,w)\}$。

例 2 - 24 $A=\{1,2\}$，则 $A \times A = \{(1,1),(1,2),(2,1),(2,2)\}$。

如上例所示，当 $A=B$ 时，即 $A \times A$ 可以记作 A^2。

当存在 n 个集合 $A_1, A_2, \cdots, A_n$ 时,集合的直积可以一般化。即其定义如下:

$$A_1 \times A_2 \times \cdots \times A_n = \{(x_1, x_2, \cdots, x_n) \mid x_1 \in X_1 \wedge x_2 \in X_2 \wedge \cdots \wedge x_n \in X_n\}$$

此外,当 $A_1 = A_2 = \cdots = A_n$ 时,$A_1 \times A_2 \times \cdots \times A_n$ 记作 A^n。

例 2-25 集合 $\{1,2\}$,集合 $\{a,b\}$ 和集合 $\{x,y\}$ 的直积是

$$\{1,2\} \times \{a,b\} \times \{x,y\} = \{(1,a,x), (1,a,y), (1,b,x), (1,b,y),$$
$$(2,a,x), (2,a,y), (2,b,x), (2,b,y)\}$$

当构成直积的各个集合是有限集合时,直积也是有限集合,因此把元素作为行并用这些行构成的表来表示直积更为简单易懂。例如,用表来表示前面例子中的直积(见表 2-1)。

表 2-1 用表来表示直积

$\{1,2\} \times \{a,b\} \times \{x,y\}$

$\{1,2\}$	$\{a,b\}$	$\{x,y\}$
1	a	x
1	a	y
1	b	x
1	b	y
2	a	x
2	a	y
2	b	x
2	b	y

2.4.2 关系的定义

定义 2-22 关系

当 A 与 B 是两个集合时,直积 $A \times B$ 的子集 R 称为**关系**(relation)。定义如下:

$$R \subseteq A \times B$$

关系指由来自集合 A 与集合 B 的元素构成的有序对的集合。当 $A = B$ 时,关系 $R \subseteq A \times A$ 称为 A **上的关系**(relation on A)。此外,当 $(a,b) \in R$ 时,

就说 A 与 B 有关系 R,用 aRb 来表示。

例 2-26 两个集合分别为 $A=\{1,2,3\}$,$B=\{a,b,c,d\}$,则 $R=\{(1,a),(2,b),(3,c)\}$ 就是关系。

定义 2-23 **定义域与值域**

对于关系 $R\subseteq A\times B$,以下定义的集合 A 与集合 B 的子集 $\mathrm{dom}(R)$ 与 $\mathrm{ran}(R)$ 分别称为关系 R 的**定义域**(**domain**)与**值域**(**range**)。

$$\mathrm{dom}(R)=\{x\mid(\exists y)(x,y)\in R\}$$
$$\mathrm{ran}(R)=\{y\mid(\exists x)(x,y)\in R\}$$

如下例所示,关系 $R\subseteq A\times B$ 指把集合 A 的元素 a 与集合 B 的元素 b 之间的对应关系定义为有序对 (a,b) 的集合。

例 2-27 学生集合 A 与社交圈子集合 B 分别如下:$A=\{太郎,花子\}$,$B=\{X研究会,Y俱乐部,Z会\}$,则关系 $R\subseteq A\times B$ 的定义为

$$(a,b)\in R\leftrightarrow a\ 属于\ b$$

此时,如果太郎属于 X 研究会与 Z 会,花子属于 X 研究会,那么关系 R 为

$$R=\{(太郎,X研究会),(太郎,Z会),(花子,X研究会)\}$$

此外,$\mathrm{dom}(R)=\{太郎,花子\}$,$\mathrm{ran}(R)=\{Z会,X研究会\}$。

用由元素构成的表来表示关系 R 如表 2-2 所示。

表 2-2　用由元素构成的表来表示关系 R

$R\subseteq A\times B$

A	B
太郎	X研究会
太郎	Z会
花子	X研究会

例 2-28 以剪刀、石头、布这种猜拳中可能出现的所有手势作为集合 S,如下所述定义 S 上的关系 $R\subseteq S\times S$。

$$S=\{石头,剪刀,布\}$$
$$R=\{(石头,剪刀),(剪刀,布),(布,石头)\}$$

此时可知,关系 R 所表示的集合 S 的元素间的对应关系为

$$(a,b) \in R \leftrightarrow a \text{ 胜 } b$$

把关系一般化后，n 个集合的直积 $A_1 \times A_2 \times \cdots \times A_n$ 的子集 R 称为 **n 项关系**（**n-ary relation**）。即

$$R \subseteq A_1 \times A_2 \times \cdots \times A_n$$

当 $A_1 = A_2 = \cdots = A_n$ 时，$R \subseteq A^n$ 称为 A 上的 **n 项关系**（**n-ary relation on** A）。

> **定义 2-24** 逆关系

对于关系 $R \subseteq A \times B$，把 R 的元素有序对 (a,b) 中的元素前后交换之后得到的 (b,a) 构成的集合称为 R 的**逆关系**（**inverse relation**），记作 $R^{-1} \subseteq B \times A$。定义如下：

$$R^{-1} = \{(b,a) \mid (a,b) \in R\}$$

> **例 2-29** $A = \{a,b,c\}$，$B = \{1,2\}$，当 $R \subseteq A \times B$ 定义为 $R = \{(a,2), (c,1)\}$ 时，R 的逆关系 $R^{-1} \subseteq B \times A$ 为 $R^{-1} = \{(2,a), (1,c)\}$。

> **定义 2-25** 复合关系

对两个关系 $R \subseteq A \times B$ 与 $S \subseteq B \times C$，**复合关系**（**composite relation**）$R \circ S \subseteq A \times C$ 的定义如下：

$$(a,c) \in R \circ S \leftrightarrow (\exists b \in B)((a,b) \in R \land (b,c) \in S)$$

复合关系 $R \circ S \subseteq A \times C$ 的逆关系 $(R \circ S)^{-1}$ 满足如下性质：

$$(R \circ S)^{-1} = S^{-1} \circ R^{-1}$$

> **例 2-30** 由日本、美国和一些欧洲的城市构成的集合分别如下：

$$A = \{\text{Narita, Osaka, Nagoya}\}, B = \{\text{Los Angeles, New York}\},$$
$$C = \{\text{London, Paris, Rome}\}$$

现在，把从集合 A 中的城市到集合 B 中的城市有航路这一关系设为 $R \subseteq A \times B$，把从集合 B 中的城市到集合 C 中的城市有航路这一关系设为 $S \subseteq B \times C$，定义如下：

$R = \{(\text{Narita, New York}), (\text{Osaka, New York}), (\text{Nagoya, Los Angeles})\}$
$S = \{(\text{Los Angeles, Paris}), (\text{New York, Rome}), (\text{Los Angeles, London})\}$

则复合关系 $R \circ S \subseteq A \times C$ 为

$R \circ S = \{(\text{Narita, Rome}),(\text{Osaka, Rome}),(\text{Nagoya, Paris}),(\text{Nagoya, London})\}$

此关系表示日本与欧洲的城市之间存在途径美国的航路这一关系。

例 2-31 设 $A = \{\text{Narita, Osaka, Nagoya}\}$,设 A 上的关系 $R \subseteq A \times A$ 为

$R = \{(\text{Narita, Osaka}),(\text{Narita, Nagoya}),(\text{Osaka, Narita})\}$

此时,复合关系 $R \circ R \subseteq A \times A$ 为

$R \circ R = \{(\text{Narita, Narita}),(\text{Osaka, Osaka}),(\text{Osaka, Nagoya})\}$

定义 2-26 **恒等关系**

下面所定义的集合 A 上的关系称为**恒等关系**（**identity relation**）,记作 $id_A \subseteq A \times A$。

$$id_A = \{(a,a) \mid a \in A\}$$

例 2-32 $A = \{1,2,3\}$,则 $id_A = \{(1,1),(2,2),(3,3)\}$。

定义 2-27 **关系定义域的限制**

对于关系 $R \subseteq A \times B$ 与集合 A 的子集 A',R 的子集 $\{(a,b) \mid (a,b) \in R \wedge a \in A'\}$ 称为关系 $R \subseteq A \times B$ 对 A' 的**限制**（**restriction**）。

定义 2-28 **关系值域的限制**

对于关系 $R \subseteq A \times B$ 与集合 B 的子集 B',R 的子集 $\{(a,b) \mid (a,b) \in R \wedge b \in B'\}$ 称为关系 $R \subseteq A \times B$ 对 B' 的限制。

例 2-33 设 $A = \{1,2,3\}$,$B = \{a,b,c\}$,$R = \{(1,a),(1,c),(2,a),(3,b)\}$。如果 $A' = \{1,2\}$,那么关系 $R \subseteq A \times B$ 对 A' 的限制为 $\{(1,a),(1,c),(2,a)\}$;如果 $B' = \{a,b\}$,那么关系 $R \subseteq A \times B$ 对 B' 的限制为 $\{(1,a),(2,a),(3,b)\}$。

定义 2-29 **关系的覆盖**

对于两个关系 $R \subseteq A \times B$ 与 $S \subseteq A \times B$,将集合 $\{(a,b) \mid ((a,b) \in R \wedge a \in \text{dom}(R) - \text{dom}(S)) \vee (a,b) \in S\}$ 称为关系 S 对关系 R 的覆盖或**重写**（**overwrite**）。

例 2-34 设 $A = \{1,2,3\}$,$B = \{a,b,c\}$,$R = \{(1,a),(1,c),(2,a),(3,b)\}$,$S = \{(1,b),(3,c)\}$。此时,关系 S 对关系 R 的覆盖为 $\{(1,b),(2,a),(3,c)\}$。

练习题

2-26 设两个集合分别为 $A = \{1,2,3\}$,$B = \{a,b\}$。用列举所有元素

的方法来表示直积 $A \times B$ 与直积集 $B \times A$。

2-27 设 $A = \{1,2,3\}, B = \{a,b\}, C = \{b,c\}$。用列举所有元素的方法来表示下述集合：$(A \times B) \bigcup (A \times C)$ 与 $(A \times B) \bigcap (A \times C)$。

2-28 设集合 $X = \{1,2,3\}$。定义关系 $R \subseteq X \times \wp(X)$ 为 $(a,A) \in R \leftrightarrow a \in A$，用列举所有元素的方法来表示关系 R。

2-29 如下所述定义集合 A，集合 B 与关系 $R \subseteq A \times B$：

$A = \{$日本,法国,俄罗斯,中国$\}$

$B = \{$首尔,北京,罗马,巴黎,东京,伦敦$\}$

$R = \{($日本,东京$),($法国,巴黎$),($中国,北京$)\}$

此时，

（a）求出关系 R 的定义域。

（b）求出关系 R 的值域。

（c）求出关系 R 的逆关系。

（d）用谓词定义关系 R。

2-30 设 $A = \{1,2,3\}, B = \{a,b,c\}, C = \{x,y,z\}$。关系 $R \subseteq A \times B$ 与关系 $S \subseteq B \times C$ 的定义如下所述：

$$R = \{(1,b),(1,c),(2,a),(3,a),(3,c)\}, \quad S = \{(a,x),(c,z)\}$$

此时，

（a）设 $A' = \{1,2\}$。求出关系 $R \subseteq A \times B$ 对 A' 的限制。

（b）设 $B' = \{a,b\}$。求出关系 $R \subseteq A \times B$ 对 B' 的限制。

（c）求出 R 与 S 的复合关系 $R \circ S \subseteq A \times C$。

2-31 用户集合 U 与文件集合 F，以及所有者关系 $O \subseteq U \times F$ 与存取访问关系 $R \subseteq U \times F$ 的定义如下所述：

$U = \{$太郎,花子,次郎$\}$

$F = \{$顾客,销售,库存,商品$\}$

$O = \{($太郎,顾客$),($花子,商品$),($次郎,销售$),($太郎,库存$)\}$

$R = \{($太郎,顾客$),($花子,库存$),($太郎,商品$),($花子,商品$),($太郎,库存$),($次郎,顾客$),($次郎,销售$)\}$

回答下列各命题是真还是假。

（a）太郎 O 库存。

（b）￢（次郎 O 库存）。

（c）（花子，商品）$\in O \wedge$（次郎，商品）$\in R$。

（d）$O \subseteq R$。

（e）$|O| = 6$。

（f）$\mathrm{dom}(O) = \mathrm{dom}(R)$。

（g）$\mathrm{dom}(O) \cap \mathrm{dom}(R) \neq$｛太郎，花子，次郎｝。

（h）$|R| > 6$。

（i）｛（太郎，商品）｝$\cup$｛（次郎，库存）｝$\subseteq R$。

（j）$\mathrm{dom}(O^{-1}) = $｛太郎，花子，次郎｝。

（k）$\mathrm{dom}(O^{-1}) = $｛客户，商品，销售，库存｝。

（l）$\mathrm{ran}(O) = $｛商品，库存，销售｝。

（m）$|\mathrm{dom}(O)| = |\mathrm{ran}(O)|$。

（n）$|\mathrm{ran}(O)| = |\mathrm{ran}(R)|$。

［2.5］ 等 价 关 系

定义 2–30 等价关系

当集合 A 上的关系 $R \subseteq A \times A$ 满足下述三个性质时，R 称为**等价关系**（**equivalence relation**）。

（1）对任意 $a \in A$，$(a,a) \in R$ 成立。（反射律）

（2）如果 $(a,b) \in R$，那么 $(b,a) \in R$ 成立。（对称律）

（3）如果 $(a,b) \in R$ 且 $(b,c) \in R$，那么 $(a,c) \in R$ 成立。（推移律）

例 2–35 设某个大学的学生的集合为 A，如下所述定义集合 A 上的 2 项关系 R。

$$(a,b) \in R \leftrightarrow a \ 与 \ b \ 具有相同的姓$$

由于每个学生都有自己的姓，因此满足反射律。如果 a 与 b 的姓相同，那么 b 与 a 的姓也相同，因此满足对称律。如果 a 与 b 的姓相同，b 与 c 的姓相同，那么 a 与 c 的姓也相同，因此满足推移律。

综上所述，集合 A 上的关系 R 是等价关系。

定义 2–31 等价类

设集合 A 上的等价关系为 R。如果 a 是集合 A 的元素，那么以下所定义的集合 A 的子集 $[a]$ 称为由 a 生成的 R **等价类**（**equivalence class**）。

$$[a] = \{x \mid (a, x) \in R\}$$

a 生成的 R 等价类指由与 a 具有等价关系 R 的所有元素构成的 A 的子集。在前面的例子中,具有相同姓的学生的集合就是一个等价类。因此,可以设想学生的集合就是由具有相同姓的学生构成的等价类的集合。实际上,某个集合上的等价关系与该集合的子集的集合之间具有密切关系。

首先,对集合的划分进行定义。

定义 2-32　划分

集合 A 的划分(partition)指集合 A 的非空子集的集合 P,P 满足如下性质。

(1) 属于集合 P 的任意两个不同子集且两个子集互不相交。即设 A_1 与 A_2 为属于集合 P 的任意不同子集,$A_1 \cap A_2 = \varnothing$ 成立。

(2) 属于集合 P 的所有子集的和集等于集合 A。换而言之,集合 A 的任意元素一定是属于集合 P 的某个子集的元素。

例 2-36　对于 $A = \{x \mid 0 \leqslant x < 3\}$,设 $B_1 = \{x \mid 0 \leqslant x < 1\}$,$B_2 = \{x \mid 1 \leqslant x < 2\}$,$B_3 = \{x \mid 2 \leqslant x < 3\}$,$A = B_1 \cup B_2 \cup B_3$。此时,$\{B_1, B_2, B_3\}$ 就是 A 的划分。

设集合 A 上的等价关系为 R。此时,根据反射律,集合 A 的任意元素 a 必定满足 $a \in [a]$,因此集合 A 的每个等价类都不是空集,而且所有等价类的和集等于集合 A。进一步,可以证明任意两个等价类 $[a]$ 与 $[b]$ 均满足 $[a] \cap [b] = \varnothing$ 或 $[a] = [b]$ 这两个条件之一。由此可知,由集合 A 的全部等价类形成的集合(将其称为根据集合 A 的等价关系 R 的划分,或者**商集**(quotient set),记作 A/R。)就是集合 A 的划分。

反过来,对于集合 A 的任何划分,如果定义关系 R 为

$$(a, b) \in R \leftrightarrow a \text{ 与 } b \text{ 属于相同子集}$$

那么,该关系就是集合 A 上的等价关系。

例 2-37　设 $A = \{1, 2, 3\}$,集合 A 上的等价关系 $R \subseteq A \times A$ 为 $R = \{(1, 1), (2, 2), (3, 3), (1, 3), (3, 1)\}$,此时,$[1] = \{1, 3\}$,$[2] = \{2\}$,$[3] = \{1, 3\}$,由关系 R 形成的集合 A 的划分(商集)则为 $A/R = \{\{1, 3\}, \{2\}\}$。

练习题

2-32　分别探讨集合 $A = \{1, 2, 3, 4\}$ 上的三个关系 $R \subseteq A \times A$,$S \subseteq A \times A$,$T \subseteq A \times A$ 是否满足反射律、对称律、推移律。

(a) $R=\{(1,1),(1,3),(2,3),(3,1),(3,2)\}$。

(b) $S=\{(1,1),(1,3),(2,2),(3,3),(1,2),(2,3)\}$。

(c) $T=\{(1,2),(1,3),(2,1),(2,2),(2,3),(3,2)\}$。

2-33 设教室内的学生的集合为 A。探讨集合 A 上的下列关系 R 与 S 是否分别是等价关系。

(a) $(a,b)\in R \leftrightarrow a$ 与 b 来自同一个地方。

(b) $(a,b)\in S \leftrightarrow a$ 对 b 有好感。

2-34 设 $A=\{a,b,c,d,e,f,g,h\}$。列出下述集合中 A 的划分。

(a) $\{\{a,e\},\{b,c,d\},\{e,f\},\{b,g,h\}\}$。

(b) $\{\{a\},\{b,g,h\},\{c,d\},\{e,f\}\}$。

(c) $\{\{a,b,c\},\{g,h\},\{e,f\}\}$。

2-35 设 $A=\{1,2,3,4,5\}$,定义集合 A 上的等价关系 $R\subseteq A\times A$ 为 $R=\{(1,1),(2,2),(3,3),(4,4),(5,5),(1,2),(2,1),(2,3),(3,2),(1,3),(3,1),(4,5),(5,4)\}$,此时,求出:

(a) 集合 A 的各元素的等价类。

(b) 由关系 R 形成的划分(商集)。

2-36 设 $A=\{a,b,c\}$。定义满足下列条件的集合 A 上的关系 $R\subseteq A\times A$。

(a) 满足反射律与对称律,不满足推移律。

(b) 满足对称律与推移律,不满足反射律。

(c) 满足反射律与推移律,不满足对称律。

[2.6] 顺 序 关 系

定义 2-33 顺序关系

当集合 A 上的关系 $R\subseteq A\times A$ 满足下述三个性质时,称 R 为**偏序关系**(**partially ordered relation**)。

(1) 如果对任意 $a\in A$,那么 $(a,a)\in R$ 成立。(反射律)

(2) 如果 $(a,b)\in R$ 且 $(b,c)\in R$,那么 $(a,c)\in R$ 成立。(推移律)

(3) 如果 $(a,b)\in R$ 且 $(b,a)\in R$,那么 $a=b$ 成立,即 a 与 b 是集合 A 的同一元素。(反对称律)

元素之间定义了偏序关系的集合称为**偏序集合**(**partially ordered set**,简

写 **poset**）。

例 2-38　设自然数的集合为 $N,N=\{1,2,3,\cdots\}$，如果将 N 上的关系 $R\subseteq N\times N$ 定义为 $(a,b)\in R\leftrightarrow a$ 是 b 的倍数，则此关系就是偏序关系。

由于任意自然数都是其自身的倍数，因此满足反射律。如果 a 是 b 的倍数，而 b 是 c 的倍数，那么很显然，a 也是 c 的倍数，因此满足推移律。如果 a 是 b 的倍数，反过来 b 也是 a 的倍数，则此时 $a=b$，因此满足反对称律。

对于集合 $P=\{1,2,3,4,5\}$，可以用图来表示倍数这一偏序关系 R（见图 2-4）。其中，图中的 $a\rightarrow b$ 表示 a 是 b 的倍数。但是，省略了像 $a\rightarrow a$ 的这种起点与终点是同一元素的箭头（称为自我循环）。

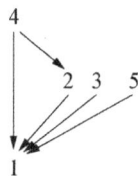

$$R=\{(1,1),(2,2),(3,3),(4,4),(5,5),(2,1),$$
$$(3,1),(4,1),(4,2),(5,1)\}$$

图 2-4　偏序关系

例 2-39　集合 A 的幂集 $\wp(A)$ 上的包含关系（$\subseteq$）是满足反射律、推移律以及反对称律的偏序关系。当 $A=\{1,2\}$ 时，其幂集上的包含关系的偏序关系如图 2-5 所示。与前面的例子一样，此处也省略了自我循环。

$$\subseteq=\{(\varnothing,\varnothing),(\{1\},\{1\}),(\{2\},\{2\}),(\{1,2\},\{1,2\}),$$
$$(\varnothing,\{1\}),(\varnothing,\{2\}),(\varnothing,\{1,2\}),(\{1\},\{1,2\}),(\{2\},\{1,2\})\}$$

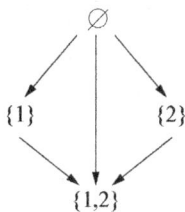

图 2-5　$A=\{1,2\}$ 的幂集上的包含关系的偏序关系

定义 2-34　**全序关系**

集合 A 上的偏序关系 $R\subseteq A\times A$ 进一步满足下述性质：

对任意 $a,b\in A$，$(a,b)\in R$ 或者 $(b,a)\in R$ 成立。（可比较）

本关系称为**全序关系**（**total order relation**）或者**线序关系**（**linear order relation**）。

定义了全序关系的集合称为**全序集合**（**totally ordered set**）。半序集合与全序集合之间的基本区别在于是否可以比较任意两个元素。

例 2-40　自然数集合 **N** 上的大小关系≥⊆**N**×**N** 是全序关系。

练习题

2-37　探讨集合 $A=\{1,2,3,4\}$ 上的两个关系 $R\subseteq A\times A,S\subseteq A\times A$ 是否满足反对称律。

$R=\{(1,1),(1,3),(2,3),(3,1),(3,2)\}$,

$S=\{(1,1),(1,3),(2,2),(3,3),(1,2),(2,3)\}$。

2-38　存在集合 W，其元素是由语文、数学以及英语考试成绩形成的组。即集合 W 的各元素可以用（语文成绩、数学成绩、英语成绩）这种 3 元组来表示。如果将集合 W 上的关系分别定义为 R 与 S，即

$(a,b)\in R\leftrightarrow a$ 中 3 科的成绩都不低于 b 中 3 科的成绩

$(a,b)\in S\leftrightarrow a$ 中 3 科的总成绩不低于 b 中 3 科的总成绩

则 R 与 S 是偏序关系还是全序关系，或者既不是偏序关系也不是全序关系。

［2.7］　函　　数

函数指特别的关系，其定义如下所述。

定义 2-35　**函数**

从集合 X 到集合 Y 的**函数**（function）f 指对于集合 X 中的各个元素，在集合 Y 中存在与之唯一对应的元素这一关系。即满足下述两个性质的关系 $f\subseteq X\times Y$，记作 $f:X\rightarrow Y$。

(1) $(\forall x\in X)(\exists y\in Y)((x,y)\in f)$

(2) $(\forall x\in X)(\forall y,z\in Y)((x,y)\in f\wedge(x,z)\in f\rightarrow y=z)$

性质(1)指 $\mathrm{dom}(X)=X$，即集合 X 是 f 的定义域，性质(2)指对集合 X 中的各个元素 x，满足 $(x,y)\in f$ 的元素 y 是存在于集合 Y 中的唯一元素。

此外，满足性质(2)，但是不满足性质(1)的关系称为**部分函数**（partial function），有时用 $f:(X)\rightarrow Y$ 来表示。

例 2-41　设 $X=\{a,b,c,d\},Y=\{1,2,3\}$，则 $f=\{(a,2),(b,1),(c,3),(d,2)\}$ 就是对定义域 X 中的每个元素都分配了集合 Y 中的唯一元素的函数。

此外，$g=\{(a,3),(c,1),(d,2)\}$ 是部分函数。可以用箭头连接的形式来表示函数与部分函数（见图 2-6）。

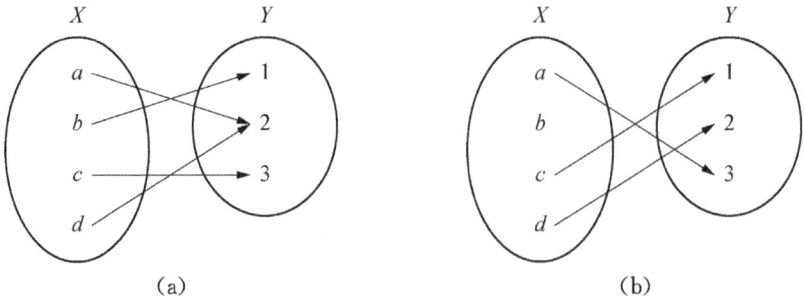

图 2-6　用箭头连接的形式来表示函数与部分函数

(a) $f:X{\rightarrow}Y$；(b) $g:(X){\rightarrow}Y$

还可以用表来表示函数 f（见表 2-3）。特别关系函数与普通关系函数的表不同,定义域 X 中的元素必须在表中出现且仅出现一次。

表 2-3　用表来表示函数 f

$f:X{\rightarrow}Y$

X	Y
a	2
b	1
c	3
d	2

例 2-42　设 X 为某个学生圈子的成员的集合,Y 为自然数的集合。则表示各个成员与其年龄之间对应关系的规则为函数 $f:X{\rightarrow}Y$。

对于 $x{\in}X$,将满足 $(x,y){\in}f$ 的元素 $y{\in}Y$ 记作 $f(x)$,称其为 x 的**像**（**image**）或者**值**（**value**）。此外,有时也将函数称作**映射**（**mapping**）或**变换**（**transformation**）。

根据函数的定义,函数 $f:X{\rightarrow}Y$ 的定义域为 X。值域为

$$ran(f)=\{y \mid (\exists x)(y=f(x))\}$$

因此,值域是全部 $x{\in}X$ 的像 $f(x)$ 的集合,用 $f(X)$ 来表示值域。

例 2-43　设 $X=\{1,2,3\}$,$Y=\{a,b,c\}$。此时,$f=\{(1,a),(2,c),(3,a)\}$ 就是函数 $f(1)=a$,$f(2)=c$,$f(3)=a$,而且 $f(X)=\{a,c\}$。由于该函数表示的是特别的关系,因此可以将其表示为这种有序对的集合,也有利用下述

逻辑式来表示函数的方法。

$$y = f(x) \leftrightarrow (x=1 \rightarrow y=a) \wedge (x=2 \rightarrow y=c) \wedge (x=3 \rightarrow y=a)$$

两个函数 f 与 g 相等指 f 与 g 的定义域 X 相等，而且对全部 $x \in X$，$f(x) = g(x)$ 成立。可以用 $f=g$ 来表示。

关于函数，以下性质是很重要的。

定义 2-36　满射

当函数 $f: X \rightarrow Y$ 满足下述性质时，称 f 为**满射**（surjection）函数，或者**盖射**（onto）函数。

$$(\forall y \in Y)(\exists x \in X)(y = f(x))$$

上述性质的含义就是 $f(X) = Y$，即当函数 $f: X \rightarrow Y$ 是满射时，集合 Y 的各个元素必须是集合 X 中的某个元素通过函数 f 得到的像。

例 2-44　设 X 为居住在日本的全部人的集合，设 Y 为 1～12 的整数的集合。那么表示 X 中的每个人与其出生月之间对应关系的函数 $f: X \rightarrow Y$ 就是满射。

定义 2-37　单射

当函数 $f: X \rightarrow Y$ 满足下述性质时，称 f 为**单射**（injection），或者**1 对 1 映射**（one-to-one）函数。

$$(\forall x, x' \in X)(x \neq x' \rightarrow f(x) \neq f(x'))$$

上述条件与 $(\forall x, x' \in X)(f(x) = f(x') \rightarrow x = x')$ 等价。当函数 $f: X \rightarrow Y$ 是单射时，集合 X 的两个不同元素就不会通过 f 与集合 Y 中的两个相同元素对应，而必须通过 f 与集合 Y 中的两个不同元素相对应。

例 2-45　设 X 为某架飞机的乘客的集合，设 Y 为该飞机的座位的集合。此时，把各个乘客分配到座位的函数 $f: X \rightarrow Y$ 就是单射。

定义 2-38　双射

当函数 $f: X \rightarrow Y$ 是满射且是单射时，称其为**双射**（bijection），或者**1 对 1 对应**（one-to-one correspondence）。

当函数 $f: X \rightarrow Y$ 是双射时，集合 X 与集合 Y 之间通过函数 f 形成了 1 对 1 对应关系。

例 2-46　设 X 为某个教室里的学生的集合，设 Y 为属于集合 X 中学生的学号。此时,建立起学生与学号之间对应关系的函数 $f:X \rightarrow Y$ 就是双射。

满射、单射和双射如图 2-7 所示。

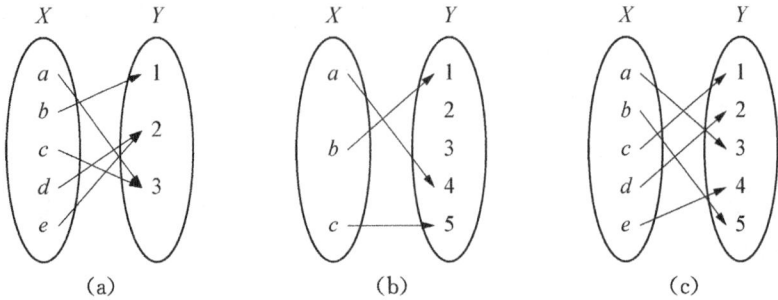

图 2-7 满射、单射和双射

(a) 满射;(b) 单射;(c) 双射

定义 2-39 常值函数

函数 $f:X \rightarrow Y$ 中,对于 X 的全部元素 x,都有 $f(x)=y_0$,其中 y_0 是一固定元素,称 f 为**常值函数**(constant function)。

定义 2-40 恒等函数

建立集合 X 中的各个元素 x 与其自身之间对应关系的函数称为 X 上的**恒等函数**(identity function),用 $I_X:X \rightarrow X$ 来表示。定义为$(\forall x \in X)(I_X(x)=x)$。

例 2-47 任意集合 X 上的恒等函数 $I_X:X \rightarrow X$ 是从 X 到 X 的双射。

定义 2-41 复合函数

函数 $f:X \rightarrow Y$ 与函数 $g:Y \rightarrow Z$,将如下定义的函数 $g \circ f:X \rightarrow Z$ 称为函数 f 与函数 g 的**复合函数**(composite function)(见图 2-8)。

$$(\forall x \in X)((g \circ f)(x)=g(f(x)))$$

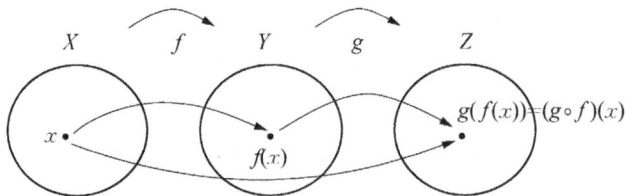

图 2-8 复合函数

由于函数是特别的关系,因此对该函数来说,在 2.4 节直积与关系的定义中所讨论的内容也都直接成立。例如,两个函数 $f:X \to Y$ 和 $g:Y \to Z$ 的复合函数 $g \circ f:X \to Z$ 与分别将函数 f 和函数 g 看作关系 $f \subseteq X \times Y$ 与 $g \subseteq Y \times Z$ 时得到关系的复合函数 $f \circ g \subseteq X \times Z$ 相同。

例 2 - 48 设 $X=\{a,b,c,d\}, Y=\{1,2,3\}, Z=\{甲,乙,丙\}$。此时,设函数 f 与函数 g 分别进行如下定义(见表 2 - 4(a) 和表 2 - 4(b)),则函数 f 与函数 g 的复合函数就如表 2 - 4(c) 所示。

表 2 - 4　复合函数的定义

$f:X \to Y$	
X	Y
a	2
b	1
c	1
d	2

(a)

$g:Y \to Z$	
Y	Z
1	丙
2	甲
3	乙

(b)

$g \circ f:X \to Z$	
X	Z
a	甲
b	丙
c	丙
d	甲

(c)

关于三个函数 $f:X \to Y, g:Y \to Z$ 以及 $h:Z \to W$ 的复合函数,即

$$h \circ (g \circ f) = (h \circ g) \circ f$$

成立。此外,当设从 X 到 X 的任意函数为 $f:X \to X$ 时,该函数与恒等函数 $I_X:X \to X$ 之间,即

$$f \circ IX = IX \circ f = f$$

成立。

定义 2 - 42 反函数

设函数 $f:X \to Y$ 为双射。此时,以下所定义的函数 $f^{-1}:Y \to X$ 称为 f 的**反函数(inverse function)**(见图 2 - 9)。

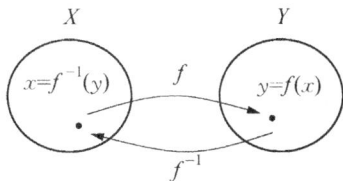

图 2 - 9　反函数

$$f^{-1}(y) = x \leftrightarrow y = f(x)$$

根据定义可知,双射 $f: X \rightarrow Y$ 的反函数 $f^{-1}: Y \rightarrow X$ 也是双射,而且 $(f^{-1})^{-1} = f$ 成立。

定义 2-43 **函数的合并**

设 $f_1: X_1 \rightarrow Y_1$ 与 $f_2: X_2 \rightarrow Y_2$ 是两个函数,且 $X_1 \bigcap X_2 = \varnothing$。此时,函数 $f: X_1 \bigcup X_2 \rightarrow Y_1 \bigcup Y_2$ 称为函数 f_1 与函数 f_2 的**合并(union)**。记作 $f = f_1 \bigcup f_2$。

函数是集合,因此两个函数的合并即是两个函数的并集。

例 2-49 设 $X_1 = \{1,2\}$, $Y_1 = \{a,b\}$, $X_2 = \{3,4\}$, $Y_2 = \{a,b,c,d\}$, 当给定 $f_1: X_1 \rightarrow Y_1$ 与 $f_2: X_2 \rightarrow Y_2$ 时,即 $f_1 = \{(1,a),(2,b)\}$, $f_2 = \{(3,d),(4,a)\}$, 则 f_1 与 f_2 的合并为 $f = f_1 \bigcup f_2 = \{(1,a),(2,b),(3,d),(4,a)\}$。

定义 2-44 **函数定义域的限制与扩展**

设 $f: X \rightarrow Y$ 为函数,函数 f 的定义域 X 的子集为 A, 即 $A \subseteq X$。此时,$(\forall x \in A)(g(x) = f(x))$, 将满足下述条件的函数 $g: A \rightarrow Y$ 称为函数 f 的在定义域 A 上的**限制(restriction)**, 记作 $g = f | A$。反过来把函数 f 称为函数 g 在定义域 X 上的**扩展(extension)**。

定义 2-45 **函数值域的限制**

设 $f: X \rightarrow Y$ 为函数,$B \subseteq Y$。对于集合 B, 如下所述定义集合 A 为

$$A = \{x \mid (\exists y \in B)(f(x) = y)\}$$

此时,

$$(\forall x \in A)(h(x) = f(x))$$

把上述定义的函数 $h: A \rightarrow B$ 称为函数 f 的在值域 B 上的限制。

例 2-50 设 $X = \{1,2,3,4\}$, $Y = \{a,b,c\}$, $f: X \rightarrow Y$ 为 $f = \{(1,b),(2,a),(3,c),(4,a)\}$。

如果设 $A = \{1,3\}$, 则函数 f 的在定义域 A 上的限制函数 $g = f | A$ 为 $g = f | A = \{(1,b),(3,c)\}$。

如果设 $B = \{a,b\}$, $A' = \{1,2,4\}$, 则函数 f 的在值域 B 上的限制函数 $h: A' \rightarrow B$ 为 $h = \{(1,b),(2,a),(4,a)\}$。

定义 2-46 **函数的覆盖**

设 $f_1: X_1 \rightarrow Y_1$ 与 $f_2: X_2 \rightarrow Y_2$ 是两个函数。此时,函数 $f: X_1 \bigcup X_2 \rightarrow Y_1 \bigcup Y_2$ 就称为 f_1 **覆盖(overwrite)** f_2 的函数。

例 2-51　设 $X_1=\{1,2\}$,$Y_1=\{a,b\}$,$X_2=\{2,3\}$,$Y_2=\{a,b,c,d\}$,当 $f_1:X_1\to Y_1$ 与 $f_2:X_2\to Y_2$ 时,即 $f_1=\{(1,a),(2,b)\}$,$f_2=\{(2,d),(3,a)\}$,则 f_1 覆盖 f_2 的函数 $f:X_1\bigcup X_2\to Y_1\bigcup Y_2$ 为 $f=\{(1,a),(2,d),(3,a)\}$。

定义 2-47　投影

当从直积 $X\times Y$ 到 X 的函数 $f:X\times Y\to X$ 满足 $(\forall x\in X)(\forall y\in Y)(f(x,y)=x)$ 时,称函数 f 为从 $X\times Y$ 到 X 的**投影**(**projection**)。同样,将满足 $(\forall x\in X)(\forall y\in Y)(g(x,y)=y)$ 的函数 $g:X\times Y\to Y$ 称为从 $X\times Y$ 到 Y 的投影。

例 2-52　设 $X=\{1,2\}$,$Y=\{a,b\}$。此时,函数 $f:X\times Y\to X$ 是从 $X\times Y$ 到 X 的投影,即 $f=\{((1,a),1),((1,b),1),((2,a),2),((2,b),2)\}$。函数 $g:X\times Y\to Y$,即 $g=\{((1,a),a),((1,b),b),((2,a),a),((2,b),b)\}$ 是从 $X\times Y$ 到 Y 的投影。

下述基本递归函数利用了自然数(非负整数)的集合所具有的性质,用于给出函数的紧凑定义。

定义 2-48　**基本递归函数**(**原始递归函数**)

基本递归函数指当函数 $f:X\to Y$ 与函数 $g:\mathbf{N}\times X\times Y\to Y$ 给出时,利用下述方法递归定义一个新的函数 $h:\mathbf{N}\times X\to Y$。

$$h(0,x)=f(x)$$
$$h(n,x)=g(n-1,x,h(n-1,x))$$

其中,$\mathbf{N}$ 为自然数(非负整数)的集合。

例 2-53　计算 n 的阶乘的函数 $h(n)=n!$,它就是以递归的形式定义的,即

$$h(0)=1$$
$$h(n)=(n-1+1)*h(n-1)$$

练习题

2-39　设 $X=\{1,2,3,4\}$,$Y=\{a,b,c,d\}$。回答下列所表示的关系是 $X\times Y$ 中的全部函数还是部分函数。

(a) $\{(1,c),(3,a),(4,b)\}$。

(b) $\{(3,a),(2,d),(1,c),(3,d),(4,b)\}$。

(c) $\{(1,a),(2,d),(3,b),(4,a)\}$。

(d) $\{(1,d)\}$ 。

(e) $\{(4,a),(1,d),(3,b),(2,a)\}$ 。

2-40 设 X 为学生的集合，Y 为本学期所开课程的集合，各个学生与其所学课程的集合之间的对应关系为 $f \subseteq X \times \wp(Y)$，判断此关系是否为函数。

2-41 设 $X = \{1,2,3,4,5,6\}$。求出从 X 到 X 的函数 $\{(1,2),(2,2),(3,1),(4,3),(5,3),(6,5)\}$ 的值域。

2-42 设 $X = \{1,2,3,4,5,6\}$，$Y = \{a,b,c,d\}$。判断下列函数中哪几个是满射。

(a) $\{(1,b),(2,c),(3,a),(4,b),(5,b),(6,c)\}$ 。

(b) $\{(1,d),(2,c),(3,a),(4,b),(5,c),(6,a)\}$ 。

(c) $\{(1,b),(2,b),(3,a),(4,b),(5,a),(6,d)\}$ 。

2-43 设 $X = \{1,2,3,4\}$，$Y = \{a,b,c,d,e,f\}$。判断下列函数中哪几个是单射。

(a) $\{(1,b),(2,e),(3,c),(4,b)\}$ 。

(b) $\{(1,f),(2,c),(3,b),(4,a)\}$ 。

(c) $\{(1,c),(2,a),(3,e),(4,d)\}$ 。

2-44 设 $X = \{1,2,3,4\}$，$Y = \{a,b,c,d\}$。判断下列函数中哪几个是双射。

(a) $\{(1,b),(2,a),(3,c),(4,b)\}$ 。

(b) $\{(1,a),(2,d),(3,c),(4,b)\}$ 。

(c) $\{(1,d),(2,c),(3,c),(4,b)\}$ 。

2-45 设 $X = \{1,2,3,4\}$，$Y = \{a,b,c,d\}$，$Z = \{x,y,z\}$。当函数 $f: X \to Y$ 与函数 $g: Y \to Z$ 分别为 $f = \{(1,c),(2,a),(3,d),(4,a)\}$，$g = \{(a,x),(b,x),(c,z),(d,y)\}$ 时，求 f 与 g 的复合函数 $g \circ f: X \to Z$ 。

2-46 设 $X = \{1,2,3,4\}$，$Y = \{a,b,c,d\}$。求出函数 $f: X \to Y$ 的逆函数 $f^{-1}: Y \to X$。$f = \{(1,a),(2,d),(3,b),(4,c)\}$ 。

2-47 设 $X = \{1,2,3,4,5,6\}$，$Y = \{a,b,c,d\}$，设函数 $f: X \to Y$ 为 $f = \{(1,b),(2,c),(3,c),(4,d),(5,a),(6,b)\}$。设 $A = \{1,2,3\}$，$B = \{c,d\}$。求出：

(a) 函数 f 在定义域 B 上的限制函数 $g = f \mid A$ 。

(b) 函数 f 在值域 B 上的限制函数 $h:A' \to B$ 。

2-48 文件系统可以被模型化为从用户集合 U 到文件集合 F 的幂集 $\wp(F)$ 上的函数 $f:U \to \wp(F)$ 。也就是说,此函数 f 是各个用户与其可以访问的文件的集合之间的对应关系。用户中某个特别群组(设其为子集 subU)最多只可访问 MF 个文件。用集合将此条件表示成谓词。

参考答案:

$(\forall u \in \text{subU})(\mid f(u) \mid \leqslant \text{MF})$

2-49 请利用递归定义的方法定义计算 $0 \sim n$ 的和函数 $h(n) = 0 + 1 + \cdots + n$ 。

3 自动机建模的利用

学习目标

（1）了解本书中最基本的自动机模型的定义与含义。自动机模型是表现系统机械动作的常用描述方法,该模型有可能用于广泛的研究和实际应用中。

（2）通过各种自动售卖机的例题,练习建立从简单到复杂的自动机模型。

（3）在开发环境 MTA-SDK（model theory approach-system development kit）中实际运行由读者建立的自动机模型,通过亲身体验来加深理解。

（4）了解自动机的物理实现方法的概要。

系统指由相互关联的多个元素构成的集合体。系统是读者通过认知已经存在的事物,在脑海中描绘想要制作的事物的蓝图。

可是,仅通过蓝图就想实现与他人的信息共享是不可能的。必须想办法将这个蓝图展示出来。例如,可以先从语言、在纸上画出图表、在个人计算机上用 CG（computer graphics）描述开始,到最终实现能让自己理解,然后传达给其他人,并让其他人接纳的想法。以某种形式展现出来的蓝图就是模型。模型是思考的素材。

本章将从系统理论的观点出发,以各种各样的自动售卖机为实例,对系统模型进行说明。对状态这一概念、状态迁移图这种图形表示法以及自动机这种系统模型进行重点说明。自动机对机械动作或人的定型活动,可以通过图表进行操作和分析。本书只探讨可用自动机来建模的系统。

下文中,难度高的内容标有*,读者可以在初次学习时忽略跳过。

[3.1]　自动机建模的基本概念

本节将给出自动机(200日元商品自动售卖机)模型的定义。首先,作为一个简单的实例,将用自动机这一表达手法来对下述自动售卖机进行建模。

例题 3-1　200日元商品自动售卖机

让我们一起来思考,如何描述一台只接受100日元硬币的200日元商品自动售卖机(见图3-1)的售卖方式呢? 设定其售卖条件是投币金额达到了200日元,即使不按下按钮,商品也会自动弹出。

本节将把重点放在建模方法,或者思维方式上。因此,将分阶段地引入作为背景知识的框图及状态迁移函数等系统论的概念,最终达到能够定义自动机模型的程度。

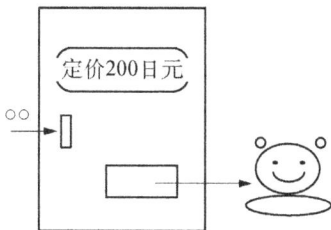

图 3-1　200日元商品自动售卖机

3.1.1　框图(输入与输出)

建模的第一步是通过观察从而描述外部系统动作。

1) 观察与记录

读者先要假设自己并不知道自动售卖机是什么。在对研究对象的内部动作不了解的状态下,首先能进行的是观察与记录(见表3-1)。表中,以投入的金额(日元)、商品(个)为项目制作了一张表格。这些项目就是系统的属性。随着时间的积累,自上而下地记录投入的金额与销售的商品。

表 3-1　自动售卖机的观察与记录

金额/日元	商品/个
100	0
100	1
100	0
100	1

如果将此表的各行用(a,b)来表示,则第一行就可以记作$(100,0)$。表示虽然投入了一个100日元的硬币,但并没有输出商品。如此,可以用如下所示

的集合来表示此记录。

$$S = \{(100,0),(100,1)\}$$

观察与记录中有 4 个元素(4 行),如在第 2 章中所学到的一样,集合 S 中可以用一个元素来表示相同的对象,由此,该集合中只有两个元素。如果能够完全描述集合 S,则可以把握此自动售卖机的大体动作。因为这是从外部对系统进行的观察,所以 S 称为外部表现。

2)输入-输出系统

在此,考虑一下因果关系。此自动售卖机是投入硬币后就会输出所购买商品的机械设备,因此很容易理解所投入的 100 日元硬币就是"原因",而商品的输出就是"结果"。系统理论中,会考虑这种因果关系,一般把刺激及原因称为输入,把反应及结果称为输出。可以区别输入与输出的系统称为输入-输出系统。

3)框图

接下来,试着用方框与箭头这种图形方式来表示输入和输出这种因果关系。200 日元商品自动售卖机的框图如图 3-2 所示。

图 3-2　200 日元商品自动售卖机的框图

框图中,方框表示系统的功能,方框中写有描述该功能的文字。描述系统功能文字的典型表达方式是"针对什么做什么",但有时也会缩写成如"售卖商品"这样的简单表达方式,建议以第一种方式进行描述。此外,可以利用箭头将多个方框连接起来,用以表达较为复杂的系统。

下面就是用集合形式来表示输入范围与输出范围。

$$A = \{100\}$$
$$B = \{0,1\}$$

其中,A 为输入集合,B 为输出集合。输入集合 A 的元素 100 代表 100 日元硬币,输出集合 B 的元素 0 与 1 代表所输出商品的个数。

如果想要用变量而非具体的描述来表达,则将输入集合的元素记作 a,将输出集合的元素记作 b。此例题中,表达方式为 $a=100,b=0,1$。

4)直积与关系

由所有对 (a,b) 形成的集合记作 $A \times B$,即

$$A \times B = \{(100,0),(100,1)\}$$

$A \times B$ 称为"集合 A 与集合 B 的直积"。因此,可以用 $S = A \times B$ 来表示此系统的外部表现。

系统的全部外部表现不一定是 $S = A \times B$,也有可能是直积 $A \times B$ 的真子集($S \subset A \times B$)。在数学和关系数据库理论中,直积的子集称为关系。

5) 输入范围

在此请注意,输入是有范围限制的。该范围就是输入集合 A。例如,此自动售卖机虽然可以接受 100 日元硬币,却不可以接受 1 日元硬币或 1 万日元纸币。可以通过描述输入集合 A 来正确描述输入范围。

此外,即使是对同一事物,不同的人也可能会产生不同的认识和理解。因此,必须明确可以把什么看作输入。例如,从事涂装和设计的人更关心颜色的变化,因此可能希望把光的强弱看作是对系统的刺激(输入)。但是,此处所关心的问题是"售卖商品"这一功能,因此不考虑将光的强弱看作输入。

进一步而言,有的系统可以接受其输入发生变化。例如,阴天时关心的天气预报,电车晚点时关心的列车时刻表。与此相同,也存在随其内部状态变化而改变可接受输入的系统。但是,在讨论自动售卖机时,认为其在当前条件下的输入不会发生变化。

与 3.4.2 节中的仓库模型一样,可以把从该模型输出的物品视为输入。例如,当把仓库的库存量作为研究对象时,库存量会随着出库活动的发生而减少。此时,库存量由出库量决定,因此出库量就是输入。在建模中,将什么视为输入是非常重要的。

3.1.2　状态与输出函数

应该注意的是,同一输入也有可能得到不同的输出。例如,有时会出现即使投入了 100 日元的硬币,也没有输出商品的情况。系统理论中,把这种情况解释为"对同一输入产生了不同输出的原因是系统内部的状态发生了变化"。一般来说,"无论是何种输入-输出系统,都可以考虑其状态"这一说法早已被证明是正确的(请参见随后的"输出函数的性质")。

对于例题中的 200 日元商品自动售卖机来说,可以认为累积投币金额就是其状态。

已累积投币 0 日元的状态　　$c0$

已累积投币 100 日元的状态　　$c100$

输入与输出的对应关系会随着这些状态的不同而变化。输入、状态与输出的对应表如表 3 - 2 所示。

表 3 - 2　输入、状态与输出的对应表（粗线框内为输出 b 的值）

状态 c	输入 a 100
$c0$	0
$c100$	1

从表中可知，在已累积投币 0 日元的状态（$c=c0$）下，如果投入 100 日元硬币（$a=100$），则商品不会被输出（$b=0$）；最后一行表示在已累积投币 100 日元的状态（$c=c100$）下，如果再投入 100 日元硬币，则商品就会被输出（$b=1$）。

［注意］

在此不考虑 $c200$ 这一状态。当然，自动售卖机会在某一瞬间处于该状态，但是由于没有购买按钮，因此自动售卖机会立刻输出商品和找零，并自动返回原来的状态 $c0$。

表 3 - 2 表示"如果状态 c 与输入 a 已确定，则会得到一个确定的输出 b"。如果将值代入到两个变量中，则会得到一个确定的结果，因此可以将其视为一个 2 变量函数。即输入与输出和状态之间存在如下关系：

$$\lambda(c,a)=b$$

可以具体表现为

$$\lambda(c0,100)=0$$
$$\lambda(c100,100)=1$$

其中，λ 读作 lambda，为输出函数。在此，可以把表 3 - 2 视为函数（表与函数具备同等的描述能力）。

1）函数的记法

根据上一章中的说明，若要正确地（有逻辑地）表示函数，就必须明确以下两点。

（1）该函数是从哪儿到哪儿的对应（变量的值的范围）。

（2）该函数让什么与什么对应（对应的具体描述）。

若要表示前者（变量的值的范围），只需如下书写即可。

$$A=\{100\}$$

$$B = \{0, 1\}$$
$$C = \{c0, c100\}$$
$$\lambda : C \times A \rightarrow B$$

其中, A 为输入集合, B 为输出集合, C 为状态集合, 分别是各个变量 a, b, c 的取值范围。$\lambda : C \times A \rightarrow B$ 表示 λ 是 2 变量函数, 可记作 $\lambda(c, a) = b$。通常来说, 信息系统的输入范围都是有限的。

若要表示后者 (对应的具体描述), 只需如下书写即可。

$$\lambda(c, a) = b \leftrightarrow b = \begin{cases} 0 & \text{if}(c, a) = (c0, 100) \\ 1 & \text{if}(c, a) = (c100, 100) \end{cases}$$

其中, 符号 $\leftrightarrow$ 表示充分必要条件。左边的函数由右边的对应关系来具体定义。本书提出的模型理论方法中, 函数都被这样定义为谓词。

*2) 输出函数的性质

输出函数必须具备下述性质。

对任意 $(a, b) \in A \times B$, 则

$$(a, b) \in S \leftrightarrow (\exists c \in C)(b = \lambda(c, a)) \tag{3-1}$$

上式在数学中读作"(a, b) 是 S 的元素的充分必要条件是 C 中存在某个 c, 使 $b = \lambda(c, a)$ 成立"。但是, 在此想要表达的是"当 a 输入到系统 S 中, b 从系统 S 中输出时, 存在某个状态 c, 一定满足 $b = \lambda(c, a)$ 这一条件"。这种解读对于理解本书非常重要。用语言描述来表达公式以及用公式来表达语言描述都非常重要。众所周知的是, "无论对哪种输入-输出系统 S, 都可建立某个状态集合, 让上述公式成立"。

用集合来描述式 (3-1), 可以记作

$$S = \{(a, b) \in A \times B \mid (\exists c \in C)(b = \lambda(c, a))\}$$

或者

$$S = \{(a, \lambda(c, a)) \mid c \in C, a \in A\}$$

对于自动售卖机, 根据表 3-2 计算的等式右边值为

$$右边 = \{(100, \lambda(c0, 100)), (100, \lambda(c100, 100))\} = \{(100, 0), (100, 1)\}$$

可以得知, 其与左边的 S (外部表现) 相等。也就是说, 表现 $<A, B, C, \lambda>$ 是可以计算外部表现 $<A, B, S>$ 的内部表现 (但是这还不够, 为了能准确表示系

统的动作,需要引入下一节中的状态迁移的概念)。

＊3）系统的性质

根据输出函数 λ 是一个 2 变量函数这一事实,可知输入-输出系统 S 具备以下性质。

(1) 如果状态与输入已给定,则可以确定唯一的输出。

(2) 如果状态相同,则对相同的输入,就可以得到相同的输出,即

$$(\forall c)(\forall a,a')(a=a' \to \lambda(c,a)=\lambda(c,a')).$$

(3) 即使输入相同,输出也有可能不同,那么状态就一定不同。

$$(\forall a)(\forall c,c')(\lambda(c,a) \neq \lambda(c',a) \to c \neq c').$$

性质(1)是函数的定义的一部分。性质(2)是性质(1)的直接结论。

3.1.3　状态迁移图

系统理论中,输入、状态、输出这三个概念非常重要。它们之间的关系就是输出函数 λ。但是,即使存在状态或输出函数,也只表达出了"考虑到了多个状态"这一事实,并不能对系统动作机制进行完全说明。状态会根据输入的不同而发生变化,并且系统行为的特征在于状态转换的方式。那么,可以尝试用状态迁移图对自动售卖机系统内部的状态迁移进行描述(见图 3-3)。

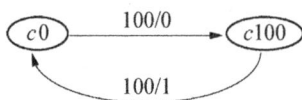

图 3-3　自动售卖机的状态迁移图

状态迁移图的一般画法如图 3-4 所示。状态迁移图中,用椭圆表示系统的状态,用直线箭头表示状态迁移的方向(也可以用曲线箭头)。在箭头的上部(或下部)写下系统的输入与输出。例如,图 3-3 中,表示当状态是 $c0$ 时,如果投入 100 日元,则下一个状态就是 $c100$,伴随该状态迁移的输出是 0。制作状态迁移图的窍门在于"描述在各个状态下,与每个输入相对应的输出和下一个要迁移到的状态"。此例中,将不输出任何商品记作 0,但有时也将其记作 $(0,0)((0,0)$ 读作 null)。

图 3-4　状态迁移图的一般画法

图 3-3 中,描述了自动售卖机的全部输入、状态、状态迁移以及输出。如此,例题中的 200 日元商品自动售卖机的动作机制(动态)就得到了完全展现。状态迁移图可用于调查"向处于初始状态的系统 S 逐个施加输入后,其状态会如何迁移,并最终到达哪个状态"。

3.1.4　自动机模型定义

可以用如表 3-3 所示的形式来描述状态迁移图(见图 3-3)。如果状态有迁移图,就一定能制作出这样的表。反过来,如果有这种表,就一定可以画出状态迁移图。两者具备同等的表现力。

表 3-3　用表的形式来描述状态迁移图

(a) 状态迁移函数

δ 状态 c	输入 a 100
$c0$	$c100$
$c100$	$c0$

(b) 输出函数

λ 状态 c	输入 a 100
$c0$	0
$c100$	1

此外,也可以说表 3-3 定义了两个 2 变量函数 δ 与函数 λ。状态迁移函数 δ 定义了状态 c 和输入 a 相对应的下一个状态 c'(即 $\delta:C\times A\rightarrow C$),输出函数 λ 定义了状态 c 和输入 a 相对应的输出 b(即 $\lambda:C\times A\rightarrow B$)。$\delta$ 读作 delta。各个函数的定义如图 3-5 所示。

$$\delta(c,a)=c'\leftrightarrow$$
$$c'=\begin{cases}c100 & \text{if}(c,a)=(c0,100)\\ c0 & \text{if}(c,a)=(c100,100)\end{cases}$$

(a)

$$\lambda(c,a)=b\leftrightarrow$$
$$b'=\begin{cases}0 & \text{if}(c,a)=(c0,100)\\ 1 & \text{if}(c,a)=(c100,100)\end{cases}$$

(b)

图 3-5　函数的定义

(a) 状态迁移函数;(b) 输出函数

图 3-5 描述了与函数 δ 和函数 λ 所有输入相对应的函数值,这种方法并不是很普遍,本章中称之为用"对应关系"公式来表示。

根据函数 δ 和函数 λ 的列表表示(见表 3-3),可以推导出函数的"对应关系"公式表示(见图 3-5)。反过来,也可以根据函数的"对应关系"公式表示推导出函数的列表表示。也就是说,这两种表示方法是等价的。

由此,如果把 200 日元商品自动售卖机的动作定义成如下内容:

$A=\{100\}$

$B=\{0,1\}$

$C=\{c0,c100\}$

$\delta:C\times A\to C$

$\lambda:C\times A\to B$

则可以实现对其动作的完整描述。

这种数理模型称为"自动机模型"。自动机模型指通过如下两点来表示对象系统的动作的模型。

(1) 明确输入集合 A、输出集合 B、状态集合 C。

(2) 具体描述状态迁移函数 δ 与输出函数 λ。

定义 3-1 自动机模型

由下述 5 个项目构成的组 $<A,B,C,\delta,\lambda>$ 称为自动机模型。其中,A,B,C 是集合,分别称为输入集合、输出集合、状态集合。函数 $\delta:C\times A\to C$ 与函数 $\lambda:C\times A\to B$ 分别称为状态迁移函数、输出函数。必须给出各个项目 A,B,C,δ,λ 的具体定义。

例题中的 200 日元商品自动售卖机的自动机模型如图 3-6 所示。

$$A=\{100\}$$
$$B=\{0,1\}$$
$$C=\{c0,c100\}$$
$$\delta(c,a)=c'\leftrightarrow$$
$$c'=\begin{cases}c100 & \text{if}(c,a)=(c0,100)\\ c0 & \text{if}(c,a)=(c100,100)\end{cases}$$
$$\lambda(c,a)=b\leftrightarrow$$
$$b=\begin{cases}0 & \text{if}(c,a)=(c0,100)\\ 1 & \text{if}(c,a)=(c100,100)\end{cases}$$

图 3-6 200 日元商品自动售卖机的自动机模型

术语的使用方法:

自动机指自动机械,是自动化(automation)的词源。也可把制作对象系统的自动机模型称为自动机建模。此外,用语言精确表达"可以将对象系统建模成自动机"时,也可以说"对象系统是自动机"。例如,有时也会说"自动售卖机是自动机"。虽然这种说法是不正确的,但这是日常生活中的常用说法。

有时也会把自动机模型记作 $<A,B,C,\delta,\lambda,c0>$,以表示自动机模型的初始状态。其中,$c0\in C$ 必须成立。当各个项目未被具体定义时,也会把组 $<A,B,C,\delta,\lambda>$ 称为自动机的结构。

3.1.5　计算机可读表达

在上一节中说明的自动售卖机的自动机模型已成为一个能够让人理解的模型,但对于计算机而言,仍是一个无法读取的模型。例如,键盘上并没有符号∈。因此,若要定义能够让计算机可读的函数 δ 与函数 λ,则可以写成如图 3-7 所示的样式。

```
    delta(c,a) = c2 <->
                ([c,a] = ["c0",100]) -> (c2:="c100"),
                ([c,a] = ["c100",100]) -> (c2:="c0");
    lambda(c,a) = b <->
                ([c,a] = ["c0",100]) -> (b:=0),
                ([c,a] = ["c100",100]) -> (b:=1);
或者,
    delta(c,a) = c2 <->
                (c="c0" and a=100) -> (c2:="c100"),
                (c="c100" and a=100) -> (c2:="c0");
    lambda(c,a) = b <->
                (c="c0" and a=100) -> (b:=0),
                (c="c100" and a=100) -> (b:=1);
```

图 3-7　函数 δ,函数 λ 的计算机可读表达

符号:=表示将右边代入左边。此外,可以用","(逗号)来代替 and,因此在接下来的说明内容中会多用逗号。

用这种方法可以将函数和谓词写成计算机可读形式,称为计算机可读表达。详细内容请参阅本书第 4 章。

3.1.6　计算机实现模型

若要在计算机上运行自动机模型,则首先需要制作如下所述的描述文件,指定文件名(如 automaton316. set 等)并保存,其次把该文件读入到第 5 章的系统开发环境中,最后运行该文件。自动机的计算机实现模型(实现结构)如图 3-8 所示。

```
//注释
initialstate()=c<->(...);
delta(c,a)=c2<->(...);
lambda(c,a)=b<->(...);
inputsequence()=c<->c:=[...];
```

图 3-8　自动机的计算机实现模型(实现结构)

图中第 1 行是注释，以便于他人或程序员自身了解该文件的相关信息。计算机会忽视以"//"开始的行及其内容。可以把所创建的文件的文件名写在注释中。第 2 行的 initialstate() 是将初始状态指定成常量（常数）的函数。下一行是状态迁移函数 delta(c,a) 与输出函数 lambda(c,a) 的定义。在上述（...）部分写入计算机可读代码。

最后一行的 inputsequence() 是自动机的输入列（输入序列）。若要让此自动机运行，则需要有输入。但是，让用户用键盘一个个进行输入是一件比较麻烦的事。为了节省时间，会事先把要输入的内容写好（用列表来表现）。

文件的运行与语句的顺序无关，因此实际操作中按照什么顺序来书写都可以。为了方便阅读，可以随意加入换行和制表符。但是，第 2 行以及之后的各条语句必须以";"（分号）结尾。此外，所保存文件的扩展名必须是".set"。

综上所述，计算机实现模型指将自动机模型以计算机可读的形式表达出来，让自动机模型可以在计算机上运行的描述文件的内容。

例题中 200 日元商品自动售卖机的计算机实现模型如图 3-9 所示。

```
//automaton316.set
initialstate()=c<->c:="c0";
delta(c,a)=c2<->
            ([c,a]=["c0",100])->(c2:="c100"),
            ([c,a]=["c100",100])->(c2:="c0");
lambda(c,a)=b<->
            ([c,a]=["c0",100])->(b:=0),
            ([c,a]=["c100",100])->(b:=1);
inputsequence()=c<->c:=[100,100];
```

图 3-9　200 日元商品自动售卖机的计算机实现模型

[注意]

（1）此模型（见图 3-9）中，利用 inputsequence() 连续输入了两次 100。但是实际应用时用户可以自行决定要输入几次，输入什么。此外，初始状态 initialstate() 也可由用户自行决定。在下面的模型中，笔者事先写好了典型的输入序列与初始状态。读者可根据实际情况调整变更成适当的输入序列和初始状态，确认该模型的动作是否正确。

（2）计算机实现模型中，可以不定义基本的输入集合 A、输出集合 B、状态集合 C。但是，根据实际情况，可以在需要的时候定义和使用这些集合（如下文所述）。

3.1.7　编译与运行

接下来,试着在计算机上实际运行此模型。启动开发环境 MTA-SDK(请参见第 5 章内容事先安装好开发环境),计算机实现模型的运行界面如图 3-10 所示。为了方便查看,可稍稍扩大 DIALOG 窗口(无论如何,都需要通过单击 DIALOG 窗口来激活)。首先,窗口中会显示输入提示符号(prompt)X>,并输入此文件名(图中输入 automaton316.set,并按下回车键)。其次,系统会询问是哪种类型的模型,此时输入 1,即指定此模型是自动机模型。最后,编译后生成系统 automaton316.p。

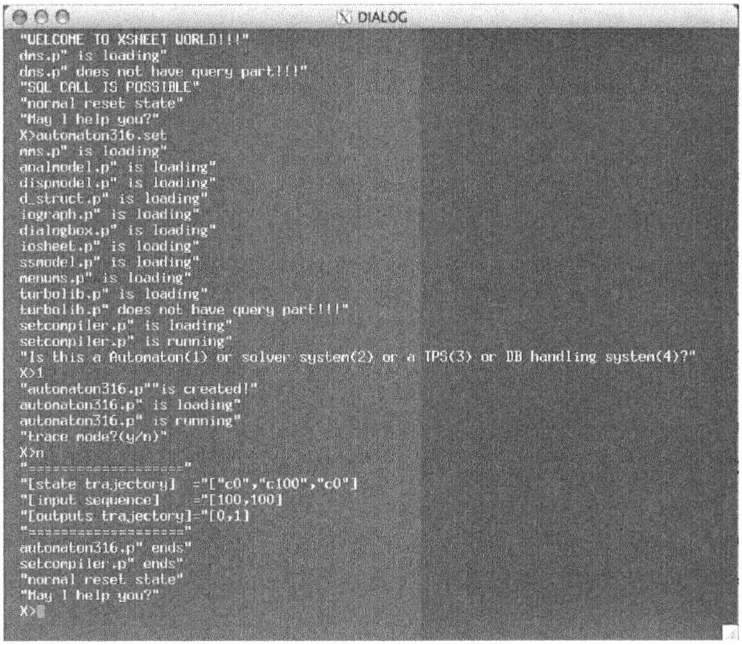

图 3-10　计算机实现模型的运行界面

此时需要回答是否进行跟踪调试。图中,当运行界面上显示"trace mode?"时,输入了"n",因此运行界面上直接显示自动机运行的最终结果。最终结果是被双线===夹起来的部分。其中,state trajectory 是状态迁移序列,input sequence 是输入序列,outputs trajectory 是输出序列。各个序列的变化过程最后都会被收集并显示出来。

[跟踪调试模式]

当运行界面上显示"trace mode?"时,如果输入了"y",则会进入跟踪调试模式。跟踪调试模式中,会在运行界面上显示状态是否会随着一个一个的输入发生变化,如果发生了变化,则究竟是从哪个状态变成了哪个状态。界面显示会在状态发生变化时停止,如果此时在 Terminal 窗口上按下回车键,则计算机会输入下一个输入值。需要注意的是,跟踪调试模式中,在输入了"y"之后,必须先点击 Terminal 窗口将其激活后再按下回车键。

[注意]

在旧版本的开发环境 MTA-SDK 运行此文件时,有可能会显示"请问输入序列是什么?"此时,用户必须手动输入列表,例如[100,100,100]。与此输入相对应,窗口会显示运行得到的输出序列。

练习题

3-1 利用 3.1.2 节中的性质(1)或性质(2)证明性质(3)。

参考答案:

根据性质(1),$(\forall a)(\forall c,c')(c=c' \to \lambda(c,a)=\lambda(c',a))$ 成立。取"对偶",则为 $(\forall a)(\forall c,c')(\lambda(c,a)\neq\lambda(c',a) \to c\neq c')$,性质(3)成立。

3-2 画出只接受 100 日元硬币的 300 日元商品自动售卖机的状态迁移图。

参考答案:

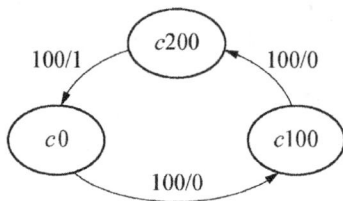

3-3 某座建筑安装有电梯,可以乘电梯到达该建筑物的第 3 层。假设现在你就在该电梯中,画出此电梯动作的状态迁移图。把电梯位于哪一层作为电梯的状态。此外,仅使用声音提示"门马上就关了"作为输出。在完成此练习题时,请灵活运用生活常识。

参考答案:

m 是提示输出

3F/(0,0)

3F/m   2F/m

3F

1F/m   3F/m

1F/(0,0)   1F   2F   2F/(0,0)

2F/m

1F/m

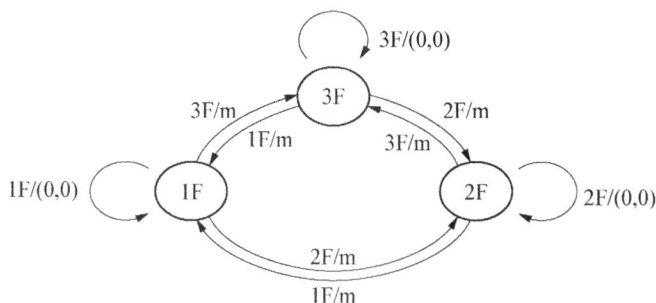

3-4 建立 300 日元商品自动售卖机的自动机模型。

参考答案:

$A=\{100\}$
$B=\{0,1\}$
$C=\{c0,c100,c200\}$
$\delta:C\times A\rightarrow C$
其中,
$\delta(c,a)=c'\leftrightarrow$
$$c'=\begin{cases}c100 & \text{if}(c,a)=(c0,100)\\c200 & \text{if}(c,a)=(c100,200)\\c0 & \text{if}(c,a)=(c200,100)\end{cases}$$
$\lambda:C\times A\rightarrow B$
其中,
$\lambda(c,a)=b\leftrightarrow$
$$b=\begin{cases}0 & \text{if}(c,a)=(c0,100)\\0 & \text{if}(c,a)=(c100,200)\\1 & \text{if}(c,a)=(c200,100)\end{cases}$$

3-5 建立能上到建筑物第 3 层的电梯的自动机模型。

参考答案:

$A=\{1F,2F,3F\}$
$B=\{m,(0,0)\}$　　　　——m 是提示输出
$C=\{1F,2F,3F\}$
$\delta:C\times A\rightarrow C$
其中,
$$\delta(c,a)=c'\leftrightarrow c'=\begin{cases}1F & \text{if } a=1F\\2F & \text{if } a=2F\\3F & \text{if } a=3F\end{cases}$$
$\lambda:C\times A\rightarrow B$
其中,

$$\lambda(c,a)=b\leftrightarrow b=\begin{cases} \text{m} & \text{if } c\neq a \\ (0,0) & \text{if } c=a \end{cases}$$

3-6 写出 300 日元商品自动售卖机的自动机模型的函数 δ 与函数 λ 的计算机可读表达。

参考答案：

```
delta(c,a)=c2<->
            ([c,a]=["c0",100])->(c2:="c100"),
            ([c,a]=["c100",200])->(c2:="c200"),
            ([c,a]=["c200",100])->(c2:="c0");
lambda(c,a)=b<->
             ([c,a]=["c0",100])->(b:=0),
             ([c,a]=["c100",200])->(b:=0),
             ([c,a]=["c200",100])->(b:=1);
```

3-7 写出能上到建筑物第 3 层的电梯的自动机模型的函数 δ 与函数 λ 的计算机可读表达。

参考答案：

```
delta(c,a)=c2<->
            (a="1F")->(c2:="1F"),
            (a="2F")->(c2:="2F"),
            (a="3F")->(c2:="3F");
lambda(c,a)=b<->
             (c><a)->(b:="m"),
             (c=a)->(b:=[]);          ——(0,0)用[]表示。
```

3-8 制作 300 日元商品自动售卖机的计算机实现模型。启动开发环境,试着运行该模型。

参考答案：

```
//automaton31q2.set
initialstate()=c<->c:="c0";
delta(c,a)=c2<->
            ([c,a]=["c0",100])->(c2:="c100"),
            ([c,a]=["c100",200])->(c2:="c200"),
            ([c,a]=["c200",100])->(c2:="c0");
```

```
lambda(c,a)=b<->
            ([c,a]=["c0",100])->(b:=0),
            ([c,a]=["c100",200])->(b:=0),
            ([c,a]=["c200",100])->(b:=1);
```

3-9 制作能上到建筑物第3层的电梯的计算机实现模型。启动开发环境,试着运行该模型。

参考答案:

```
//automaton31q3.set
initialstate()=c<->c:="cF";
delta(c,a)=c2<->
            (a="1F")->(c2:="1F"),
            (a="2F")->(c2:="2F"),
            (a="3F")->(c2:="3F");
lambda(c,a)=b<->
            (c<>a)->(b:="m"),
            (c=a)->(b:=[]);
```

[3.2] 自动机状态为符号时的建模实例

上一节以一个简单的自动售卖机为例,对系统理论的基本概念进行了说明,并经过了从状态迁移图到自动机模型的过程,建立了一个计算机实现模型。虽然这三者表现了相同的系统动作,但其各自的表现方式却互不相同。计算机实现模型的建立流程如图3-11所示。

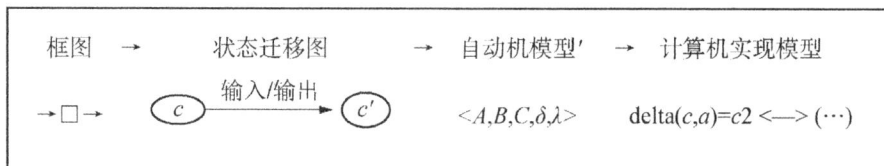

图3-11 计算机实现模型的建立流程

3.2节和3.3节,以简单系统到复杂系统为例,逐步实践此流程,建立计算机实现模型。对于其他书籍中没有的计算机可读表达这一独特的模型理论方法,将通过各例题并引入新的描述方法来对其进行讲解和说明。读者请仔细阅读,为下一章要学习的系统开发做好准备,完成基础训练。

3.2.1 100日元换币机(状态有1个)

只有一个状态的系统称为函数型系统。如果对于相同的输入,且总是能得到相同的输出,则该系统就是函数型系统。可以将函数型系统建成状态不变的自动机模型。

例题 3-2 某个游戏中心有换币机。此换币机可以将1 000日元纸币与500日元硬币换成100日元硬币。请问应如何用建模来描述此换币机的动作。

解答与说明:

将投入的金额作为输入,将换出的100日元硬币的枚数作为输出。投入500日元硬币后,换币机就会换出5枚100日元硬币;投入1 000日元纸币后,就会换出10枚100日元硬币。对于相同的输入,总是能得到相同的输出,因此该换币机是一个函数型系统。

此系统的框图、状态迁移图以及自动机模型分别如图3-12、图3-13、图3-14所示。

图3-12 框图1

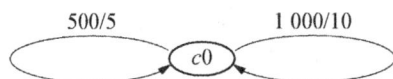

图3-13 状态迁移图1

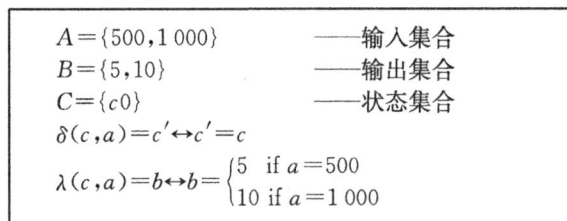

$$
\begin{aligned}
A &= \{500, 1\,000\} \quad &&\text{——输入集合} \\
B &= \{5, 10\} \quad &&\text{——输出集合} \\
C &= \{c0\} \quad &&\text{——状态集合} \\
\delta(c, a) &= c' \leftrightarrow c' = c \\
\lambda(c, a) &= b \leftrightarrow b = \begin{cases} 5 & \text{if } a = 500 \\ 10 & \text{if } a = 1\,000 \end{cases}
\end{aligned}
$$

图3-14 自动机模型1

状态迁移函数"$\delta(c, a) = c' \leftrightarrow c' = c$"表示其状态不会发生变化。计算机实现模型如图3-15所示。此时,把初始状态设成了"$c0$"。

```
//automaton321. set
initialstate()=c<->c:="c0";
delta(c,a)=c2<->c2:=c;
lambda(c,a)=b<->
            (a=500)->(b:=5),
            (a=1000)->(b:=10);
inputsequence()=c<->c:=[500,1000];
```

图 3‑15　计算机实现模型 1

[注意]

在此模型的输出函数 λ 的定义中,并无对状态 c 的相关描述。实际上,在计算机实现模型中,并不需要描述"该变量是一个无论将其设成任何值都不会对其他部分产生影响的变量"。因此,即使不把该模型记作 $(a=500, c="c0")->(b:=5)$ 亦可。

3. 2. 2　带按钮的硬币换币机(状态有 2 个)

例题 3‑3　根据计算机实现模型的建立流程(见图 3‑11)建立表示只接受 500 日元硬币,并将其换成 5 枚 100 日元硬币的换币机的模型。假设此换币机带有换币按钮与退还按钮。此外,如果投入了超过 500 日元的硬币,则会被自动退还。

解答与说明:

该换币机只有在投入了 500 日元硬币的状态时,按下换币按钮后才会换出 5 枚 100 日元硬币。当然,在未投入 500 日元硬币时,即使按下换币按钮也不会有任何反应。对相同的输入,该系统会产生不同的输出,因此该换币机不是函数型系统。

建模流程如下所述。该换币机的框图如图 3‑16 所示。

图 3‑16　框图 2

设输入集合为 $A=\{500,\ change,\ cancel\}$,输出集合为 $B=\{100\times 5,$ $500\times 1, (0,0)\}$。将换币机什么都不换出记作 $(0,0)$。那么该换币机的状态迁移图、自动机模型、计算机实现模型分别如图 3‑17、图 3‑18、图 3‑19 所示。

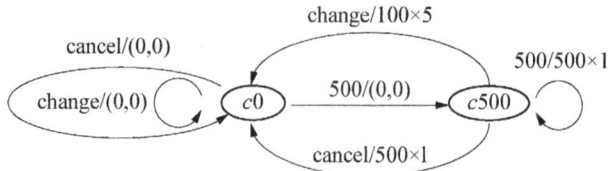

图 3-17　状态迁移图 2

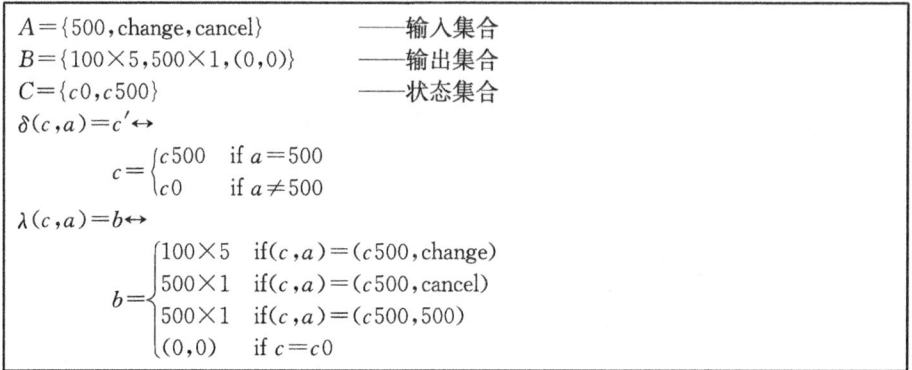

$A = \{500, \text{change}, \text{cancel}\}$　　　——输入集合
$B = \{100 \times 5, 500 \times 1, (0,0)\}$　　——输出集合
$C = \{c0, c500\}$　　　　　　　——状态集合
$\delta(c, a) = c' \leftrightarrow$
$$c = \begin{cases} c500 & \text{if } a = 500 \\ c0 & \text{if } a \neq 500 \end{cases}$$
$\lambda(c, a) = b \leftrightarrow$
$$b = \begin{cases} 100 \times 5 & \text{if}(c, a) = (c500, \text{change}) \\ 500 \times 1 & \text{if}(c, a) = (c500, \text{cancel}) \\ 500 \times 1 & \text{if}(c, a) = (c500, 500) \\ (0, 0) & \text{if } c = c0 \end{cases}$$

图 3-18　自动机模型 2

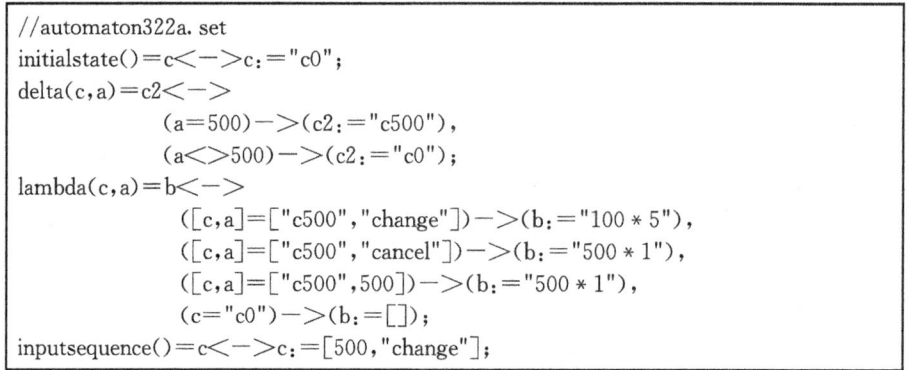

```
//automaton322a. set
initialstate()=c<->c:="c0";
delta(c,a)=c2<->
        (a=500)->(c2:="c500"),
        (a<>500)->(c2:="c0");
lambda(c,a)=b<->
        ([c,a]=["c500","change"])->(b:="100*5"),
        ([c,a]=["c500","cancel"])->(b:="500*1"),
        ([c,a]=["c500",500])->(b:="500*1"),
        (c="c0")->(b:=[]);
inputsequence()=c<->c:=[500,"change"];
```

图 3-19　计算机实现模型 2

[注意]

由于 100×5 是"文字"表示,因此在计算机实现模型中,需要改为"100 *
5"。如果此处没有引用符号,则计算机就会进行实际计算,且运行画面上会显
示计算结果为 500。此外,该例用[ ]来表示没有输出,用户也可自己定义用什
么符号来表示没有输出。

可以利用 otherwise("否则")来重新描述不同条件,如图 3-20 所示,先通

过最初的 3 行来描述上述 lambda$(c,a)=b$ 的定义,然后利用 otherwise 来描述最后 1 行。

```
//automaton322b. set
initialstate()=c<->c:="c0";
delta(c,a)=c2<->
            (a=500)->(c2:="c500")
            otherwise(c2:="c0");
lambda(c,a)=b<->
            (c="c500")->
            (
            (a="change")->(b:="100*5"),
            (a="cancel")->(b:="500*1"),
            (a=500)->(b:="500*1")
            )
            otherwise(b:=[]);
inputsequence()=c<->c:=[500,"change"];
```

图 3‐20　利用 otherwise 的描述

[注意]

不要在 otherwise 前面写逗号。

3.2.3　出售 150 日元车票的自动售卖机(状态有 3 个)

例题 3‐4　考虑只可接受 50 日元硬币与 100 日元硬币的出售 150 日元车票的自动售卖机(见图 3‐21)。该自动售卖机的观察与记录如表 3‐4 所示。如果投入金额等于或超过 150 日元,即使不按下按钮也会自动售出车票。当然,如果投入金额超过了 150 日元,则自动售卖机会退还找零。根据建模流程建立表示此自动售卖机的计算机实现模型。

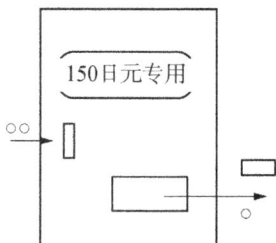

图 3‐21　出售 150 日元车票的自动售卖机

表 3－4　150 日元车票自动售卖机的观察与记录

金额	车票，找零
50	(0,0)
50	(0,0)
50	(1,0)
50	(0,0)
100	(1,0)
100	(0,0)
100	(1,50)

解答与说明：

　　自动售卖机是一种输入-输出系统。每次投入的金额是输入，售出的车票和找零是输出。该自动售卖机的框图如图 3－22 所示。

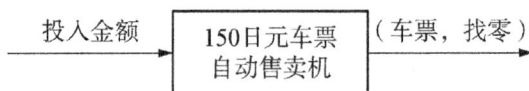

图 3－22　框图 3

　　可以用向量来表示输出。为了确保描述的一致性，用(0,0)来表示没有输出。该自动售卖机的状态迁移图、自动机模型、计算机实现模型分别如图 3－23、图 3－24、图 3－25 所示。

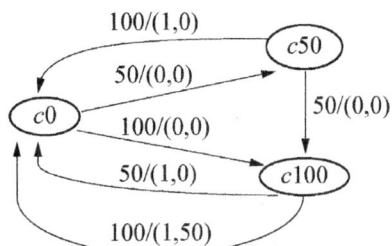

图 3－23　状态迁移图 3

（将累计投入金额看作状态）

$A=\{50,100\}$ ——输入集合
$B=\{(0,0),(1,0),(1,50)\}$ ——输出集合
$C=\{c0,c50,c100\}$ ——状态集合
$\delta:C\times A\rightarrow C$ ——状态迁移函数
$\lambda:C\times A\rightarrow B$ ——输出函数

其中,

$\delta(c,a)=c'\leftrightarrow$

$$c'=\begin{cases} c50 & \text{if}(c,a)=(c0,50) \\ c100 & \text{if}(c,a)=(c0,100) \\ c100 & \text{if}(c,a)=(c50,50) \\ c0 & \text{if}(c,a)=(c50,100) \\ c0 & \text{if}(c,a)=(c100,50) \\ c0 & \text{if}(c,a)=(c100,100) \end{cases}$$

$\lambda(c,a)=b\leftrightarrow$

$$b=\begin{cases} (0,0) & \text{if}(c,a)=(c0,50) \\ (0,0) & \text{if}(c,a)=(c0,100) \\ (0,0) & \text{if}(c,a)=(c50,50) \\ (1,0) & \text{if}(c,a)=(c50,100) \\ (1,0) & \text{if}(c,a)=(c100,50) \\ (1,50) & \text{if}(c,a)=(c100,100) \end{cases}$$

图 3‑24　自动机模型 3

```
//automaton323. set
initialstate()=c<->c:="c0";
delta(c,a)=c2<->
        ([c,a]=["c0",50])->(c2:="c50"),
        ([c,a]=["c0",100])->(c2:="c100"),
        ([c,a]=["c50",50])->(c2:="c100"),
        ([c,a]=["c50",100])->(c2:="c0"),
        ([c,a]=["c100",50])->(c2:="c0"),
        ([c,a]=["c100",100])->(c2:="c0");
lambda(c,a)=b<->
        ([c,a]=["c0",50])->(b:=[0,0]),
        ([c,a]=["c0",100])->(b:=[0,0]),
        ([c,a]=["c50",50])->(b:=[0,0]),
        ([c,a]=["c50",100])->(b:=[1,0]),
        ([c,a]=["c100",50])->(b:=[1,0]),
        ([c,a]=["c100",100])->(b:=[1,50]);
inputsequence()=c<->c:=[50,50,50];
```

图 3‑25　计算机实现模型 3

练习题

3-10 建立表示把 5 000 日元纸币与 10 000 日元纸币替换成 1 000 日元纸币的换币机的模型。其中,设输入序列为[5 000,5 000,10 000]。通过和上述解答与说明相同的步骤实现从框图到计算机实现模型的分阶段建模(之后的练习题也都采用同样的解答步骤)。

参考答案:

计算机实现模型

```
//automaton32q1. set
initialstate()=c<->c:="c0";
delta(c,a)=c2<->c2:=c;
lambda(c,a)=b<->
            (a=5000)->(b:=5),
            (a=10000)->(b:=10);
```

3-11 建立只接受 100 日元硬币的 100 日元商品自动售卖机的自动机模型与计算机实现模型。假设此售卖机带有购买按钮与取消按钮。此外,如果投入了超过 100 日元的硬币,则会被退还。

参考答案:

状态迁移图

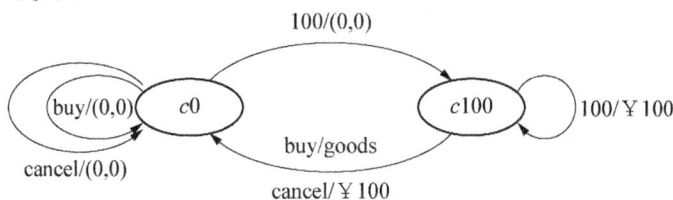

计算机实现模型

```
//automaton32q2. set
initialstate()=c<->c:="c0";
delta(c,a)=c2<->
            (a=100)->(c2:="c100")
            otherwise(c2:="c0");
lambda(c,a)=b<->
            (c="c100")->((a="buy")->(b:="goods"),
                        (a="cancel")->(b:="￥100"),
                        (a=100)->(b:="￥100"))
otherwise(b:=[]);
```

3－12 建立可以接受 500 日元硬币与 1 000 日元纸币的带有换币按钮的换币机的自动机模型与计算机实现模型。假设该换币机会分别退还 1 枚及以上的硬币。

参考答案：

状态迁移图

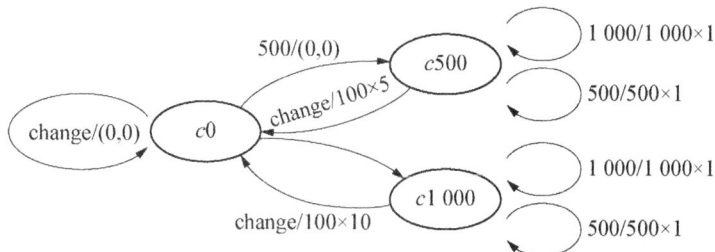

计算机实现模型

```
//automaton32q3.set
initialstate()=c<->c:="c0";
delta(c,a)=c2<->
          ([c,a]=["c0",500])->(c2:="c500"),
          ([c,a]=["c0",1000])->(c2:="c1000"),
          ([c,a]=["c500",500])->(c2:="c500"),
          ([c,a]=["c500",1000])->(c2:="c500"),
          ([c,a]=["c1000",500])->(c2:="c1000"),
          ([c,a]=["c1000",1000])->(c2:="c1000"),
          (a="change")->(c2:="c0");
lambda(c,a)=b<->
          ([c,a]=["c500","change"])->(b:=5),
          ([c,a]=["c500",500])->(b:="¥500"),
          ([c,a]=["c500",1000])->(b:="¥1000"),
          ([c,a]=["c1000","change"])->(b:=10),
          ([c,a]=["c1000",500])->(b:="¥500"),
          ([c,a]=["c1000",1000])->(b:="¥1000"),
          (a="c0")->(b:=[]);
```

3－13 建立带有购买按钮的接受 50 与 100 日元硬币的 150 日元车票自动售卖机的自动机模型与计算机实现模型。

参考答案：

状态迁移图

用 btn 来表示按下购买按钮,状态迁移图如下所示。

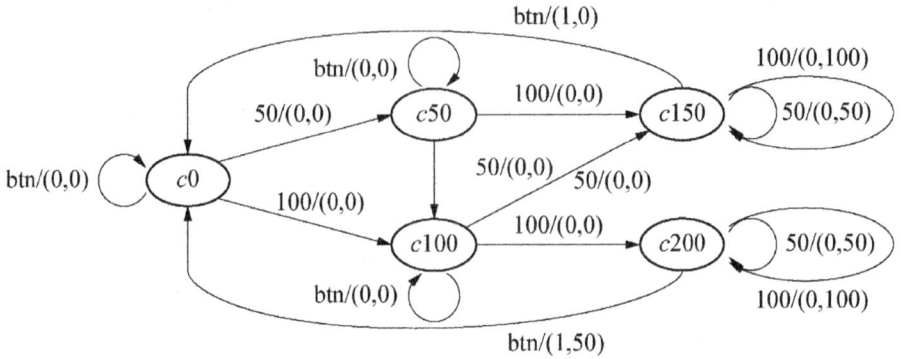

自动机模型

$$
\begin{aligned}
&A = \{50, 100\} \\
&B = \{(0,50), (0,100), (1,0), (1,50), (0,0)\} \\
&C = \{c0, c50, c100, c150, c200\} \\
&\delta(c, a) = c' \leftrightarrow \\
&\qquad c' = \begin{cases}
c0 & \text{if}(c = c0 \wedge a = \text{btn}) \\
c50 & \text{if}(c = c0 \wedge a = 50) \\
c100 & \text{if}(c = c0 \wedge a = 100) \\
c50 & \text{if}(c = c50 \wedge a = \text{btn}) \\
c100 & \text{if}(c = c50 \wedge a = 50) \\
c150 & \text{if}(c = c50 \wedge a = 100) \\
c100 & \text{if}(c = c100 \wedge a = \text{btn}) \\
c150 & \text{if}(c = c100 \wedge a = 50) \\
c200 & \text{if}(c = c100 \wedge a = 100) \\
c0 & \text{if}(c = c150 \wedge a = \text{btn}) \\
c150 & \text{if}(c = c150 \wedge a = 50) \\
c150 & \text{if}(c = c150 \wedge a = 100) \\
c0 & \text{if}(c = c200 \wedge a = \text{btn}) \\
c200 & \text{if}(c = c200 \wedge a = 50) \\
c200 & \text{if}(c = c200 \wedge a = 100) \\
\end{cases} \\
&\lambda(c, a) = b \leftrightarrow
\end{aligned}
$$

$$b=\begin{cases}(0,0) & \text{if}(c=c0 \wedge a=\text{btn}) \\ (0,0) & \text{if}(c=c0 \wedge a=50) \\ (0,0) & \text{if}(c=c0 \wedge a=100) \\ (0,0) & \text{if}(c=c50 \wedge a=\text{btn}) \\ (0,0) & \text{if}(c=c50 \wedge a=50) \\ (0,0) & \text{if}(c=c50 \wedge a=100) \\ (0,0) & \text{if}(c=c100 \wedge a=\text{btn}) \\ (0,0) & \text{if}(c=c100 \wedge a=50) \\ (0,0) & \text{if}(c=c100 \wedge a=100) \\ (1,0) & \text{if}(c=c150 \wedge a=\text{btn}) \\ (0,50) & \text{if}(c=c150 \wedge a=50) \\ (0,100) & \text{if}(c=c150 \wedge a=100) \\ (1,50) & \text{if}(c=c200 \wedge a=\text{btn}) \\ (0,50) & \text{if}(c=c200 \wedge a=50) \\ (0,100) & \text{if}(c=c200 \wedge a=100)\end{cases}$$

〔3.3〕 自动机状态为数值时的建模实例

上一节,学习了建模的操作步骤。通过画出状态迁移图,用表格或公式来表示状态迁移函数 δ 与输出函数 λ,实现了对系统动作的描述。但是,当输入的个数或状态个数变多后,就需要画出大量箭头,写出跨越多行的"对应关系"公式,增加了对系统动作描述的难度。在本节中,将学习用简单的数学公式来表示复杂状态空间的方法。

3.3.1 状态数值化方法

试着用简短的形式来表示前面例3-4(出售150日元车票的自动售卖机)的模型中的状态迁移函数 δ 与输出函数 λ。在此,把状态集合定义为 $C=\{0,50,100\}$,用数值而非符号来表示各个状态。例如,设累计投入了50日元硬币的状态为 $c=50$。这样就可以使用加减乘除运算,以更为简短的形式来描述模型。

例题 3-5 考虑只接受50日元硬币与100日元硬币的出售150日元车票的自动售卖机。如果投入金额达到了150日元,即使不按下按钮也会售出车票。当然,如果投入金额超过了150日元,则该自动售卖机会退还找零。用"状态数值化"方法来对此自动售卖机进行建模。

解答与说明:

该自动售卖机的框图如图 3-26 所示。

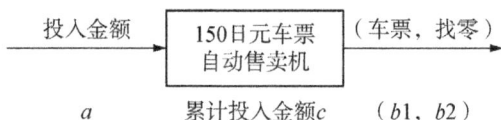

图 3-26　框图 4

在上一节,已经建立了用符号表示状态的状态迁移图和自动机模型,在此,新建立一个用数值表示状态的模型。例如,作为自动售卖机的功能之一,当合计金额 $c+a$ 不足 150 日元时,自动售卖机会将投入金额累加起来而不售出车票。因此,该动作的状态迁移图中会出现 和 等许多结构相似的框图。为了统一简洁描述该自动售卖机,画出了如图 3-27 所示的状态迁移图。

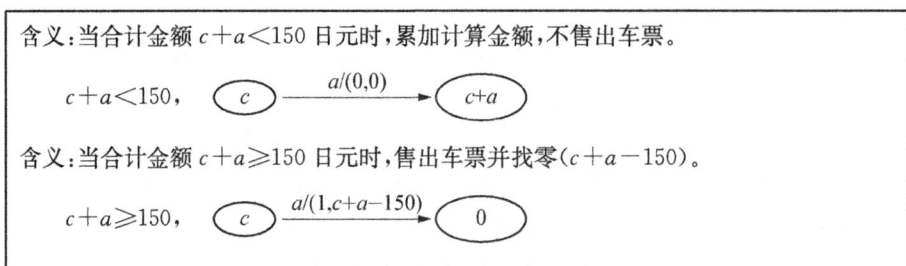

图 3-27　状态迁移图(状态为数值时)4

图中将状态记为变量 c 和变量 a,且其值为数值。使用了这种表示方法后,无论输入 a 是 50 还是 100,或者状态 c 是 0 还是 50 都可以。该方法允许用一个箭头来表示多个箭头且其含义相同。

此系统的自动机模型与计算机实现模型分别如图 3-28 与图 3-29 所示。

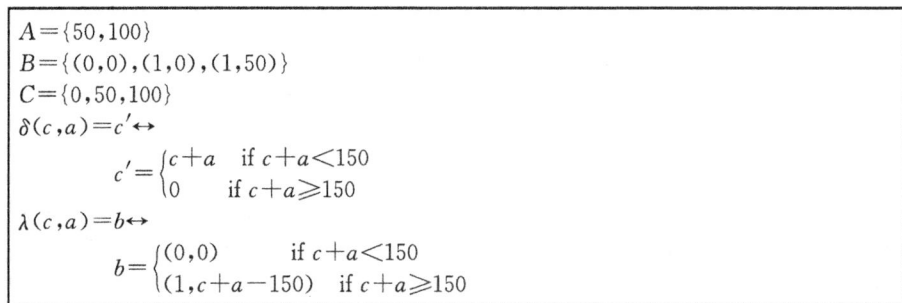

$$A=\{50,100\}$$
$$B=\{(0,0),(1,0),(1,50)\}$$
$$C=\{0,50,100\}$$
$$\delta(c,a)=c'\leftrightarrow$$
$$c'=\begin{cases}c+a & \text{if } c+a<150 \\ 0 & \text{if } c+a\geq150\end{cases}$$
$$\lambda(c,a)=b\leftrightarrow$$
$$b=\begin{cases}(0,0) & \text{if } c+a<150 \\ (1,c+a-150) & \text{if } c+a\geq150\end{cases}$$

图 3-28　自动机模型 4

```
//automaton331a. set
initialstate()=c<->c:=0;
delta(c,a)=c2<->
                (c+a<150)->(c2:=c+a),
                (c+a>=150)->(c2:=0);
lambda(c,a)=b<->
                (c+a<150)->(b:=[0,0]),
                (c+a>=150)->(b:=[1,c+a-150]);
inputsequence()=c<->c:=[50,50,50];
```

图 3 - 29　计算机实现模型 4

与之前例题的计算机实现模型(见图 3 - 25)相比,其状态迁移图与计算机实现模型都变得非常简单,且更易理解。例如,如果投入金额不足 150 日元,则该自动售卖机就直接把投入金额累加到累计投入金额上(($c+a<$ 150)$->$($c2:=c+a$)),"找零"指从累计投入金额中减去定价 150 日元后得到的找零金额($c+a-150$)。

将状态数值化表示能够建立一个对任何输入都可以描述的计算机实现模型。例如,虽然该自动售卖机实际上不接受 30 日元的硬币,但如果在模型中尝试输入 $a=30$ 并进行计算时,实际上模型也可以运行。这是因为,计算机实现模型并未明确定义输入集合。

为了建立正确的计算机实现模型,需要认真考虑"限制输入"。具体来说,就是只有当 $a=50$ 或者 $a=100$ 时才进行计算。例如,可以将($a=50$ or $a=$ 100)这种条件附加到状态迁移函数与输出函数的各行。

在此,向大家介绍一种用集合来表示输入条件的方法(见图 3 - 30)。首先,定义集合 $As=\{50,100\}$,设 a 为该集合的元素($a \in As$)(参见第 2 章)。

```
//automaton331b. set
initialstate()=c<->c:=0;
delta(c,a)=c2<->
                As:=[50,100],
                (c+a<150,member(a,As))->(c2:=c+a),
                (c+a>=150,member(a,As))->(c2:=0);
lambda(c,a)=b<->
                Bs:=[50,100],
                (c+a<150,member(a,Bs))->(b:=[0,0]),
                (c+a>=150,member(a,Bs))->(b:=[1,c+a-150]);
inputsequence()=c<->c:=[50,50,50];
```

图 3 - 30　用集合来表示输入条件

在此,语句 $As := [50, 100]$ 定义了集合 As。此外,$member(a, As)$ 是用来判断 a 是不是集合 As 的元素($a \in As$)的既定谓词。也可以利用此方法来确定输入范围。

3.3.2 带有按钮的自动售卖机(用 1 个变量来表示状态)

"状态数值化"方法的优点在于,即使系统的状态很多,甚至无法画出状态迁移图时,也还是可以用少数几个公式来定义模型。为了能够实现该目的,需要认真思考系统动作的含义,并练习用公式来表示。

例题 3-6 画出带有购买按钮的只接受 50 日元硬币与 100 日元硬币的出售 150 日元车票的自动售卖机的状态迁移图,并运用"状态数值化"方法定义自动机模型。假设当累计投入金额超过 150 日元时,自动售卖机会退还继续投入的硬币。此外,该售卖机没有取消按钮,具备充足的零钱。

解答与说明:

用符号 btn 表示按下购买按钮。考虑到该自动售卖机动作的含义,其状态迁移图就如图 3-31 与图 3-32 所示。

当累计投入金额 $c < 150$ 日元时,所投入的金额会被累加起来。即使按下购买按钮,自动售卖机也不会售出车票。

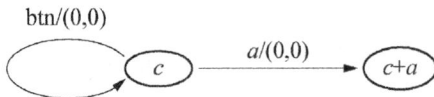

图 3-31 状态迁移图($c < 150$ 时)

当累计投入金额 $c \geqslant 150$ 日元时,如果再继续投币,所投硬币会被直接退还。此时,如果按下购买按钮,自动售卖机就会售出车票。

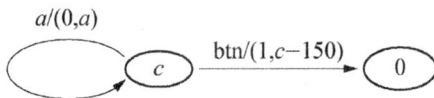

图 3-32 状态迁移图($c \geqslant 150$ 时)

自动机模型与计算机实现模型分别如图 3-33 与图 3-34 所示。

$$A=\{50,100,\text{btn}\}$$
$$B=\{(0,0),(0,50),(0,100),(1,0),(1,50)\}$$
$$C=\{0,50,100,150,200\}$$

进一步，设 $As=\{50,100\}$，

$$\delta(c,a)=c2\leftrightarrow$$

$$c2\begin{cases}c+a & \text{if}(c<150,a\in As)\\ c & \text{if}(c<150,a=\text{btn})\\ c & \text{if}(c\geqslant150,a\in As)\\ 0 & \text{if}(c\geqslant150,a=\text{btn})\end{cases}$$

$$\lambda(c,a)=b\leftrightarrow$$

$$b=\begin{cases}(0,0) & \text{if}(c<150)\\ (0,a) & \text{if}(c\geqslant150,a\in As)\\ (1,c-150) & \text{if}(c\geqslant150,a=\text{btn})\end{cases}$$

图 3‑33　自动机模型 5

```
//automaton332. set
initialstate()=c<->c:=0;
As. g:=[50,100];
delta(c,a)=c2<->
        (c<150,member(a,As. g))->(c2:=c+a),
        (c<150,a="btn")->(c2:=c),
        (c>=150,member(a,As. g))->(c2:=c),
        (c>=150,a="btn")->(c2:=0);
lambda(c,a)=b<->
        (c<150)->(b:=[0,0]),
        (c>=150,member(a,As. g))->(b:=[0,a]),
        (c>=150,a="btn")->(b:=[1,c-150]);
inputsequence()=c<->c:=[50,50,50,"btn"];
```

图 3‑34　计算机实现模型 5

与前一例题的不同之处在于，该例把集合 $As. g$ 定义成了全局变量。全局变量指只要定义一次就可以在每个逻辑谓词中使用的变量。需要注意的是，在主要函数之外的场所，定义集合和函数时都需要使用"＝"。

3.3.3　可以确认零钱的自动售卖机（用向量来表示状态）

上述讨论的模型中，都假设自动售票机准备了无限多的零钱，但实际上当购买车票的客户过多，自动售卖机不断输出找零的零钱时，偶尔也会出现零钱不够用的情况。在这样的前提下，自动售卖机找零时会优先使用之前购买车票的客户所投入的硬币。因此，在设计系统的状态时，除了"当前客户的投币金额"之外，还需要考虑"之前所有客户已投入硬币的累计金额"。

例题 3 - 7　建立可以接受 100 日元硬币与 500 日元硬币的 200 日元商品自动售卖机的自动机模型与计算机实现模型。假设投币金额等于或超过 200 日元后,自动售卖机会售出商品,同时确认零钱,当没有零钱时会退还当前客户所投入的硬币。

解答与说明:

框图如图 3 - 35 所示。

图 3 - 35　框图 6

建成一个状态由多个变量构成的自动机模型。例如,设存在下述两个变量:

x——之前的客户已投入的 100 日元硬币的累计枚数;

y——当前的客户已投入的 100 日元硬币的累计枚数。

用向量来表示状态,记作 $c=(x,y)$。当系统处于此状态时,如果当前的客户又投入了 100 日元硬币,则一定会变成下一个状态 $c'=(x,y+1)$。

图 3 - 36 是零钱足够时该自动售卖机的状态迁移图。

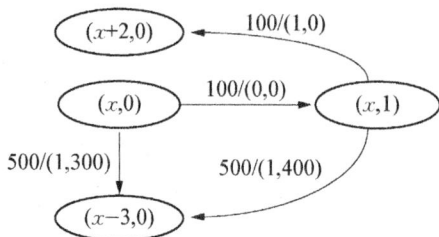

图 3 - 36　零钱足够时的状态迁移图

当零钱不足时,当前客户投入的 500 日元硬币会被退还,此时的状态迁移图如图 3 - 37 所示。

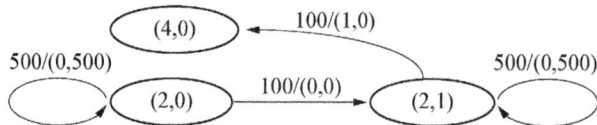

图 3 - 37　零钱不足时的状态迁移图

也就是说,如果从之前的客户处收到的 100 日元硬币的累计枚数少于 3 ($x<3$)时,则自动售卖机会进行特殊的状态迁移。因此,需要分开考虑通常的状态迁移与特殊的状态迁移。

[注意]

此处,我们感兴趣的是零钱,因此并不考虑累计了多少枚 500 日元硬币。如果需要考虑累计了多少枚 500 日元硬币,则就需要用一个由 3 个变量构成的向量来表示自动机的状态。

自动机模型与计算机实现模型分别如图 3-38 与图 3-39 所示。

$$A=\{100,500\}$$
$$B=\{(0,0),(0,500),(1,0),(1,300),(1,400)\}$$
$$C=\{(x,y)\mid x\geqslant 0,y\in\{0,1\}\}$$
$$\delta((x,y),a)=c'\leftrightarrow$$
$$c'\begin{cases}(x+2,0) & \text{if}(a=100,y=1)\\(x,1) & \text{if}(a=100,y=0)\\(x-3,0) & \text{if}(a=500,x\geqslant 3)\\(x,y) & \text{if}(a=500,x<3)\end{cases}$$
$$\lambda((x,y),a)=b\leftrightarrow$$
$$b\begin{cases}(1,0) & \text{if}(a=100,y=1)\\(0,0) & \text{if}(a=100,y=0)\\(1,100y+a-200) & \text{if}(a=500,x\geqslant 3)\\(0,500) & \text{if}(a=500,x<3)\end{cases}$$

图 3-38 自动机模型 6

```
//automaton333.set
initialstate()=c<->c₁:=[5,0];
delta([x,y],a)=c2<->
                (a=100,y=1)->(c2:=[x+2,0]),
                (a=100,y=0)->(c2:=[x,1]),
                (a=500,x>=3)->(c2:=[x-3,0]),
                (a=500,x<3)->(c2:=[x,y]);
lambda([x,y],a)=b<->
                (a=100,y=1)->(b₁:=[1,0]),
                (a=100,y=0)->(b₁:=[0,0]),
                (a=500,x>=3)->(b₁:=[1,100*y+a-200]),
                (a=500,x<3)->(b₁:=[0,500]);
inputsequence()=c<->c₁:=[100,500];
```

图 3-39 计算机实现模型 6

3.3.4 整数计算器(一次写出全部输入)

通过将多个输入累加起来,并用向量来表示,可以建立一个一次写出全部输入的模型。

例题 3-8 整数计算器指能够对逐次输入的整数进行加减乘除运算的工具。例如,如果在系统显示 55 时输入-12,则会显示差值为 43。建立此整数计算器的自动机模型。

解答与说明:

此系统的建模过程并不简单,特别是需要考虑将什么作为该系统的输入。该模型的内容取决于把什么作为输入。整数计算器的输入如图 3-40 所示。

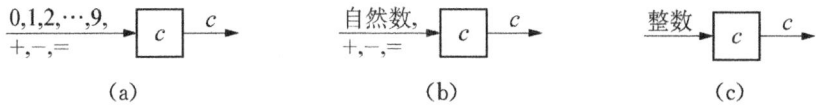

图 3-40 整数计算器的输入

(a) 0~9;(b) 自然数;(c) 整数

通常,计算器具有多个按键。例如,一位的数字按键(0,1,2,…,9),加减乘除按键(+,-,*,/),运行和取消按键(=,Cancel)等。有时也会把这些按键看作个别输入来建模。此时,输入集合 $A=\{0,1,2,…,9,+,-,*,/,=,Cancel\}$。需要分别针对各个按键动作来考虑状态迁移。实际上,计算器里的嵌入式程序就是这样运行的。

有时也会认为"这是一个对自然数进行加法和减法运算的工具"(见图 3-40(b))。此时,就只需关心计算器的计算功能。认为存在可以直接输入多位数字的按键,并把这些按键统一看作自然数的输入,建立能够实施自然数加法、减法计算的模型。这样一来,输入集合 $A=\{$自然数的集合$\cup\{+,-,=\}\}$。该模型中,当输入计算按键"+"和运行按键"="后,状态就会发生迁移。

此外,还可以更加简单地认为"这是一个只对整数输入进行加法运算的工具"。例如,当输入了数值-825 和运行按键(=)时,计算器认为只输入了一个整数(看作是一个输入),而把减法看作"加上一个负整数"。这样一来,输入集合 $A=$整数的集合。如果以这种方式思考,则此计算器就仅实现了整数的加法运算这一单纯的功能。

按照图 3-40(c)所示建立的整数计算器的自动机模型如图 3-41 所示。

$$A＝整数集合$$
$$B＝整数集合$$
$$C＝整数集合$$
$$\delta(c,a)＝c' \leftrightarrow c'＝c＋a$$
$$\lambda(c,a)＝b \leftrightarrow b＝c＋a$$

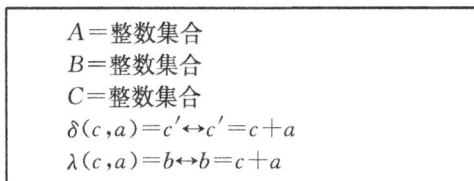

图 3－41　整数计算器的自动机模型

对输入进行总结和整理能够简化模型的定义。在此，需要注意的是，尽管建模对象是相同的，但仍然可以从粗略到精细的不同级别上建立不同的模型。那么，具体应该在哪个级别上实施建模呢？这取决于你需要解决的具体问题。如果你是自动售卖机生产工厂的设计技术人员，那么就需要嵌入式程序这种精细的模型。但是，如果你是设计企划部门的工作人员，只想要了解每个功能的实现分别需要多少费用，那么一个粗略的模型会更加适用。

例题 3－9　一台只接受 100 日元硬币，可以出售 100 日元商品与 200 日元商品的自动售卖机。建立一个将按下购买按钮之前的所有操作看作一个输入的模型。假设该自动售卖机没有取消按钮，而且每次最多只可接受 2 枚 100 日元硬币。当金额不足时，该自动售卖机会把当前客户所投入的硬币全部退还。

〔提示〕

为了明确是要购买哪个商品，可以用向量来表示输入。

解答与说明：

该自动售卖机的框图如图 3－42 所示。

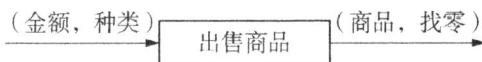

（金额，种类）────→ 出售商品 ────→（商品，找零）

图 3－42　框图 7

设按下购买按钮前已投入的累计金额为（a1＝0,100,200），为了明确要购买哪个商品（a2＝100,200），用 $a＝(a1,a2)$ 来表示输入。输入集合 $A＝\{(a1,a2)|a1 \in \{0,100,200\}, a2 \in \{100,200\}\}$。此外，为了明确售出了哪个商品（b1＝0,100,200）与找零（b2＝0,100），用 $b＝(b1,b2)$ 来表示输出。输出集合 $B＝\{(b1,b2)|b1 \in \{0,100,200\}, b2 \in \{0,100\}\}$。

该自动售卖机的状态迁移图如图 3－43 所示。

有趣的是，如果用向量来统一表示输入，则该自动机模型将只有一个状态，由此可以将其视为函数型系统。

状态迁移可以分为有反应（左侧）与无反应（右侧）两类。即当累计投入金

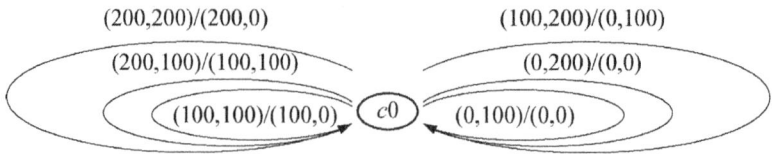

图 3 - 43　状态迁移图 7

额低于商品价格时，自动售卖机不会售出商品。反过来，当累计投入金额等于或超过商品价格时，则自动售卖机可以售出商品并找零。如果考虑此含义，则其自动机模型如图 3 - 44 所示。

$$A=\{(a1,a2)\,|\,a1\in\{0,100,200\},a2\in\{100,200\}\}$$
$$B=\{(b1,b2)\,|\,b1\in\{0,100,200\},b2\in\{0,100\}\}$$
$$C=\{c0\}$$
$$\delta(c,(a1,a2))=c'\leftrightarrow c'=c$$
$$\lambda(c,(a1,a2))=b\leftrightarrow$$
$$b=\begin{cases}(0,a1) & if(a1<a2,(a1,a2)\in A)\\(a2,a1-a2) & if(a1\geqslant a2,(a1,a2)\in A)\end{cases}$$

图 3 - 44　自动机模型 7

尝试用两个不同方法来建立计算机实现模型。

1）运用运算符描述计算机实现模型的方法

根据第 2 章内容，输入集合 A 可以用直积方式表达为$\{0,100,200\}\times\{100,200\}$。实际上，可以直接使用表示直积的运算符 product 描述集合 A，相应计算机实现模型如图 3 - 45 所示。

```
//automaton334b. set
initialstate()=c<->c：="c0";
Ps. g=product([0,100,200],[100,200]);
delta(c,[a1,a2])=c2<->c2：=c;
lambda(c,[a1,a2])=b<->
                (a1<a2,member([a1,a2],Ps. g))->(b：=[0,a1]),
                (a1>=a2,member([a1,a2],Ps. g))->(b：=[a2,a1-a2]);
inputsequence()=c<->c：=[[0,100],[100,100]];
```

图 3 - 45　运用运算符 product 描述计算机实现模型

如果运用已实现的谓词或运算符，则可以简单直接地描述多种模型。在接下来的第 4 章，将对运算符进行总结说明，介绍除了之前已经学过的 member()和 product()之外其他的运算符。

2) 运用谓词描述计算机实现模型的方法

如果考虑到集合 A 的含义,那么即使不建立集合 A,也可以用谓词描述计算机实现模型,如图 3-46 所示。

```
//automaton334a.set
initialstate()=c<->c:="c0";
p(a1,a2)<->member(a1,[0,100,200]),member(a2,[100,200]);
delta(c,[a1,a2])=c2<->c2:=c;
lambda(c,[a1,a2])=b<->
                (a1<a2,p(a1,a2))->(b:=[0,a1]),
                (a1>=a2,p(a1,a2))->(b:=[a2,a1-a2]);
inputsequence()=c<->c:=[[0,100],[100,100]];
```

图 3-46　运用谓词描述计算机实现模型

上述 $p(a1,a2)$ 是由用户独自定义的谓词,用来判断 $(a1,a2)$ 是不是集合 A 的元素。设 $a1$ 是集合 $[0,100,200]$ 的元素,$a2$ 是集合 $[100,200]$ 的元素。这样,即便不建立集合,也可通过定义描述该关系的谓词来建立模型。这一点很重要。

根据第 1 章所学,谓词指只要把任何特定值代入到该谓词所含的变量中即可判断其真假的陈述。因此,可以用含有变量的公式将所列出的复杂判断条件总结归纳起来,再给这个公式赋予一个名字(如 $p(a1,a2)$ 等),便可以将其用于其他场合。与函数定义不同,谓词定义的特点在于符号 $<->$ 的左边没有等号。

练习题

3-14　使用 otherwise 语句重写例 3-5 中的计算机实现模型(见图 3-30),并将文件命名为 automaton331c.set。

参考答案:

```
//automaton331c.set
initialstate()=c<->c:=0;
delta(c,a)=c2<->
            member(a,[50,100]))->
                (c+a<150)->(c2:=c+a)
                otherwise(c2:=0);
lambda(c,a)=b<->
            member(a,[50,100]))->
                (c+a<150)->(b:=[0,0])
                otherwise(b:=[1,c+a-150]);
inputsequence()=c<->c:=[50,50,50];
```

3-15 利用谓词 member()来限制输入,运用"状态数值化"方法简化表示能上到建筑物第 3 层的电梯的计算机实现模型。

参考答案:

状态迁移图(参见练习题 3-3)

计算机实现模型

```
//automaton331d.set
initialstate()=c<->c:=1;
delta(c,a)=c2<->
              (member(a,[1,2,3]))->(c2:=a);
lambda(c,a)=b<->
              (c<>a)->(b:="m"),
              (c=  a)->(b:=[]);
```

3-16 用"状态数值化"方法建立可以接受任何币值日本硬币且带有购买按钮的 150 日元车票自动售卖机的自动机模型与计算机实现模型。假设累计金额超过 500 日元后,继续投入的硬币会被退还。

参考答案:

状态迁移图($c<150,c'-a'<150,c'>150,c''>500$ 时)

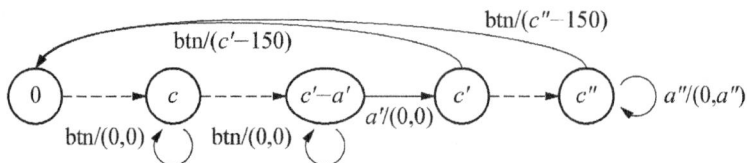

计算机实现模型

```
//automaton332a.set
initialstate()=c<->c:=0;
Ps.g=[1,5,10,50,100,500];
delta(c,a)=c2<->
              (c<500,member(a,Ps.g))->(c2:=c+a),
              (c<150,a="btn")->(c2:=c),
              (c>=500,member(a,Ps.g))->(c2:=c),
              (c>=150,a="btn")->(c2:=0);
lambda(c,a)=b<->
              (c>=150,a="btn")->(b:=[1,c-150]),
              (c>=500,member(a,Ps.g))->(b:=[0,a]),
              (c<150)->(b:=[0,0]);
```

此题不同之处在于该模型只有集合 $Ps.g$ 的定义与 $c<500$ 这两个部分。这种只需对基于动作的含义建立的模型稍做变更就可以将其改变。

3-17 加法专用计算器是一种简单的,能够将逐次输入的数值累加起来求和的工具。例如,如果在系统显示 13 时输入 52,计算器就会显示和值 65。现在,可以认为此计算器是一个能够针对所输入的数值输出相应数值的系统。

$$52 \longrightarrow \boxed{13} \longrightarrow \quad \longrightarrow \boxed{65} \longrightarrow 65$$

当没有复位按钮时,表示此计算器动作的自动机模型的输入集合 $A=$ 非负整数,输出集合 $B=$ 非负整数,状态集合 $C=$ 非负整数,状态迁移函数 $\delta(c,a)=c+a$,输出函数 $\lambda(c,a)=c+a$。建立带有复位按钮(将复位按钮看作输入)的计算机实现模型。

参考答案:

```
//automaton332b. set
initialstate()=c<->c:=1;
delta(c,a)=c2<->
              (a="reset")->(c2:=0)
              otherwise->(c2:=c+a),
lambda(c,a)=b<->b:=delta(c,a);
```

3-18 建立功能类似例题 3-7 的 300 日元商品自动售卖机的计算机实现模型。

参考答案:

```
//automaton333a. set
initialstate()=c<->c:=0;
delta([x,y],a)=c2<->
              (a=100,y=2)->(c2:=[x+3,0]),
              (a=100,y<2)->(c2:=[x,y+1]),
              (a=500,x>=2)->(c2:=[x-2,0]),
              (a=500,x<2)->(c2:=[x,y]);
lambda([x,y],a)=b<->
              (a=100,y=2)->(b:=[1,0]),
              (a=100,y<2)->(b:=[0,0]),
              (a=500,x>=2)->(b:=[1,100*y+a-300]),
              (a=500,x<2)->(b:=[0,500]);
```

3-19 建立具备下述功能的 150 日元车票自动售卖机的自动机模型与计算机实现模型:只接受 50 日元硬币与 100 日元硬币,带有购买按钮,自动售卖机会确认是否有足够的零钱,即当投入金额等于或超过 150 日元时,会将再投入的硬币退还给客户。此外,当零钱不足时,会退还当前客户所投入的全部硬币。

[提示]

由于需要考虑到之前客户与当前客户已投入硬币的面值,因此需用一个由 3 个变量构成的向量来表示状态。

参考答案:

可以参考例题 3－6 150 日元车票自动售卖机的建模过程。此外,用向量表示状态,记作 $c=(x, y, u, v)$。

其中,x——之前客户已投入的 100 日元硬币的累计金额;

y——之前客户已投入的 50 日元硬币的累计金额;

u——当前客户已投入的 100 日元硬币的累计金额;

v——当前客户已投入的 50 日元硬币的累计金额。

如果当前客户继续投入 50 日元硬币,则系统一定会变成下一个状态 $c'=(x, y, u, v+50)$。根据题意,只有当没有 50 日元硬币时($y+v=0$),才会出现零钱不足的情况。注意到这一点就可确认找零。

计算机实现模型

```
//automaton333b. set
initialstate()=c<->c:=[0,0,0,0];
Ps. g=[50,100];
delta([x,y,u,v],a)=c2<->
                (u+v<150,a=50)->(c2:=[x,y,u,v+50]),
                (u+v<150,a=100)->(c2:=[x,y,u+100,v]),
                (u+v<150,a="btn")->(c2:=[x,y,u,v]),
                (u+v>=150,member(a,Ps. g))->(c2:=[x,y,u,v]),
                (u+v=150,a="btn")->(c2:=[x+u,y+v,0,0]),
                (u+v>150,a="btn",y+v>0)->(c2:=[x+100,y+50,0,
                0]),
                (u+v>150,a="btn",y+v=0)->(c2:=[x,y,0,0]);
lambda([x,y,u,v],a)=b<->
                (u+v<150)->(b:=[0,0]),
                (u+v>=150,member(a,Ps. g))->(b:=[0,a]),
                (u+v=150,a="btn")->(b:=[1,0]),
                (u+v>150,a="btn",y+v>0)->(b:=[1,u+v-150]),
                (u+v>150,a="btn",y+v=0)->(b:=[0,u+v]);
```

3-20 对只接受 100 日元硬币与 50 日元硬币的出售 150 日元车票的自

动售卖机,建立一个将按下购买按钮之前的所有操作看作一个输入的计算实现模型。假设该自动售卖机会确认零钱是否充足。此外,投币金额不设上限。

[提示]

用向量表示输入,记作[$a1,a2$]。其中,$a1$ 与 $a2$ 分别是当前客户所投入的 100 日元硬币的累计投入金额与 50 日元硬币的累计投入金额。为了确认零钱是否充足,也用向量表来表示状态。

参考答案:

用向量表示状态,记作 $c=(x,y)$。

其中,x——之前客户已投入的 100 日元硬币的累计金额;

y——之前客户已投入的 50 日元硬币的累计金额。

用向量表示输入,记作 $a=(u,v)$。

其中,u——当前客户已投入的 100 日元硬币的累计金额;

v——当前客户已投入的 50 日元硬币的累计金额。

当系统处于状态 $c=(x,y)$ 时,当前客户投入 1 枚 100 日元硬币、1 枚 50 日元硬币,并按下购买按钮(即 $a=(100,50)$)后,车票就一定会被售出,并迁移到下一个状态 $c'=(x+100,y+50)$。此时,需要判断有无找零的钱。

计算机实现模型

```
//automaton334a.set
initialstate()=c<->c:=[0,0,0,0];
tsuri(x,y,u,v,a1,a2)<->??? >???;    //逻辑谓词,请读者自行思考!
delta([x,y,u,v],[a1,a2])=c2<->
    (u+a1+v+a2<150)->(c2:=[x,y,u+a1,v+a2]),
    (u+a1+v+a2=150)->(c2:=[x+u+a1,y+v+a2,0,0]),
    (u+a1+v+a2>150,v+a2>0)->(c2:=[x+100,y+50,0,0]),
    (u+a1+v+a2>150,tsuri(x,y,u,v,a1,a2),v+a2=0)->(c2:=[x+100,y-
50,0,0]),
    (u+a1+v+a2>150,not(tsuri(x,y,u,v,a1,a2)),v+a2=0)->(c2:=[x,y,0,
0]);
lambda([x,y,u,v],[a1,a2])=b<->
    (u+a1+v+a2<150)->(b:=[0,0]),
    (u+a1+v+a2=150)->(b:=[1,0]),
    (u+a1+v+a2>150,(tsuri(x,y,u,v,a1,a2) or v+a2>0))->(b:=[1,u+a1
+v+a2-150]),
    (u+a1+v+a2>150,not(tsuri(x,y,u,v,a1,a2)),v+a2=0)->(b:=[0,u+
a1+v+a2]);
```

3-21　如果练习题 3-20 中的自动售卖机还接受 500 日元硬币,则请重新建立该自动售卖机的计算机实现模型。

参考答案:略

［3.4］ 自动机的动作与物理实现

前面,已经探讨了对一个一个的输入,系统会分别给出什么样的输出。接下来要计算的是,对于连续输入(称为输入序列),系统最终会给出什么样的输出。

3.4.1 输出序列的计算

1) 动作跟踪

对于出售150日元车票的自动售卖机(例题3-4)的状态迁移图或者与之同等的模型,尝试按顺序跟踪与各种输入相对应的输出(见表3-5)。

表3-5 跟踪自动机模型的输出

时刻 t	状态	输入 钱币/日元	输出 (车票,找零)
0	$c0$	50	(0,0)
1	$c50$	50	(0,0)
2	$c100$	50	(1,0)
3	$c0$	50	(0,0)
4	$c50$	100	(1,0)
5	$c0$	100	(0,0)
6	$c100$	100	(1,50)

表3-5表示从初始状态$c0$出发,用已建立的自动机模型(见图3-24)预测的(计算的)与下述输入序列

$$x1 = 50 \cdot 50 \cdot 50 \cdot 50 \cdot 100 \cdot 100 \cdot 100$$

相应的输出序列为

$$y1 = (0,0) \cdot (0,0) \cdot (1,0) \cdot (0,0) \cdot (1,0) \cdot (0,0) \cdot (1,50)$$

具体做法:首先,绘制一个表格框架,把初始状态$c0$写到左上方的单元格中,并写入最初的输入值50。接着,根据函数δ和函数λ的定义确认下一个状

态和当前输出,将值记入到表格中。最后,确保此跟踪计算的结果与原本的观察与记录(见表 3－4)完全一致。也就是说,观察与记录＝(x_1, y_1)。由此可知,可以用一个组(x_1, y_1)来描述观察与记录,该组(x_1, y_1)是从初始状态 $c0$ 开始的一个输入序列和与其相对应的输出序列形成的组。一般来说,"如果自动机模型的初始状态是确定的,那么无论对所给的任一输入序列,都可以计算状态迁移序列与输出序列(即此模型具有确定性)。有时,会把明确了初始状态的自动机结构记作$<A, B, C, \delta, \lambda, c0>$。

2) 最终输出的计算

也可以描述能够明确动作时刻的自动机模型。把输入序列 x 的时刻 t 的值记作 $x(t)$,则可将自动机的状态迁移函数与输出函数表示为

$$c(t+1) = \delta(c(t), x(t))$$
$$y(t) = \lambda(c(t), x(t))$$

例题 3－10　加法专用计算器

加法专用计算器指把逐次输入的数值加起来求和值的工具。例如,对于输入序列 $x＝3·5·7·9$,输出序列为 $y＝3·8·15·24$。设初始状态为 0,建立能够明确动作时刻的自动机模型来描述此计算器。假设建模时,忽略复位按钮的动作。

解答与说明:

用下述 5 个项目$<A, B, C, \delta, \lambda, 0>$表示自动机模型。其中,输入集合 $A＝$有理数,输出集合 $B＝$有理数,状态集合 $C＝$有理数,状态迁移函数 $c(t+1)＝c(t)+x(t)$,输出函数 $y(t)＝c(t)+x(t)$。初始状态 $c(0)＝0$。

尝试利用此自动机模型手动计算与输入序列 $x＝3·5·7·9$ 相对应的输出序列 y。由于 $c(t+1)＝y(t)$,因此下式成立。

$$c(1)＝0, y(1)＝c(1)+x(1)＝0+3＝3$$
$$c(2)＝y(1)＝3, y(2)＝c(2)+x(2)＝3+5＝8$$
$$c(3)＝y(2)＝8, y(3)＝c(3)+x(3)＝8+7＝15$$
$$c(4)＝y(3)＝15, y(4)＝c(4)+x(4)＝15+9＝24$$

该过程确实在模拟计算器的动作。

如此例所示,输入与状态是数值,而且 $c(t+1)＝c(t)+x(t)$,则可以利用以下公式计算在时刻 n 时的最终状态 $c(n)$ 与最终输出 $y(n)$。

$$c(n)＝c(0)+\Sigma x(t)$$

$$y(n) = \lambda(c(n), x(n))$$

3.4.2 仓库模型（流程模型）

建模对象可以多样，不光是单纯的机械，还可以将变化确定的流程看作系统，建立自动机模型。

例题 3-11　仓库模型

图 3-47　仓库

关注保管在仓库（见图 3-47）中的商品的库存量。设每天早上的库存量为 $y(t)$，设当天的入库量、出库量分别为 $u(t)$ 和 $v(t)$。设自然数 t 为日期。求出这些变量之间的关系。

解答与说明：

设某天早上的库存量为 $y(t)$，入库量为 $u(t)$，出库量为 $v(t)$，当天晚上（以及第二天一早）的库存量可以通过下式计算得到，即

$$y(t+1) = y(t) + (u(t) - v(t)) \tag{3-2}$$

这就是用库存流程的差分式描述的系统模型。

仓库的输入与输出框图如图 3-48 所示。输入是两个变量，因此可以表示成 $x(t) = (u(t), v(t))$。但是，此例题中的重点是对出库的处理。从实际的操作过程来看，出库是将商品搬出仓库，因此有可能会将商品看作是流程的输出。但是由入库与出库造成的库存量变化是可以确定的，因此入库与出库双方都是对流程的输入，而库存量就是状态或者输出。作为系统理论的惯用方法，现使用图 3-48 而非图 3-47 来描述该模型。

图 3-48　仓库的输入与输出框图

考虑到状态迁移函数与输出函数，可以得到下式。

$$c(t+1) = c(t) + (u(t) - v(t)) \tag{3-3}$$

$$y(t) = c(t) \tag{3-4}$$

如果将 $c(t+1) = y(t+1)$ 与式（3-4）代入式（3-3）中，则可以得到与原来模型（式（3-2））相同的模型。也就是说，可以用自动机对库存流程建模。可以认为输出 $y(t)$ 等于状态 $c(t)$。

在此,注意有两种输入。出库量 $v(t)$ 由客户的订单确定,是不受控制的变量,而入库量 $u(t)$ 由管理员根据库存量判断向批发商订货确定,是可以控制的变量。当存在这样种类不同的变量时,为了区别这些变量,在框图中可以用多个箭头来表示。存在多个输入时的框图如图 3-49 所示。

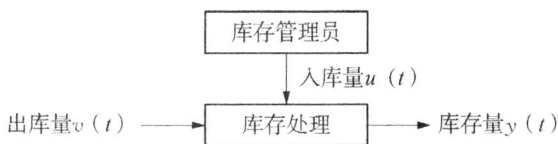

图 3-49 存在多个输入时的框图

该库存流程的自动机模型如下所述。

$A =$ 自然数的集合 $\times$ 自然数的集合
$B =$ 自然数的集合
$C =$ 自然数的集合
$\delta(c,(u,v)) = c' \leftrightarrow c' = c + (u-v)$
$\lambda(c,(u,v)) = b \leftrightarrow b = c$

状态迁移函数 δ 负责计算下一个状态 c',因此,在此未写出表示时间的变量 (t)。下一时刻是次日的意思。

3.4.3 自动机的物理实现

至此,已经成功建立了给定系统的自动机模型。接下来,一起考虑如何以物理手段实现模型(或者将其作为计算机系统实现)。

图 3-50 的框图表示对于给定的自动机模型 $<A,B,C,\delta,\lambda,c0>$,在物理层面实现该模型时常见的构成方法。图中的元素可以大致分为接口层、流程层、状态记忆层这 3 类。

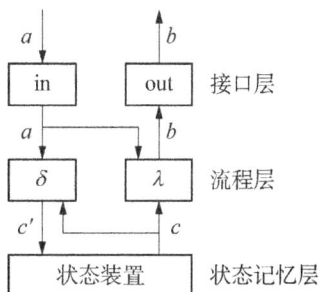

图 3-50 自动机的物理实现

接口层的功能是将系统的外部与内部连接起来。接口层是接受来自系统外部的物理刺激 a ，将其作为电信号和数据 a 传送到系统内部，或者反过来把内部数据输出到系统外部的装置。接口层是系统外部与内部之间的邻接面，称为接口(界面)。计算机系统中，接口层与键盘等输入装置和显示器等输出装置相当。

流程层的功能是对数据进行处理加工。流程层由运行状态迁移函数 δ 的装置与运行输出函数 λ 的装置构成。流程层会参照位于状态装置中的当前状态。计算机系统中，流程层并非装置而相当于计算机系统中的程序。

状态记忆层则如其字面意思所述，其功能是记住自动机当前状态 c 的场所。当然，首先被写入的状态是初始状态 $c0$ 。而且，函数 δ 的输出(下一个状态 c')也会被写入此处，保存在其中的当前状态也得到了更新。计算机系统中，状态记忆层与主存储装置和辅助存储装置相当。把下一个状态代入变量 c 中，即可被临时保存到主存储装置中。如果需要长期保存，则只需在硬盘中创建文件，把状态写入文件中即可。

重要的是，需要一个将状态记住的场所。虽然函数 δ 会计算出下一个状态，但也只会在瞬间保留该状态的值。若要在下一时刻利用该状态的值，则就需要在到达下一时刻之前记住该状态的值。此外，无论何种自动机模型，都可以用此构成方法在物理上将其实现。例如，可以用自动机对业务处理系统建模，从而在物理上实现业务处理系统。

通过本章的学习，已经可以用计算机实现自动机了。例如，输入装置为键盘，输出装置为显示器，并在计算机内存中实现状态的记忆。此过程中并未在意自动机的物理结构。但是，对于像业务处理系统那样由多个装置构成的系统，就需要考虑以什么样的物理结构把负责各个功能的装置组织到一起。

第 7 章中会开发一个业务处理系统，该系统的接口层是 Web 服务器，状态记忆层(存储装置)是硬盘内的文件。因此，流程层的自动机模型就是这样定义的。统一考虑流程层，输入为 (c,a) ，输出为 (c',b) 。可以把这些关系记成下式：

$$(c',b)=(\delta(c,a),\lambda(c,a))$$

因此，如果以如下方式定义新函数 $\delta\_\lambda:C\times A\to C\times B$ ：

$$\delta\_\lambda(c,a)=(c',b)\leftrightarrow(c'=\delta(c,a))\wedge(b=\lambda(c,a))$$

则 δ_λ 就成为流程层的模型。流程层是一个函数型系统，具备计算下一个状态与当前输出的功能。但是,经营信息系统中的输入 a 多种多样,δ_λ 的定义会变得很复杂。因此,把每个相关处理(模块)定义成函数,然后把这些函数结合起来,就可以以相对简单的方式定义全局函数 δ_λ。详细请参见第 7 章。

3.4.4　自动售卖机的自动机公式化表示与 Prolog 程序描述之间的对应关系

Prolog 是一种被广为运用的标准逻辑型程序设计语言。利用 Prolog,可以用自动机的形式来简单地实现和运行自动售卖机的模型。下面将对此进行补充说明。

作为自动机模型的实例,以出售 1 个 150 日元果汁 J 的自动售卖机 V 为探讨对象。假设此自动售卖机 V 只接受 50 日元硬币与 100 日元硬币。

对自动机模型内的各个集合的元素进行如下变换和描述,以便可以用 Prolog 来表示此模型。

$$A=\{0,50,100\} \Leftrightarrow A=["0","50","100"]$$
$$B=\{\Lambda,J,(J,50)\} \Leftrightarrow B=[nil,juice,[juice,50]]$$
$$C=\{c0,c50,c100\} \Leftrightarrow C=[c0,c50,c100]$$
$$C \in c0 \Leftrightarrow c0$$

左边为集合论描述,右边为 Prolog 描述。

把函数 δ 及函数 λ 作为一个函数 δ_λ,并把 δ_λ 作为程序的一个谓词进行如下描述。

$$\delta\_\lambda:(c,a) \rightarrow (c',b) \Leftrightarrow del\_lam(c,a,c',b)$$

[用 Prolog 实现的自动售卖机 V 的处理程序]

根据自动机公式化表示与 Prolog 程序描述之间的对应关系,用 Prolog 编写的程序如下所示。

```
/* vending. p */

/* A=["0","50","100"] */
/* B=[nil,juice,[juice,50]] */
/* C=[c0,c50,c100] */

/* delta_lambda function */
```

del_lam(c0,"0",c0,nil);
del_lam(c50,"0",c50,nil);
del_lam(c100,"0",c100,nil);
del_lam(c0,"50",c50,nil);
del_lam(c50,"50",c100,nil);
del_lam(c100,"50",c0,juice);
del_lam(c0,"100",c100,nil);
del_lam(c50,"100",c0,juice);
del_lam(c100,"100",c0,[juice,50]);

/ * process of vending machine * /
vend(C):—
    xwriteln(0,"Input 0 or 50 or 100,please?"),/ * print input constraint * /
    xread(0,A),/ * get input * /
    del_lam(C,A,NC,B),/ * calculate the next state and output * /
    xwriteln(0,"Output:",B),/ * print output * /
    vend(NC);/ * next state * /
? —vend(c0);

用 del_lam() 描述事实(fact)。也就是说,根据这些 fact 定义所有的状态迁移函数与输出函数。

通过使用 vend(C) 来逐个确认 del_lam() 中定义的函数,即可求出与给定输入相对应的下一个状态 NC 与输出 B。

练习题

3-22 对于100日元硬币换币机与1 000日元纸币换币机(见3.2.1节),请写出与输入序列 $x=500 \cdot 1\,000 \cdot 500$ 相对应的输出序列。

参考答案:

$y=5 \cdot 10 \cdot 5$

3-23 对于库存流程的自动机模型,手动计算初始状态 $c0=50$,与输入序列 $x=(0,20) \cdot (0,20) \cdot (0,20)$ 相对应的输出序列。

参考答案:

$y=50 \cdot 30 \cdot 10 \cdot (-10)$

3-24 尝试建立库存流程的计算机实现模型,在开发环境中编译并运行该模型。假设初始状态为$c0=50$,输入序列为$(0,20)\cdot(0,20)\cdot(0,20)$,确认该模型的输出。

参考答案:

计算机实现模型

```
//automaton342. set
initialstate()=c<->c:=50;
delta(c,[u,v])=c2<->c2:=c+(u-v);
lambda(c,[u,v])=b<->b:=c;
```

4 关系型数据库建模的利用

学习目标

（1）理解数据库的定义与含义，它是信息系统中最常用的数据形式。特别是关系型数据库在信息管理和处理中应用最为广泛，成为目前最流行的数据库系统。

（2）进行简单的 SQL(structured query language)语句编写训练。

为了能够适当管理和处理信息，需要将信息表示成可以在计算机上处理的形式。这种用计算机可以处理的信息表现形式和载体称为数据。以适合进行检索、统计等处理的形式存储和管理的数据的集合称为数据库。用于管理数据库的软件就是数据库管理系统(database management system，DBMS)。

本章中，将学习数据库的思考方式，学习简单的 DBMS 利用方法。

4.1 数据库的种类与定义

4.1.1 数据库的种类

数据库的种类很多，如关系型数据库(relational database，RDB)、面向对象型数据库(object oriented database，OODB)、可扩展标记语言(extensible markup language，XML)数据库、NoSQL 数据库等，但现在广泛应用的 PostgreSQL，MySQL，Oracle Database，MS SQL Server，MS Access 等数据库软件都是以关系型数据库为处理对象的软件。下文，对关系型数据库进行说明。

4.1.2 关系型数据库的定义（作为集合定义的关系）

数据库所应具有的功能中，最为重要的是让各种各样的软件，特别是应用程序软件(以下简称应用程序)能够高效地利用数据资源。为此,必须确保应用程序与数据之间的独立性,从而便于让多个应用程序或多个用户访问和利用共通的数据。

为了达到这种独立性,必须把数据的表示方法及其管理方法标准化。当前数据库理论的出现就是实施了这种标准化的结果。为了让多个应用程序都能访问数据,就需要一个能够表示和访问数据的通用架构。此通用架构称为"数据模型"。虽然到目前为止,出现在实用中的数据模型不止一个,但当前数据库理论中数据模型的主流仍然是关系型(relational)数据模型。现在广泛应用的关系型数据库就是基于此关系型数据模型构建的数据库。

关系型数据模型指把数据定义成"关系"的模型。此处所谓的"关系"正是本书第 2 章中出现的集合论中的关系。例如,假设存在某个教育机构,对该机构开设的课程与学生集合的描述如下。

课程集合　$C=\{$ 数据库, 系统工程, SQL 练习 $\}$

学生集合　$S=\{$ 高木, 竹田 $\}$

这两个集合的直积 $C \times S$ 为

$$C \times S=\{(\text{数据库}, \text{高木}), (\text{数据库}, \text{竹田}), (\text{系统工程}, \text{高木}),$$
$$(\text{系统工程}, \text{竹田}), (\text{SQL 练习}, \text{高木}), (\text{SQL 练习}, \text{竹田})\}$$

集合的关系指这种集合的直积的子集。下述集合 E 就是一个例子。

$$E=\{(\text{数据库}, \text{高木}), (\text{数据库}, \text{竹田}), (\text{系统工程}, \text{高木})\}$$

毫无问题,集合 E 是 $C \times S$ 的子集(即 $E \subseteq C \times S$)。由这三个有序对形成的关系 E 可以解释为此教育机构的哪位学生选修了哪个课程,同时还表示了"课程"与"学生"之间的"选修"关系。此处的"选修"关系可以用表格来表示,如表 4-1 所示。

表 4-1　"选修"关系的表示

课程	学生
数据库	高木
数据库	竹田
系统工程	高木

关系型数据模型将数据定义为关系的集合。如上所述,当元素是有限个时,可以用表格来表示这些关系。实际上,由于数据库所处理的关系仅限于有

限个元素之间的关系,因此在关系型数据模型中,"数据库就是表格的集合"这一观点也是正确的。

该教育机构的教务数据库中,包含了上述的"选修"关系,除此之外,此教务数据库中还包含表示学生姓名和住址信息的"学生"关系(表),以及表示各种与课程相关信息(如授课教师和学分等)的"课程"关系(表)。如上所述,每个数据库中可能包含多个关系(表)。这些关系之间并非互相独立。例如,出现在"选修"关系中的课程必须是出现在"课程"关系中的课程,像这种表格与表格之间数据的一致性必须得到确保。也就是说,关系与关系之间还存在着关系。若用集合来表示,则就可以用一种严密的形式来处理这些数据所必须满足的性质。此外,还可以把从多个关系中构建出新关系的操作定义为集合之间的运算,用数学方法来处理这些性质和表示方法,这就是关系型数据模型。

关于关系型数据模型的详细信息的说明就到此为止。下面,把学习重点放在关系型数据库的设计与操作上。

4.2 数据库的分析与设计

要利用DBMS建立和运用数据库,就必须合理地设计数据库。接下来,将以基于关系型数据模型的DBMS的利用为前提对数据库设计进行说明,但其中的大量说明内容也适用于其他形式的数据库。

4.2.1 数据分析

进行数据库设计的第一步是数据分析,即理解要管理的数据的具体情况。通过分析和整理确认哪些数据是必要的,各个数据的含义分别是什么,数据之间存在哪些关联。同时还要确认实际利用的数据中有没有异音同义词或同音异义词并进行数据的统一化、标准化,确保消除异音同义词或同音异义词。

4.2.2 数据库设计

当数据分析结束后,便可对具体的数据内容有所了解。为了能够用DBMS管理这些具体数据内容而建立数据模型的工作称为数据库设计。数据模型定义了数据库是如何构成的。建立数据模型的工作称为数据建模。数据建模又分为概念设计、逻辑设计这两个部分。

4.2.2.1　概念设计

概念设计指建立一个高抽象度的概念模型,通过明确数据的关系来完成概念设计的工作。在描述概念模型时,通常使用表示数据实体(entity)及其关系(relationship)的 ER 图(实体关系图)。

在此,把前一节中介绍过的课程选修数据库作为讨论对象。其中选修数据,包含之前介绍过的课程、学生,课程数据,包含课程名称、授课教师、学分等,学生数据,包含学籍编号、姓名。

课程与学生是除自身外还各自具有多个数据的组合。这种组合称为实体。实体所具有的数据称为属性(attribute)。

ER 图中,实体用矩形来表示,属性用椭圆来表示(见图 4 - 1)。图中用直线把实体学生与学生属性连接起来。

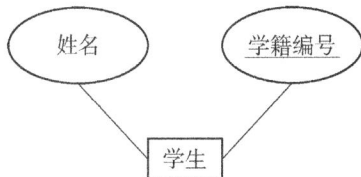

图 4 - 1　ER 图中的实体与属性

有多位学生时,有可能出现学生之间存在同名同姓的情况,因此为了能够将学生一个个区分开,需要姓名之外的数据。这样,把能够唯一标识实体的属性称为键。一般来说存在多个候补键,由数据管理者根据管理上的需求选择其中的一个作为主键(primary key)。在此,把学生属性中的学籍编号作为学生的主键。ER 图中,在属性名下面标上下划线表示该属性为主键。同样,也可以选择课程编号这一属性作为课程的主键。

现在,一起来探讨课程与学生与之间的选修这一关联。用菱形把关联圈起来以便与实体或属性区分开,用线段把关联与相关实体连接起来。关联也可具备独有的属性。此时,与表示实体属性的方法相同,用椭圆来表示关联的属性,并用线段把其与关联连接起来。在课程选修数据库的例子中,可以认为学生所选课程的成绩就是选修这一关联的属性。课程与学生的 ER 图如图 4 - 2 所示。

用符号把基数(cardinality)标记到连接实体与关联的线段上。基数指当实体与其他实体发生关联时,与某个实体相对应的其他实体的个数。基数会应用于逻辑设计中。例如,当存在多位学生选修了同一课程这一关联时,课程

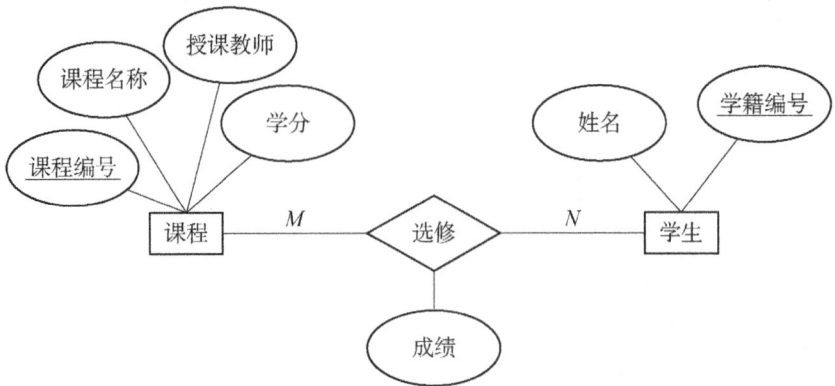

图 4 - 2　课程与学生的 ER 图

这一实体与学生这一实体之间的对应关系就是 1 对多。此时,在连接课程与选修的线段上标记 1,在连接学生与选修的线段上标记 N(或者 M),表示课程与学生之间的对应关系是 1 对多。在此例中,假设实际上每位学生会选修多个课程,所以由课程与学生之间的选修这一关联确定的对应关系就是多对多。如图 4 - 2 所示,在从课程与学生连接到选修的线段上,分别记上 M 与 N。若基数为 1∶1 时,则从两个实体伸出的线段上,同时标记 1。

4.2.2.2　逻辑设计

逻辑设计指建立与所使用的 DBMS 支持的数据模型相对应的逻辑模型。在此,把学习重点放在基于当前主流的关系型数据模型的 DBMS 上。

关系型数据模型中,数据库由多个表(关系)组合来构成。进行逻辑设计时,通过概念设计制作的 ER 图,只需定义必要的关系模式(relation schema)。关系模式能够表示各个关系分别是由哪些属性组合而来的。可以将关系名与属性名排列在一起表示关系模式:

关系名(属性 1,属性 2,…,属性 n)

例如,根据图 4 - 2 的 ER 图,可以定义课程、学生、选修这三个关系,其关系模式如下所述。

课程(课程编号,课程名称,授课教师,学分)
学生(学籍编号,姓名)
选修(课程编号,学籍编号,成绩)

选修这一关系表示课程与学生之间的关联,因此该关系的属性中必须具备课程的主键课程编号与学生的主键学籍编号。此外,成绩也是选修所独有的属性。

一般来说,根据 ER 图建立关系模式的方法取决于实体自身的属性中有没有主键,或者关联的个数(与几个实体有关联)。相关详细内容已超出了本书的讨论范围,如有读者希望进一步深入了解,请参见《数据库系统》[1]等资料。

定义了关系模式之后,就可以用由属性值的组合形成的集合来表示实际应用事例。例如,前面所讲的某教育机构的选修状况如表 4-2 所示。这种保存在表里面的数据集称为实例。

表 4-2   某教育机构选修状况

课程

课程编号	课程名称	授课教师	学分
001	系统工程	高原	2
002	数据库	旭	2
003	SQL 练习	斋藤	3

学生

学籍编号	姓名
00001	竹田
00002	高木

选修

课程编号	学籍编号	成绩
002	00001	90
002	00002	100
001	00001	60

〔4.3〕 数据库的构建与操作

完成逻辑设计后,就可以在支持关系型数据模型的 DBMS 上运用数据库语言 SQL,分阶段构建数据库并进行操作。

4.3.1 数据库语言

数据库语言是用于构建、管理、操作数据库的计算机语言。SQL 是标准的数据库语言,可以在支持关系型数据模型的大多数 DBMS 上使用。

4.3.2　数据定义语句

要使用数据库,就必须先构建数据库。SQL 为构建数据库准备了 CREATE 语句。CREATE 语句的基本句型如下所述。

［基本句型］

　　　　CREATE DATABASE<<数据库名>>;

SQL 中必须在语句的最后输入半角分号,而且 SQL 不区分字母的大小写,因此也可以用小写字母输入 CREATE 等关键字(预留字)。

例如,用"课程选修"这一名称构建数据库的 CREATE 语句为

　　　　CREATE DATABASE 课程选修;

随后在已构建的数据库中建表(table)。建表使用 CREATE TABLE 语句,其基本句型如下所述。

［基本句型］

　　　　CREATE TABLE<<表名>>
　　　　(
　　　　<<项目名 1>><<数据类型>>,
　　　　<<项目名 2>><<数据类型>>,
　　　　…
　　　　);

数据类型指数据的种类、表现形式等。通过指定适当的数据类型,可以实现数据量的降低和各种操作的高速化。数据库可以处理的数据类型因所使用的 DBMS 不同而不同,关于 SQL 中可以使用的主要数据类型,请参见本章末的附录。项目名的排列中,通常会指定主键,有时也会根据需要指定属性的范围。

例如,若要建立"课程"这一数据表,则只需运行下述语句即可。

```
CREATE TABLE 课程
课程编号 CHAR(3) NOT NULL,
课程名称 NVARCHAR(16) NOT NULL,
授课教师 NVARCHAR(8),
学分 INTEGER,
PRIMARY KEY(课程编号),
CHECK(学分 BETWEEN 1 and 12)
```

其中,CHAR(3)表示课程编号是长度为 3 的字符串,NVARCHAR(16)表示最大长度为 16 的可变长字符串(使用除英语之外的文字时,用NVARCHAR 而非 VARCHAR)。NOT NULL 的含义是该属性不得为空值(无值,不存在没有课程编号或课程名称的课程)。PRIMARY KEY 表示指定"课程编号"为主键,同时还指定了学分的取值范围为 1~12 的整数。

4.3.3　数据操作语句

向已构建的数据表中插入数据(实例)时,使用 INSERT 语句。

[基本句型]

　　　　INSERT INTO<<表名>>VALUES<<列的值>>;

例如,向"课程"表中追加 1 行"系统工程"时,可以运行以下语句。

　　　　INSERT INTO 课程 VALUES('001','系统工程','高原',2);

如上所示,把<<列的值>>用逗号分隔开,并用括号括起来。其中,字符串则添加单引号。

查询数据时,使用 SELECT 语句。

[基本句型]

SELECT<<列名>>FROM<<表名>>WHERE<<条件>>;

例如,想要知道"系统工程"的授课教师是谁,运行下述语句即可。

　SELECT 授课教师 FROM 课程 WHERE 课程名称='系统工程';

其他常用的主要语句句型,参见本章末的附录。

练习题

4-1　基于以下 ER 图建立该商店的数据库。

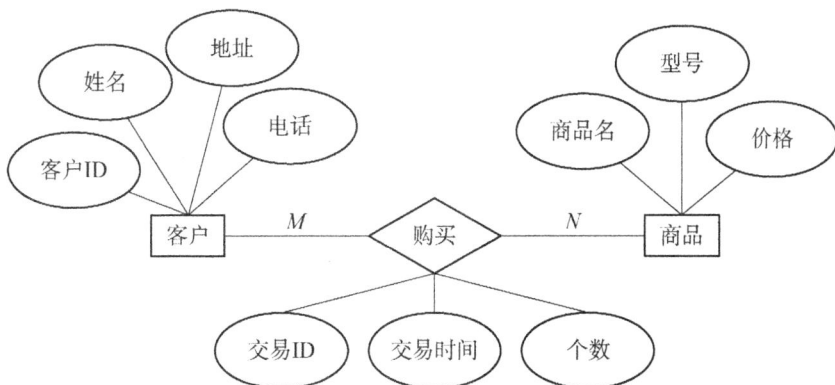

4-2 以本文中用到的课程选修数据库为例,写出完成以下操作的 SQL 语句。

(a) 定义"学生"这一数据表。

(b) 向"学生"表中插入适当的学生数据。

(c) 查询学分等于或大于 3 的课程有哪些(语句可参考附录中的主要运算符)。

附　录

1) SQL 中可以使用的主要数据类型

SQL 中,可以使用的主要数据类型如表 4-3 所示。

表 4-3　主要数据类型

integer	32 bit 整数
bigint	64 bit 整数
smallint	16 bit 整数
tinyint	8 bit 整数
decimal	小数(真数)用十进制表示
numeric	与 decimal 相同
char(size)	固定长度字符串
nchar(size)	含有日语等固定长度字符串
varchar(size)	可变长字符串
nvarchar(size)	含有除英语外的可变长字符串
date	日期(yyyymmdd)

2) SQL 中可以使用的主要运算符

在 SQL 语句的上下文中,可以用各种各样的形式来设定条件,因此提供了一些常用的运算符(见表 4-4),如用于比较两个以上值的比较运算符,以及用于进行逻辑运算的逻辑运算符。

表 4-4　常用的运算符

[比较运算符]	
=	等于
>	大于

（续表）

［比较运算符］	
＜	小于
＞＝	不小于
＜＝	不大于
＜＞	不等于
！＝	不等于
［逻辑运算符］	
like	模式匹配检索
and	逻辑积（而且）
or	逻辑和（或者）
all	所有
some	任何（与 any 相同）
any	任何（与 some 相同）
not	否定
in	返回含有指定列的值的行
exists	存在符合条件的行时，为真
between	范围内检查

3）SQL 的其他主要语句

（1）GRANT 语句。

设定数据的访问权限时，使用 GRANT。

［基本句型］

　　　GRANT＜＜命令列表＞＞TO＜＜用户＞＞；

（2）UPDATE 语句。

更新数据时，使用 UPDATE。

［基本句型］

　　　UPDATE＜＜表名＞＞SET＜＜列名＞＞＝＜＜列的值＞＞
WHERE＜＜条件＞＞；

（3）DELETE 语句。

删除数据时，使用 DELETE。

［基本句型］

DELETE FROM<<表名>>WHERE<<条件>>;

4）MTA-SDK 中的数据库操作

使用 MTA-SDK 操作数据库时，使用@语句。

［基本句型］

@(z,数据库名,SQL 语句,Res);

例如，

@(z, "people", "select ∗ from table1;",Res);

数据库名及 SQL 语句必须添加双引号。此外，不需要用 CREATE DATABASE 语句等指定数据库时，可以将数据库名设为空字符串("　")。

参考文献

［1］北川博之. 数据库系统［M］. 东京：OHMSHA,2014.

［2］高原康彦. 系统工程理论［M］. 东京：日刊工业新闻社,1974：77.

实践篇 ▶

5 系统开发环境的实现

学习目标

（1）学习在计算机上表示逻辑符号和集合论符号的方法（计算机可读表达），能用计算机来处理集合论式表达。

（2）为了简化计算机可读表达，学习几种特殊函数，从而能将各种各样的集合和数据操作描述成计算机可读表达形式。

（3）学会将集合描述成计算机可读表达的函数 defSet 的使用方法。

（4）使用第 3 章中学习的自动机的概念，并在计算机上实际操作以加深理解。

第 3 章中，对自动售卖机的自动机模型做了介绍，而且使用 CAST（computer acceptable set theory）语言将公式化后的模型变换成计算机实现模型，在系统开发环境（MTA-SDK）上实际运行该模型。关于 CAST 语言，在本书第一版的第 4 章中进行了系统性说明。在本书中，由于篇幅的限制，把相关说明转至随后介绍的网站上。与系统开发环境相同，读者可以自行下载并阅读。

可以用 CAST 将第 2 章中学习的大多数集合论描述重写一遍（参见练习题）。这就意味着，能够通过实际解答 CAST 的练习题，并利用 MTA-SDK 运行这些练习题来学习和掌握计算机可读表达，从而加深对集合论的理解。

5.1 CAST 语言

5.1.1 CAST 模型的实例

图 5-1 所示的实例是用 CAST 表示的问题来求解系统的一个模型。读

者在开发第 6 章中所述的问题求解系统时,就需要这样描述结构的模型。把该模型保存到文件中,并在系统开发环境中将其编译后,就能得到一个可以实际运行的问题求解系统。此实例是用于解决第 6 章中的"狼、山羊、白菜的过河问题"的模型,此处用来帮助读者了解 CAST 是什么,并建立对 CAST 的初步印象,在当前阶段并不需要理解该模型的全部含义。用粗体字表示的部分是为模型理论方法的系统开发环境事先准备的谓词与函数。

```
/ * wgc80. set * /
initialstate()＝c＜－＞c：＝{"c","f","g","w"}；
finalstate(c)＜－＞c＝{}；
delta(c,a)＝c2＜－＞
            (member("f",c))－＞(c20：＝minus(c,{"f",a})),
            (notmember("f",c))－＞(c20：＝minus(union(c,{"f",a}),{0})),
            c2：＝sort(c20),
            constraint(c2)；
genA(c)＝As＜－＞
            (member("f",c))－＞(As：＝union(minus(c,{"f"}),{0}))
            otherwise(As：＝minus({"w","g","c",0},c))；
constraint(c)＜－＞
            Cs：＝{{"c","g","w"},{"g","w"},{"c","g"}},
            (notmember("f",c))－＞(notmember(c,Cs)),
            (member("f",c))－＞(notmember(minus({"c","f","g","w"},c),Cs))；
st(c)＜－＞finalstate(c)；
goal(c)＝r＜－＞r：＝cardinality(c)；
```

图 5-1　CAST 模型实例

第 1 行是注释行。用 / * 与 * / 括起来的字符串会被计算机当做注释处理。注释可以跨多行。

第 2 行在上一章中也出现过,是初始状态的定义。状态是集合,初始状态为{"c","f","g","w"},假设此实例中有 4 个元素(若系统中有输入,则通常状态会发生变化,元素的个数也会相应变化)。仔细查看 initialstate() 的形式,就可以得知该函数定义了一个"无变量的函数"。一般来说,这种没有变量的函数被认为是固定地给某一对象赋予一个特别的名字并给出相应定义。因此,可以理解为对前述{"c","f","g","w"}这一对象赋予 initialstate() 这个特别的名字。如果在模型的其他位置写了 initialstate() 这一语句,那么其含义就是把{"c","f","g","w"}代入到该位置。

第 3 行定义了普通的单变量谓词。通过第 1 章的学习,已知在谓词中,重要的是对象(变量)是否满足所给出的性质。前面的 finalstate(c) 是一个当变

量 c 为空集时为真的谓词(条件)。由于此处并非是把空集代入 c,因此不记作 $c:=\{\}$ 而记作 $c=\{\}$。

第 4 行是状态迁移函数。该函数是一个二元函数。第 3 章中对此也有说明,**member**("f",c)表示"f"$\in c$,即"f"是集合 c 的元素。

minus$(c,\{"f",a\})$表示生成差集 $c-\{"f",a\}$ 的函数,即生成从集合 c 中除去集合$\{"f",a\}$后得到的集合的函数。**union**$(c,\{"f",a\})$是创建和集 $c\cup\{"f",a\}$ 的函数。

综上所述,为了建立计算机实现模型,作为基础,首先需要有各种各样的谓词和函数。CAST 就是为此而准备的语言。此外,通过将这些基本谓词与函数组合起来,还可以用来定义其他较为复杂的集合和函数。这样一来,就可以创建全系统的计算机实现模型。在本书第一版的第 4 章中,对该描述方法进行了详细说明。

5.1.2 CAST 的解答与说明

以下网站公开发布了 CAST 的解答与说明,读者可以从此处下载该文件。此外,请根据需要参阅修订指南和更新信息。

https://sites.google.com/a/theoreticalapproach.net/cast/download/

＜文件包的内容＞

CAST 的解答与说明 chap4_old.pdf

［5.2］ CAST 的获取与设置

同样,在以下网站公开发布了本书第一版的第 4 章内容和系统开发环境,读者可以从此处下载这些文件,并根据需要参阅修订指南和更新信息。

https://sites.google.com/a/theoreticalapproach.net/cast/download/

＜文件包的内容＞

虚拟个人计算机(personal computer,PC)文件　ubuntu-ja-1404-ss1.ova

必要系统:可运行支持 OVF 格式的虚拟 PC 的环境

例:VMWare Player, Oracle VM VirtualBox。

把上述虚拟 PC 安装到虚拟 PC 运行环境,并运行该虚拟 PC。

运行时,请使用用户名 student 登录,密码是 Castmodel.org。

［5.3］ MTA-SDK 的安装与运行

MTA-SDK 的运行步骤如下。

（1）导入可以运行 Linux 的虚拟机软件。

（2）下载 Linux 的 VM。

（3）启动 VM，运行 xsheet。

5.3.2 节和 5.4 节，将分别对启动 VM 及运行 xsheet 的方法进行说明。

5.3.1　安装 VMWare Player

在 PC 上安装用于运行 Linux 的虚拟机软件 VMWare Player。

首先，前往 VMWare 公司的网站主页（http：//www.vmware.com/go/downloadplayer-jp）下载 VMWare Player for Windows 64-bit（见图 5－2）。

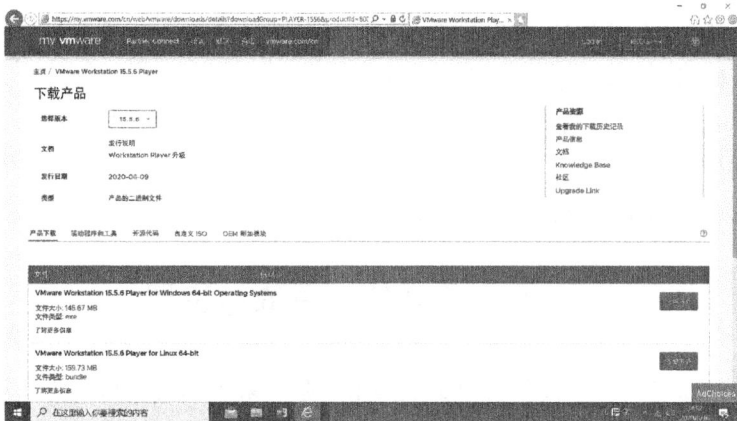

图 5－2　下载 VMWare Player for Windows 64-bit

然后，双击启动已下载的 VMWare Player 安装文件。在所显示的用户账户控制警告界面单击"是"。确认同意许可证条款，确定安装路径后，安装就会开始。

安装结束后，单击开始菜单→所有程序→VMWare，启动 VMWare。第一次启动时需要确认许可证，此时选择"非营利目的无偿使用 VMWare Player"，并输入个人邮箱地址。

5.3.2　启动 VM

从 5.2 节所述网站下载 MTA-SDK.ova 文件。

启动 VMWare Player,选择文件→打开虚拟机。

双击打开已下载 MTA-SDK.ova 文件。单击导入。导入结束后,启动虚拟机。启动 VM 如图 5-3 所示。

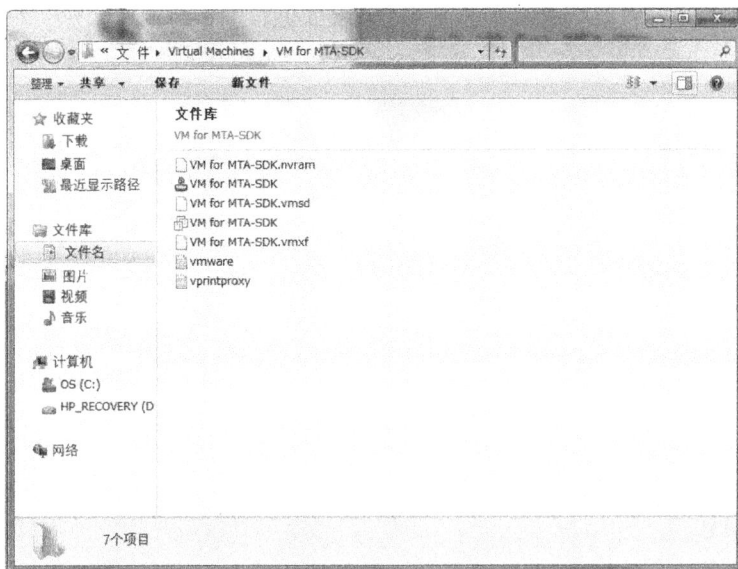

图 5-3 启动 VM

[5.4] MTA-SDK 的快速入门

本节,将对前一节安装的 MTA-SDK 进行动作确认,同时对 MTA-SDK 的外观进行说明。从 Linux 的桌面画面显示开始进行说明。

5.4.1 MTA-SDK 的启动与结束

打开 Terminal 窗口(终端窗口),进入目录 dss(根据需要使用 1 s 命令及 cd 命令。关于各个命令的详细信息,请调用 man 命令或查阅说明书获取)。输入以下命令:

[your name]$ cd dss

可以使用 pwd 命令确认当前的目录名,以防止操作出错。

extProlog 的可执行文件名是"xsheet"。在 Terminal 窗口输入以下命令,启动 extProlog(见图 5 - 4)。①

[your name]$./xsheet

图 5 - 4　启动 extProlog

启动之后的系统开发环境如图 5 - 5 所示。有时根据具体情况,可能需要重启计算机。

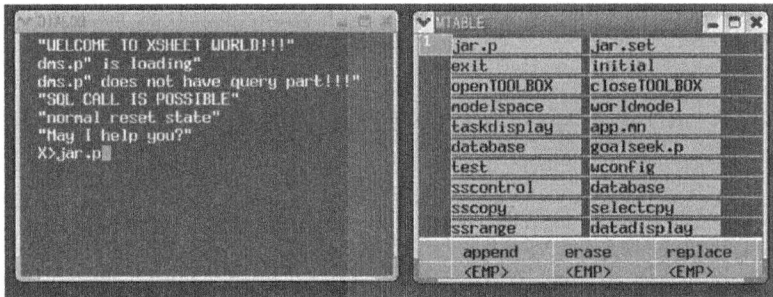

图 5 - 5　启动之后的系统开发环境

这就是模型理论方法中的系统开发环境。在图 5 - 5 左侧的 DIALOG 窗口可以读入并运行由开发者创建的用户模型。命令提示符是"X>"(若要结束运行,可单击 DIALOG 窗口右上角)。

在接下来的操作中,不要关闭启动系统开发环境时用过的 Terminal 窗口(图 5 - 4)。建议调整 Terminal 窗口的大小(如呈横条形),并将其移至显示器

---

① 由于有多个程序都使用 xsheet 作为可执行文件名,因此非常容易混淆。以下 xsheet 指的是本系统的 xsheet。

下部,保证该窗口处于随时可见的状态,不会被其他窗口挡住。

5.4.2 MTA-SDK 的动作确认

确认 MTA-SDK 动作。由于该目录中已存在供参考的系统 jar.p。因此,可以在 DIALOG 窗口中输入以下命令。

$$X > jar.p$$

随后系统会显示是否进行跟踪调试的提示消息"Trace mode?",此时输入 n,系统 jar.p 开始运行。运行用户模型后的系统开发环境如图 5 - 6 所示。

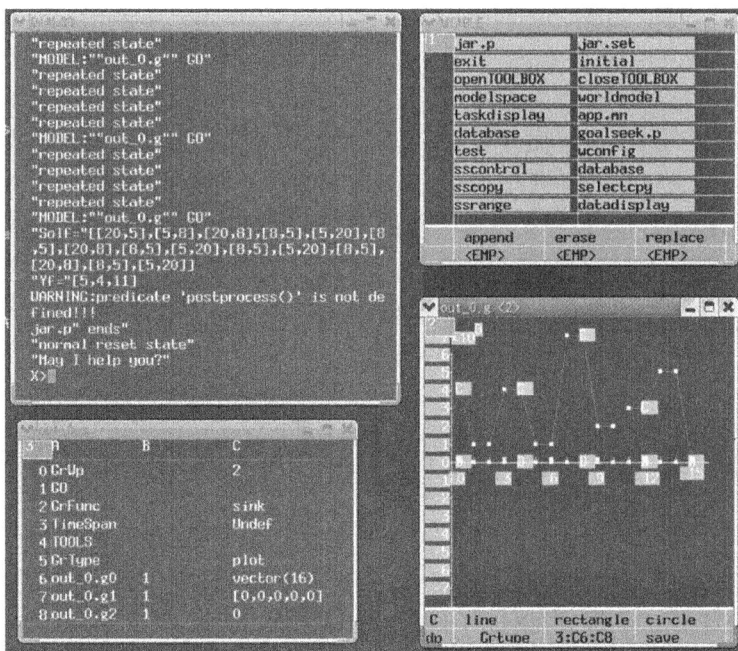

图 5 - 6 运行用户模型后的系统开发环境

本操作的目的是进行动作确认,因此省略了对 jar.p 的说明(请参照第 6 章的水壶问题)。结束运行时,单击窗口右上角以退出。运行结束后,系统会返回到 Linux 环境。显示结果如图 5 - 6 所示,即可确认 MTA-SDK 已正常安装。

5.4.3 窗口

启动 extProlog(可运行文件的文件名为 xsheet)后,系统会打开 DIALOG

窗口,进入系统开发环境。编译并运行用户模型后,会再自动打开另外两个窗口(out_0. g 与 out_0. g<2>)(见图 5 - 6)。当然,如果开发者建立的模型会另外显示自己的窗口,则窗口数量还会增加。除了上述窗口外,Terminal 窗口总是显示在显示器的下部。

[注意]

(1) 当使用窗口时,需要通过单击以激活该窗口。

(2) 当由于用户模型的问题导致程序异常或死机时,可以通过激活 Terminal 窗口,并在 Terminal 窗口中用 Ctrl+C(同时按下 Ctrl 键与 C 键)来强制结束用户模型的运行。如果发生了无论如何都无法停止用户模型运行的情况,则可以长按电源键,关闭个人计算机。

1) DIALOG 窗口

开发者的操作主要在该窗口进行。输入事先创建的用户模型(文件扩展名为 . set)的名称,按下回车键,窗口中会显示"该模型是否 Solver?""是否在编译后运行该模型?"等问题,回答这些问题(输入数字或 y,n),明确了进行操作所必需的条件后,用户模型就会被编译并保存成系统(文件扩展名为 . p),并会根据设定自动运行所创建的系统。

下一次重复运行同一系统时,无需再次编译。输入编译生成的系统(文件扩展名为 . p)的名称,按下回车键,就可以再次运行该系统。

2) out_0. g 窗口

该窗口是用于创建图表的临时显示窗口,在此可以忽略。

3) out_0. g<2>窗口

对问题求解系统求解时,该窗口用于显示状态评估函数 goal(c)的值的变化。其中,横轴是 action 的次数,纵轴是 goal 函数的值。通常来说,goal 函数的值会逐渐逼近于零。

[5.5] MTA-SDK 的操作

MTA-SDK 的操作方法会因开发者所创建的系统类型的不同而不同,本节将对此进行总结说明。

5.5.1 系统开发步骤的概要

可以利用 MTA-SDK 进行实际系统开发的系统是第 6 章的问题求解系统与第 7 章的业务处理系统。第 3 章是用于建立用户模型的训练。系统开发的步骤因各个系统的类型不同而存在差异。在此,对步骤概要进行列举说明。

1) 创建自动机以及问题求解系统的步骤

(1) 利用文本编辑器创建用户模型(文件扩展名为 .set)。

(2) 在 MTA-SDK 中编译生成系统(文件扩展名为 .p),并运行该系统(求解)。

2) 创建业务处理系统的步骤

(1) 利用文本编辑器创建用户模型。

(2) 在 MTA-SDK 中编译并生成系统。

(3) 启动 WWW 服务器,在浏览器上操作该系统。

关于各个用户模型的详细建立方法,请参见本书第 3 章、第 6 章以及第 7 章。以下,以用户模型已准备好为前提,对在 MTA-SDK 中编译并运行用户模型的方法进行说明。

〔注意〕

(1) MTA-SDK 中没有用户模型开发专用的编辑器,因此需要各自使用图形用户界面(graphical user interface,GUI)附带的文本编辑器或命令用户界面(command user interface,CUI)附带的 vi 编辑器等。

(2) 可以通过在业务处理系统中嵌入问题求解系统来创建复合式系统。但是,本书不对复合式系统的开发进行说明。如有需要,读者可自行前往"利用模型理论方法开发经营管理系统"的主页获取"用户建模语言(CAST)参考手册"。创建复合式业务处理系统包含如下步骤。

① 建立业务处理系统(transaction processing system,TPS)的 Solver 以外部分的用户模型(文件扩展名为 .set),进行动作确认。

② 创建 Solver,进行动作确认。

③ 将 Solver 嵌入到 TPS 中。

④ 启动 WWW 服务器,在浏览器上进行相关操作。

5.5.2 运行方法

自动机模型、问题求解系统以及业务处理系统的运行方法如下:

1) 自动机模型的运行方法

无论是自动机模型还是下列问题求解系统,都在 dss 目录进行系统开发。

(1) 建立用户模型(GUI 或者 CUI 环境)。打开电源,启动 PC,显示系统桌面。单击"开始",打开 Linux 的窗口。单击 Home 按钮,前往根目录。进入 dss 目录。启动文本编辑器,创建用户模型(参见第 3 章)。命名该用户模型并将其保存至 dss 目录中。假设文件名是 automaton51. set,并以此为例展开说明。

(2) 模型的运行(CUI 环境)。单击终端按钮,打开 Terminal 窗口,系统显示提示符[your name]\$,此时输入如下命令:

[your name]\$ cd dss

前往 dss 目录。输入如下命令,启动 exProlog。

[your name]\$./xsheet

启动 extProlog 后,系统会显示两个窗口(见图 5-5),进入 MTA-SDK。

在左侧的 DIALOG 窗口中会显示提示符"X>"。单击激活该窗口,并指定要运行的用户模型。

X>automaton51. set

之后系统会显示如下内容:

Is this Automaton(1),…?

此时,输入 1。

在此阶段,会编译用户模型并生成系统(文件的扩展名为. p)。紧接着会显示如下内容:

Trace mode?(y/n)

输入 n。系统自动运行,并输出多行运行结果。该运行结果是被双线(===)括起来的部分。其中,state trajectory 是状态迁移的列,input sequence 是输入序列,output trajectory 是输出序列。与此同时,系统还会在最后显示运行过程中各种变化是如何发生的。

初次运行后,如果想再次运行该系统,可以在 Terminal 窗口直接输入已编译生成的系统名称 automaton51. p 即可。

2) 问题求解系统的运行方法

前半部分与上述自动机模型运行方法的步骤相同,后半部分,在输入了用户模型的名称后,需要进行数次条件设定。在此,假设文件名为 jar. set,以此为例进行说明。

按照上述前半部分的操作步骤启动 exProlog,在 DIALOG 窗口中运行下述命令,指定想要运行的用户模型:

X>jar. set

随后系统显示如下内容:

Is this Automaton(1), ···?

此时输入 2,会显示如下内容:

Do you use Push Down(y), ···?

输入 y,显示如下内容:

Can I start this? (y/n)

再次输入 y,则显示如下内容:

Trace mode? (y/n)

此时输入 n。该模型随即被编译,开始自动求解。

3) 业务处理系统的运行方法

在目录/var/www/html/tps 中创建并运行用户模型。

(1) 运行准备(在每次启动后进行)。打开 Terminal 窗口。输入以下命令,以便使用 Apache 控制器刷新内存:

[student]♯　sudo /usr/sbin/apachectl stop

[student]♯　sudo /usr/sbin/apachectl start

[student]♯　sudo xhost＋

(2) 编译用户模型。

在 Terminal 窗口中,输入以下内容:

[your name]$　cd /var/www/html/tps

[your name]$. /xsheet－f Prolog0. ctl

此时 PC 会打开两个窗口(见图 5－5)。点击左侧的 DIALOG 窗口,输入文件名(如 arbeitJ. set)。

X＞arbeitJ. set

随后会显示以下内容:

Is this Automaton(1), ···?

此时输入 3。这样就可以结束编译。请注意,此处只进行了编译操作。

在右侧窗口单击关闭按钮返回到 Linux 环境,确认已经创建了业务处理系统(本实例中,创建的系统是 arbeitJ. p)。

(3) 在浏览器上操作。启动浏览器(如 Firefox)。在浏览器的地址栏中输入以下内容：

http://localhost/tps/stdUI4455J.php

此时 PC 会显示 TPS 服务器的初始界面。

在位于中央的文本框中输入想要运行的系统的文件名（如 arbeitJ.p）。注意系统文件的扩展名是".p"。单击"运行"按钮后，即可运行由用户创建的系统。如果此时显示出现了乱码，则可将浏览器显示的汉字编码固定设置成 utf-8。用户可以通过关闭浏览器来随时结束该系统的运行。

6 问题求解系统的开发

学习目标

（1）理解问题求解的流程（见图 6-2）。

（2）理解在计算机上实现问题求解系统（见图 6-3）。

（3）理解实现模型是由标准化的目标寻找器（standardized goal-seeker）与对象问题的用户模型（流程）构成的。

（4）理解利用模型理论方法开发问题求解系统包括两部分：一是用计算机可读表达描述用户模型；二是利用集合编译器（setcompiler）把该用户模型转换成可运行的问题求解系统。

（5）理解用户模型（6.1.5 节）的公式化是通过利用两个集合与 7 个函数以及谓词来实现的。

（6）在第 5 章的所述的 MTA-SDK 中实际运行本章提出的 3 个例题，借此体验问题求解系统的开发并加深理解。

本书的前 4 章，学习了逻辑、集合、自动机模型、计算机可读表达等内容。第 6 章和第 7 章，将运用这些知识进行系统开发。本章会以问题求解系统为中心进行探讨与学习。本书所探讨的信息系统是经营信息系统。经营信息系统的基本功能是对数据或业务进行处理（此内容将在第 7 章中进行讨论），同时还具备为管理活动提供支持的重要功能。为管理活动提供支持的系统的本质就是问题求解。因此，本章将就问题求解展开讨论。

本章的重点有两个。第一，用计算机可读表达描述用于问题求解的用户模型；第二，利用集合编译器，通过用户模型与目标寻找器要素的组合，自动生成问题求解系统。

用户模型的一般结构可以用以前学习过的集合、函数、谓词来定义，即给出与该用户模型所面对的问题的集合、函数、谓词的具体表达，就可以建立用户模型。下面,请通过例题学习建立用户模型的方法。用户模型的本质就是在第3章学习过的自动机模型。

本章以狼、山羊、白菜的过河问题、水壶问题以及管理科学中有名的旅行推销员问题为例,对问题求解系统的开发方法进行说明。以这三个问题为例的原因在于其不需要背景知识,问题的含义浅显易懂,且又能体现出问题求解的本质。本章的参考文献给出了一个具有实用意义的问题求解系统的开发示例。

[6.1] 问题求解系统的开发方法

6.1.1 问题描述

下面以狼、山羊、白菜的过河问题(WGC问题)为例阐述如何进行问题描述。

WGC问题指带着一头狼(wolf)、一只山羊(goat)、一堆白菜(cabbage)的农夫想要用一条船将狼、山羊和白菜从河的左岸全部送到河的右岸。过河时,农夫每次只能带三者中的其中之一。而且,无论是在左岸还是在右岸,如果农夫不在,则狼会吃掉山羊,山羊会吃掉白菜。试问农夫能否带着狼、羊、白菜安全过河?

这是一个广为人知的智力题,在此简称为WGC问题,其状态变化如图6-1所示。

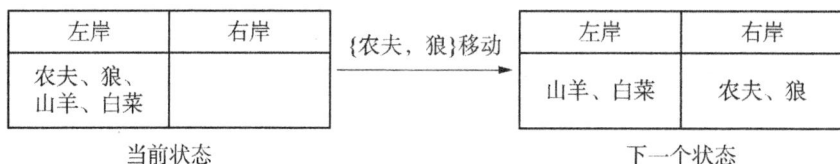

图 6-1 WGC 问题的状态变化

6.1.2 问题求解的基本思路

想要解决WGC问题,应该如何思考呢?当然,在解问题时,可以把自己当成那位农夫,在头脑中想象一下当时的状态(或者画图来帮助思考),该怎样将物体从左岸移到右岸(或者反过来)才是正确的。思考过程中,可以尝试移动一下,此时状况会随着移动而发生变化。

在下文中,这种引发状态发生变化的原因称为行动。问题求解中,重要的是识别出状态是如何随着行动发生变化的。

如果下一个状态是被禁止的情况,那么求解失败。必须换一样物体带着过河。反复如此,通过试错可以识别出"那样做的话,就会变成这样;这样做的话,就会变成那样"这些因果关系,而这些试错的活动就是问题求解行动。

本节,将对问题求解行动的模型理论方法的一般思路和一般方法进行说明。对于用来解决 WGC 问题的问题求解系统,有的读者或许想要先了解该系统的开发是如何通过运用模型理论方法具体进行的,对此建议这部分读者先阅读 6.2 节之后再返回本节。

6.1.3　问题求解的流程

前面所述的问题求解行动一般可以用如图 6-2 的问题求解流程来表示。

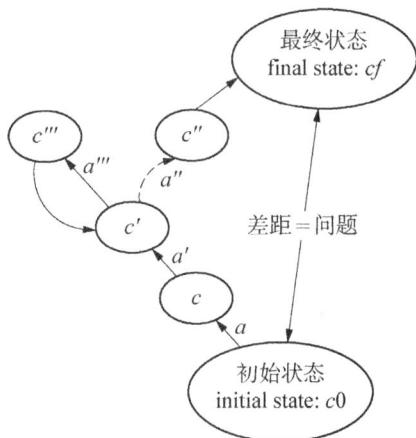

图 6-2　问题求解的流程

问题求解指对于想要求解的问题,假设**初始状态**(**initial state**)与期待状态(target state 或者 **final state**:**最终状态**),将这两个状态之间的差距定义为问题。问题求解的流程指为了从初始状态到达最终状态,从初始状态出发,逐次改变对象的状态(状况)的过程。本章中将引发状态变化的原因称为行动,即可以通过在各状态下输入行动引发状态的变化。如此,就可以利用自动机对问题求解流程与因果关系的识别进行建模。

问题求解流程的自动机建模与纯粹的自动机建模之间存在以下不同之处:

(1) 不考虑输出函数 λ,只将状态迁移函数 δ 运用到模型中。

(2) 在各状态下发生的行动的选择范围都会发生变化,为了表示这种变化,引入了特别的函数 genA(c)。

(3) 由于可能状态(可能出现的状态)会受到问题的制约,因此引入了制约条件(constraint)的特别谓词来表示这些制约。

(4) 引入了状态评估函数 goal(c),并用该函数来决定从一个状态迁移到下一个状态时应该选择哪一个行动。通常,如果状态到达了最终状态,那么问题求解行动也就结束了。但是,当存在多个能够到达最终状态的路径时,有时需要从这些路径中选择一个最优的路径。6.4 节的旅行推销员问题就是这种问题。

(5) 引入了用于明确指定问题求解行动的结束的特别谓词 st(c)(停止条件)。

综上所述,从初始状态出发,根据函数 goal(c)从函数 genA(c)中选择行动,在经过可能状态之后到达最终状态,这就是利用模型理论方法进行问题求解的流程。问题求解行动的真正结束状态指停止条件 st(c)成立时的状态。行动的选择是由下面介绍的目标寻找器(goal-seeker)的要素实施的(此要素也同样基于模型理论方法)。

6.1.4 基于模型理论方法的问题求解系统的结构

实施问题求解的系统称为问题求解系统(solver system)。基于模型理论方法的问题求解系统的结构如图 6-3 所示。

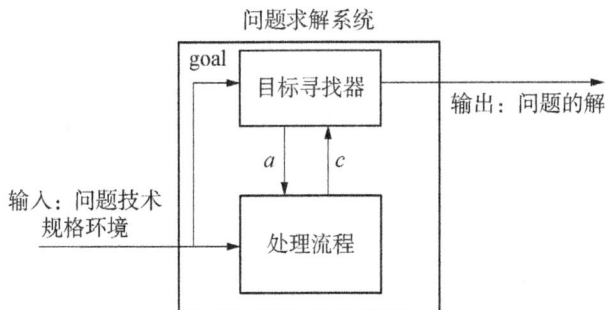

图 6-3 基于模型理论方法的问题求解系统的结构

问题求解系统是一个输入-输出系统。其输入是问题技术规格环境(问题的实质性定义)而非所给问题的本身,其输出是对所给问题的解。系统内部如图 6-3 所示,由把图 6-2 作为自动机建模后的处理流程与目标寻找器(求解程序)构成。由于以自动机的形式表现的处理流程是针对其所面临的具体问题而单独开发出来的,因此在下文中把它称为用户模型。

综上所述,图 6-3 中的目标寻找器负责对问题求解的行动。目标寻找器将当前状态 c 作为输入,利用状态评估函数 goal(c),从函数 genA(c)中选择出适合的行动 a(能够生成最终状态的行动)并将它输出。

回溯是目标寻找器的动作中比较重要的一个,即在进行问题求解的过程中被卡住时[再也没有可以采取的手段(行动)时]退回到前一个状态,使用此前未用过的手段重新开始问题求解。例如,图 6-2 中,由于行动 a''' 的进行使状态 c' 迁移到了状态 c''',但在状态 c''' 下没有任何可以采取的手段(行动),因此又退回到状态 c',选择了新的行动 a''。如果退回状态 c' 仍没有可以采取的手段,则会继续退回到状态 c。这样就能通过反复回溯来发现正确路径(解)。

模型理论方法为标准化的目标寻找器提供了配置。如果按照 6.1.5 节中所描述的架构建立用户模型,则可以利用基于模型理论方法的集合编译器,将目标寻找器添加到用户模型中,自动生成问题求解系统。

6.1.5　用户模型的架构

按照 6.1.3 节和 6.1.4 节中所述修改后的自动机结构建立的用户模型的架构(结构)如下所示:

$$用户模型 = <A,C,\delta,\text{genA},\text{constraint},\text{goal},c0,cf,\text{st}>$$

其中,A 为自动机的行动(输入)集合;

C 为自动机的状态集合;

$\delta:C \times A \to C$,为自动机的状态迁移函数;

genA:$C \to \wp(A)$,为行动生成函数;

constraint:$C \to \{\text{true},\text{false}\}$,为对状态的制约条件;

goal:$C \to \mathbf{R}$($\mathbf{R}=$实数集合),为状态评估函数;

$c0 \in C$,为初始状态;

$cf \subset C$,为最终状态的集合;

st:$C \to \{\text{true},\text{false}\}$,为停止条件。

通常,在这种架构中将 A 作为操作变量的集合,goal 称为最优化决定问题。各元素的含义参见 6.1.3 节内容。

6.1.6　问题求解系统的开发步骤

使用用户模型架构时,问题求解系统的开发步骤如图 6-4 所示。

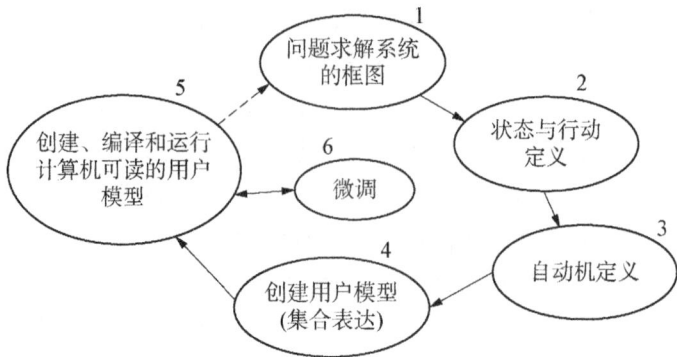

图 6-4　问题求解系统的开发步骤

第一步,出于确认的目的,需用框图表示接下来要创建的问题求解系统。一般来说,需要用框图表示图 6-3,并加以简单说明。

第二步,定义状态 c(状态集合 C)与行动 a。规定初始状态 $c0$ 和最终状态的性质 finalstate(c)。多数情况下,在问题描述中并未给出状态。作为自动机建模的中心问题,本书第 3 章介绍了如何定义状态。有时候,也会由用户来决定应该如何定义行动。本章将在 6.2 节及之后的例题中对定义状态与行动的方法进行说明。

第三步,处理流程建模,定义自动机。具体来说,就是创建状态迁移函数 $\delta(c,a)$。此外,在注意到所给问题的制约条件的同时,定义函数 genA(c)和函数 constraint(c)。

第四步,引入为行动选择提供方向的函数 goal(c)。定义停止条件 st(c)。创建用户模型。函数 goal(c)与自动机的组合就是用户模型的集合表达。

第五步,创建、编译和运行计算机可读的用户模型。按照计算机可读表达方法重写前述用户模型,形成图 6-5 所示的用户模型的实现结构。

```
func([…]);                      //[声明]用户函数的声明(名称列表)
delta(c,a)=c2<->c2:=(…);        //[函数]状态迁移函数
genA(c)=As<->As:=(…);           //[函数]行动生成函数
constraint(c)<->(…);            //[谓词]可能状态
initialstate()=c<->c:=(…);      //[函数]初始状态
finalstate(c)<->(…);            //[谓词]最终状态
goal(c)=r<->r:=(…);             //[函数]状态评估函数
st(c)<->(…);                    //[谓词]停止条件
```

图 6-5　用户模型的实现结构

具体来说,就是把计算机可读表达写到图 6-5 用户模型的实现结构的

(…)部分中。与集合表达主要的不同之处有两点：第一，不需要描述行动集合 A 与状态集合 C；第二，必须声明用户函数，如果有用户自定义的函数 f, g, h，则可以用 func($[f, g, h]$)等来声明这些函数(参见本书第一版第 4 章)。

如果问题求解系统的开发者不进行调优(下述第六步)，那么只需实现图 6-5 中从 delta()到 st()部分的内容。模型理论方法中，如果能够创建此计算机可读表达的用户模型，则就能得到一个相应的可运行的问题求解系统。

第六步，调优(微调)。通常的做法是直接利用已有的目标寻找器来运行问题求解系统。但若想要尝试开发者独有的求解方法，也可以改变目标寻找器。但这种对目标寻找器的改变超出了本书的讨论范围，因此不对其进行说明[1]。

从 6.2 节开始，将对模型理论方法在 WGC 问题、水壶问题以及旅行推销员问题上的应用和问题求解系统的具体开发方法进行说明。

[6.2]   开发示例 1：WGC 问题

本节，按照 6.1.6 节中的开发步骤，以 WGC 问题为例，说明问题求解系统的开发方法。

1) 问题描述

问题描述参见 6.1.1 节。

2) 系统开发

(1) WGC 问题的因果关系与试错。问题求解行动由两方面构成。一方面是识别"那样的话，就会变成这样"这种表示对象状态变化的因果关系(规则)。另一方面是与行动选择相关的试错。前者的因果关系识别可以通过自动机建模来实现，用自动机的"状态"表示对象的状态，有"输入"时就会发生状态迁移。

本章中，把引发问题状态变化的原因称为行动。问题求解行动就是让各种各样的行动作用于状态，最终让状态变成所期待状态的试错行动。当问题处于某个状态时，通常有多个能够让其状态发生变化的手段(行动)。然而，如果没有任何策略，只是在选择与运行行动时单纯进行试错，则是徒劳无功的。这并不是一个明智的做法，因为即使试错，也需要系统性的策略。因此，需要考虑状态迁移途中的每一种状态到最终状态之间的差距有多远。希望能够通过选择适当的行动让状态更加接近于最终状态，缩短与最终状态之间的差距，朝着正确的方向继续前进。通过这种反复试错找到能够到达最终状态的一系列动作就是该问题的解(答案)。

(2) WGC 问题的自动机模型。建立能够表达 WGC 问题的状态变化的自动机模型。可以把位于左岸的物体的集合当作模型的状态。这样一来,初始状态就是集合{农夫,狼,山羊,白菜},最终状态就是空集{}。用模型理论方法可描述为

$$\text{initialstate}() = c \leftrightarrow c = \{农夫,狼,山羊,白菜\}$$
$$\text{finalstate}(c) \leftrightarrow c = \{\}$$

由于可能存在多个最终状态,因此一般把最终状态定义为状态的性质(以谓词的形式)。

虽然在定义状态时,只关注了左岸的情况,但这种定义方式已经能够精确描述整体状况了。右岸的情况始终可以用{农民,狼,山羊,白菜}$-c$ 来表示。例如,当状态 $c = \{农夫,狼,山羊\}$ 时,位于对岸(右岸)的就是{农夫,狼,山羊,白菜}$-c = \{白菜\}$。可以通过判断农夫是否是集合 c 的元素来判断农夫位于左岸还是右岸。如果农夫$\in c$,则农夫就在左岸。也就是说,可以通过状态 c 来获取整体状况的各种信息,这一点非常重要。

由于各个状态 c 一定是{农夫,狼,山羊,白菜}的子集,因此状态的集合 C 就是{农夫,狼,山羊,白菜}的子集的集合,即

$$C = \wp(\{农夫,狼,山羊,白菜\})$$

现在,农夫带着什么过河就成为一个行动。这一行动会引起状态的变化(发生状态迁移)。但是,在此只需关注带什么过河即可,因为每个行动中都一定有农夫的移动。因此可知,农夫什么都不带就过河也是行动之一。所以,行动集合 A(可能发生的所有行动)为

$$A = \{狼,山羊,白菜,0\}$$

其中,0 表示农夫什么都不带。

这样一来,状态迁移函数(delta: $C \times A \rightarrow C$)的表达则为

$$\text{delta}(c,a) = c2 \leftrightarrow$$
$$(农夫 \in c \rightarrow c2 = c - \{农夫,a\})$$
$$(农夫 \notin c \rightarrow c2 = (c \cup \{农夫,a\}) - \{0\})$$

此时,可以根据农夫位于左岸还是右岸将情况分为两种。当农夫位于左岸时(农夫$\in c$),如果农夫带着 a 过河,那么左岸的成员会少一个($c2 = c - \{农夫,a\}$)。当农夫位于右岸时(农夫$\notin c$),如果农夫带着 a 过河,那么左岸的成

员就会增加。但是，也有可能农夫什么都不带过河（$a=0$）。因此，实际上可以将上述情况公式化成 $c2=(c\cup\{农夫,a\})-\{0\}$。

然而，在各个状态 c 下，实际上可以采取的行动并不多。例如，如果山羊和农夫不在同一岸，那么农夫就无法带着山羊过河。这样一来，用 genA(c) 来表示状态 $c\in C$ 下实际上可以采取的行动的集合则为

$$\text{genA}(c)=As \leftrightarrow$$
$$(农夫\in c\to As=(c-\{农夫\})\cup\{0\})$$
$$(农夫\notin c\to As=\{狼,山羊,白菜,0\}-c)$$

当农夫 $\notin c$ 时，农夫位于右岸，可以带着过河的物体的集合为 $\{狼,山羊,白菜,0\}-c$。一般来说，genA(c) 是 A 的子集（genA(c)$\subset A$）。

此问题中最重要的是山羊与白菜不能被吃掉。也就是说，无论是左岸还是右岸，都不可以出现以下状态：

$$Ps=\{\{狼,山羊,白菜\},\{狼,山羊\},\{山羊,白菜\}\}$$

一般来说，无论什么问题都会因为受到制约（constraint）而无法到达其所有的状态。模型理论方法中，反过来将可能状态定义成了性质。此时 constraint(c) 这一判定条件（谓词）表示：当状态 c 是可能状态时，该谓词的值为真；当状态 c 是不可能状态时，该谓词的值为假。WGC 问题中，该谓词的表达为

$$\text{constraint}(c)\leftrightarrow$$
$$(农夫\in c\to(\{狼,山羊,白菜\}-c)\notin Ps)$$
$$(农夫\notin c\to c\notin Ps)$$

以上实现了 WGC 问题的状态变化（规则）的公式化（建立了状态变化模型）。

（3）确定用来决定试错策略的 goal。接下来，考虑试错策略。首先，需要表达出处于迁移途中的状态 c 与最终状态（期待状态）之间的差距是多少。为此，需要引入状态评估函数 goal(c)。如下所示，在 WGC 问题中，该函数很简单，即

$$\text{goal}(c)=|c|$$

其中，$|c|$ 表示集合 c 中的元素个数（基数），即位于左岸的物体的个数。由此可知，需要在迁移途中的各状态 c 下，选择能够让 goal(c) 变小的行动 $a\in$ genA(c)。换句话说，试错策略是要尽量减少左岸的物体的个数。

模型理论方法中，如果能够确定表达状态变化自动机模型与此试错策略，

则可以在计算机上实现对此问题的求解。也就是说,可以在计算机上实际运行试错行动。但无论如何这都是试错,所以有可能出现无法到达最终状态的情况。

然后,确定用来定义问题求解行动结束的函数 $st(c)$。在某种程度上,也有可能发生已经接近最终状态,却始终无法再进一步到达最终状态的情况。当出现这种情况时,可以事先确定一个允许范围,只要能够到达该范围即认为问题求解行动已结束。当然,$st(c)$ 也可以指定已经找到了正确解答的状态。如下所示,WGC 问题中,问题求解行动的结束为到达了最终状态,即

$$st(c) \leftrightarrow finalstate(c)$$

实际上,对于需要求出最优解的问题来说,停止条件尤其重要。因为最优解的定义是由停止条件来描述的(参见 6.4 节)。

(4) 求解 WGC 问题的用户模型(集合表达)。通过状态变化自动机模型与试错策略(设定 $goal(c)$)的组合建立起了用于求解 WGC 问题的用户模型,即用于问题求解的用户模型(集合表达)(见图 6-6)。

$A=\{$狼,山羊,白菜,0$\}$
$C=\wp(\{$农夫,狼,山羊,白菜$\})$
$delta(c,a)=c2 \leftrightarrow$
       (农夫 $\in c \rightarrow c2=c-\{$农夫$,a\}$)
       (农夫 $\notin c \rightarrow c2=(c \cup \{$农夫$,a\})-\{0\}$)
$genA(c)=As \leftrightarrow$
       (农夫 $\in c \rightarrow As=(c-\{$农夫$\}) \cup \{0\}$)
       (农夫 $\notin c \rightarrow As=\{$狼,山羊,白菜,0$\}-c$)
$constraint(c) \leftrightarrow$
       (农夫 $\in c \rightarrow (\{$狼,山羊,白菜$\}-c) \notin Ps$)
       (农夫 $\notin c \rightarrow c \notin Ps$)
$initialstate()=c \leftrightarrow c=\{$农夫,狼,山羊,白菜$\}$
$goal(c)=|c|$
$finalstate(c) \leftrightarrow c=\{\}$
$st(c) \leftrightarrow finalstate(c)$

图 6-6　用于求解 WGC 问题的用户模型(集合表达)

利用上述 $delta(c,a)$,$goal(c)$ 与 $constraint(c)$,将状态从初始状态{农夫,狼,山羊,白菜}迁移到最终状态{}的行动序列就是问题的解。该用户模型与第 3 章的自动机模型的不同之处有两点:第一,具有 genA 和 constraint 等限制条件;第二,没有输出函数 lambda。

(5) 用户模型的计算机可读表达。由于此用户模型(集合表达)不能被计

算机识别,因此需要将其重写成计算机可读表达,如图 6 − 7 所示。

```
/ * wgc80. set * /
delta(c,a)=c2<−>
            (member("f",c))−>(c20:=minus(c,{"f",a))),
            (notmember("f",c))−>(c20:=minus(union(c,{"f",a)),{0})),
            c2:=sort(c20),
            constraint(c2);
genA(c)=As <−>
            (member("f",c))−>(As:=union(minus(c,{"f"}),{0}))
            otherwise(As:=minus({"w","g","c",0},c));
constraint(c)<−>
            Ps:={{"c","g","w"},{"g","w"},{"c","g"}},
            (notmember("f",c))−>(notmember(c,Ps)),
            (member("f",c))−>(notmember(minus({"c","f","g","w"},c),Ps));
initialstate()=c<−>c:={"c","f","g","w"};
finalstate(c)<−>c={};
goal(c)=r<−>r:=cardinality(c);
st(c)<−>finalstate(c);
```

图 6 − 7　WGC 问题的用户模型的计算机可读表达

用户模型的计算机可读表达(见图 6 − 7)与集合表达的用户模型(见图 6 − 6)几乎相同,但仔细看,仍会发现一些差异。

特别是状态迁移函数 delta(c,a) 的写法。计算机可读表达中并未直接计算下一个状态,而是临时创建了变量 $c20$,并对其进行排序($c2:=$ sort $(c20)$)。由于计算机在内部将集合当作列表来处理,因此,当设两个集合分别为 $A=\{1,2\}=[1,2]$,$B=\{2,1\}=[2,1]$ 时,按照第 4 章中的说明,如果 $A=B$ 不成立,进行排序,则就会进行 $[1,2]$ 与 $[2,1]$ 的比较操作,而此问题就可以得到解决。当操作对象是集合而不是列表时,排序是必要的操作步骤之一。

此外,状态迁移函数中,追加了制约条件 constraint$(c2)$。这是为了判断下一个状态是不是可能状态。如果不是可能状态(即 constraint$(c2)$ 为假),那么该次行动失败,需要尝试其他可能采取的行动。失败后尝试采取其他行动的操作称为回溯(backtrack)。为了排除非期待行动,需要在状态迁移函数中追加制约条件 constraint$(c2)$。

3) 用户模型的运行

利用操作系统标配的文本编辑器创建 WGC 问题的用户模型的计算机可读表达,保存到指定名称(如 wgc80. set)的文件中。wgc80. set 中 set 表示该模型是计算机可读集合表达的模型。启动 MTA-SDK(参见第 5 章),读入并运行该文件即可求解。

启动 MTA-SDK 后出现 DIALOG 窗口。用户可以通过该窗口与系统进行对话。第 6 章中,用户与系统之间的对话是使用浏览器通过用户接口来进行的。

图 6-8 所示为在 DIALOG 窗口中输入要运行的系统名称 wgc80.set 之后的情况。

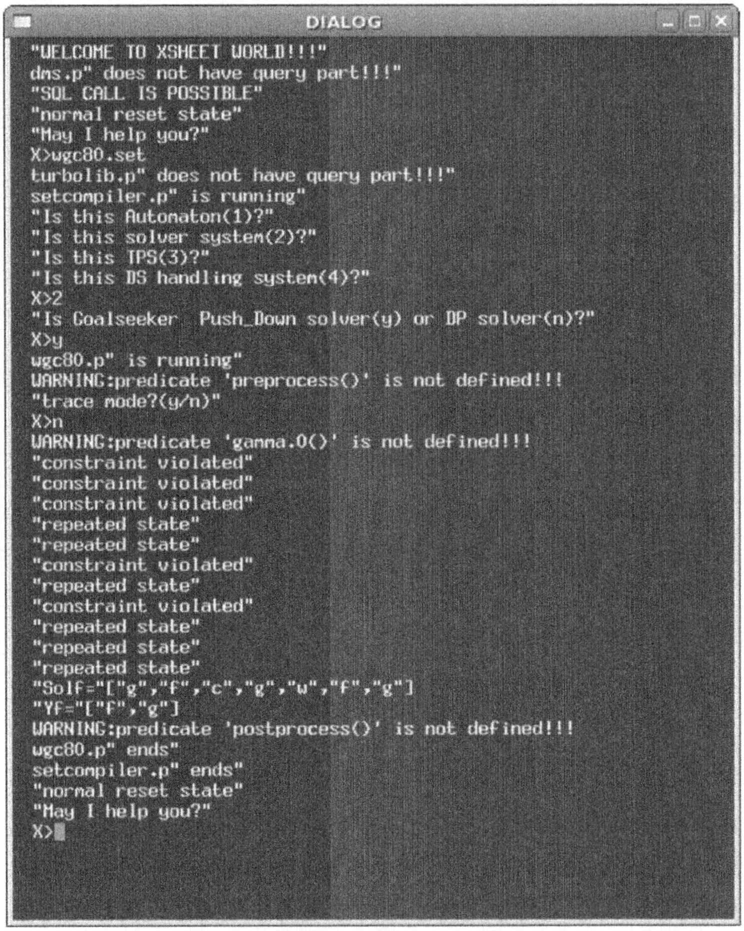

```
DIALOG
"WELCOME TO XSHEET WORLD!!!"
dms.p" does not have query part!!!"
"SQL CALL IS POSSIBLE"
"normal reset state"
"May I help you?"
X>wgc80.set
turbolib.p" does not have query part!!!"
setcompiler.p" is running"
"Is this Automaton(1)?"
"Is this solver system(2)?"
"Is this TPS(3)?"
"Is this DS handling system(4)?"
X>2
"Is Goalseeker  Push_Down solver(y) or DP solver(n)?"
X>y
wgc80.p" is running"
WARNING:predicate 'preprocess()' is not defined!!!
"trace mode?(y/n)"
X>n
WARNING:predicate 'gamma.0()' is not defined!!!
"constraint violated"
"constraint violated"
"constraint violated"
"repeated state"
"repeated state"
"constraint violated"
"repeated state"
"constraint violated"
"repeated state"
"repeated state"
"repeated state"
"Solf="["g","f","c","g","w","f","g"]
"Yf="["f","g"]
WARNING:predicate 'postprocess()' is not defined!!!
wgc80.p" ends"
setcompiler.p" ends"
"normal reset state"
"May I help you?"
X>
```

图 6-8   在 DIALOG 窗口中输入要运行系统名称 wgc80.set 的情况

此时,按下回车键,编译 wgc80.set。

编译系统(集合编译器)是一种通用系统,可以应用于自动机、问题求解系统、TPS 等,因此会显示问题("Is this solver system (2)?")以确认当前输入的系统的类型。wgc80. set 是问题求解系统,输入 2。

当前,模型理论方法提供的系统开发环境包括下推(push down,PD)目标寻找器与动态规划(dynamic programming,DP)目标寻找器。wgc80. set 与 PD 目标寻找器相对应,因此回答 y(图 6-8 中第 15 行)。与 PD 对应的用户模型和与 DP 对应的用户模型具有不同的结构。图 6-7 的用户模型是与 PD 相对应的模型[1]。可以在跟踪模式(trace mode)下运行目标寻找器,但比例不使用跟踪模式,因此回答 n(图 6-8 中第 19 行)。这样,就可以通过目标寻找器运行问题求解。

运行结果位于图 6-8 中最后几行的位置。Solf 为问题的解的行动序列,Yf 为最终状态的前一个状态,finalstate 为最终状态。

out_o. g 是与 DIALOG 窗口同时打开,用来显示图表的窗口。问题求解时 goal 函数值的变化如图 6-9 所示。由图可知,值的变化曲线是之字形折线(zigzag),表示发生了回溯。

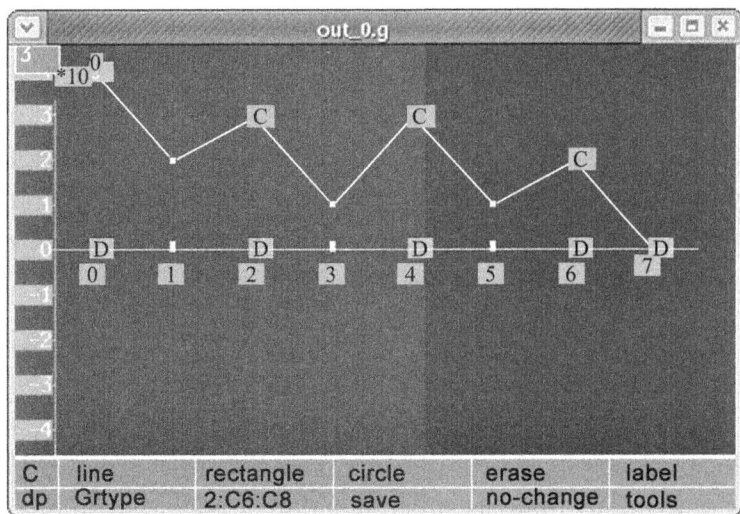

图 6-9　问题求解时 goal 函数值的变化

下面,对用户模型的运行过程进行更为详细的说明。MTA-SDK 中事先提供了通用的(标准化的)目标寻找器。实际上,会在读入由用户创建的模型之后,在运行该模型之前,将目标寻找器添加到用户模型中,并创建如图 6-3 所示的独立运行的问题求解系统。问题求解系统的文件名留用了用户模型的文件名,并把扩展名改为 .p(如 wgc80. p)。可以利用文本编辑器查看集合编译器的输出(问题求解系统)内容。输出内容的语言不是机器语言,而是某种其他语言(本书不对此语言是何种语言进行说明)。模型理论方法将从用户模型生成问题求解系统的过程称为编译。

第 5 章的 MTA-SDK 就是用来编译用户模型,生成并运行问题求解系统的开发环境。因此,在第一次完成用户模型的编译后,只要用户模型不发生更改就没有必要进行再次编译,可以直接读入并运行问题求解系统(扩展名为 .p 的文件)。

练习题

6-1 创建前述的用户模型(wgc80.set),在第 5 章的系统开发环境(MTA-SDK)中运行该模型。

6-2 对于同一个 WGC 问题,把"什么在移动"而非"带什么过河"作为行动,重新创建用户模型 wgc81.set。

[提示]

由于农夫总是在移动,因此行动集合 $A = \{\{农夫\}, \{农夫, 狼\}, \{农夫, 山羊\}, \cdots\}$。$A$ 是以集合为构成元素的集合,因此需要重写 delta(c, a) 和 genA(c) 等全部函数。从最初开始重新调整开发步骤(同时写下注释)。最后创建文件时,需要保留以前的文件 wgc80.set。因此,先复制该文件,把通过复制得到的新文件命名为 wgc81.set,并在其上进行修改。这样,即使对于同一个 WGC 问题,也可以通过改变着眼点来建立不同的用户模型,求出相同的解。注意,建模方法不只一个。

[6.3] 开发示例 2:水壶问题

本节,将讨论一个比 WGC 问题稍微难一些的问题,并对用于求解该问题的问题求解系统的开发方法进行说明。

1) 问题描述

设当前有容量为 5 L, 8 L, 20 L 的 3 个水壶。5 L 与 8 L 的水壶是空的,20 L 的水壶中,已经装了 20 L 水。如何操作最终使 20 L 的水壶中的水量恰好为 16 L。注意,操作过程中水不能洒出来。

2) 系统开发

(1) 水壶问题的状态定义。由于在该问题中移动的是水,因此把各水壶

中的水量作为该问题的状态是一件自然而然的事情。状态集合 C 定义为 3 个水壶水量的集合的直积,即

$$C = R \times R \times R = R3$$

其中,R 表示非负实数的集合。例如,$[X5, X8, X20] \in C$ 表示 5 L, 8 L, 20 L 的水壶中分别装入了 $X5$ L, $X8$ L, $X20$ L 的水。

此问题中的行动是在水壶之间移动水。例如,用[8,5]表示将水从 8 L 的水壶中倒至 5 L 的水壶中。因此,全部可能行动的集合则为

$$A = [[20,8], [20,5], [8,20], [8,5], [5,20], [5,8]]$$

(2) 水壶问题的自动机模型。接下来,建立表示状态变化的自动机模型。

例如,思考在状态[$X5, X8, X20$]下发生了行动[20,8]时的状态转换。8 L 的水壶中,当前有 $X8$ L 的水,因此在不洒水的前提下最多能够再添加的水量是 $8 - X8$ L。20 L 的水壶中,当前已有 $X20$ L 的水,如果 $X20$ 不低于 $8 - X8$,那么就可以通过行动[20,8]将 8 L 的水壶加满水,而 20 L 的水壶中的水量则会减少,变成 $X20 - (8 - X8)$ L;如果 $X20$ 低于 $8 - X8$,那么就可以通过行动[20,8]让 8 L 的水壶中的水量变成 $X8 + X20$ L,而 20 L 的水壶则会变空。5 L 的水壶与行动[20,8]没有关系,因此其中的水量完全没有变化。

由上可知,设 8 L 与 20 L 的水壶的下一个状态分别为 $Y8, Y20$,则可以得到以下状态迁移函数。

```
delta([X5,X 8,X20],[20,8])＝CC↔
        (
        R8：＝8－X8,
        (X20≥R8)－＞
            (
            Y20：＝X20－R8,
            Y8：＝8
            )
        otherwise
            (
            Y20：＝0,
            Y8：＝X8＋X20
            ),
```

$$CC := [X5, Y8, Y20]$$
$$),$$

该思考方式同样也适用于水壶问题其他的 5 个行动。

此状态迁移函数的定义中已经包含了确保不能有水洒出来这一条件。对各个状态来说,每个行动都是可以发生的行动,因此对各个状态可以发生的行动集合 As 就是全部可能的行动集合 A。

$$\text{genA}(c) = As \leftrightarrow$$
$$As = [[20, 8], [20, 5], [8, 20], [8, 5], [5, 20], [5, 8]];$$

此外,根据状态迁移函数的定义,由行动产生的新的状态一定是可能状态,因此 constraint 为

$$\text{constraint}(C) < ->$$
$$C = C;$$

也就是说没有制约。

初始状态是 $[0, 0, 20]$,则有

$$\text{initialstate}() = C < ->$$
$$C := [0, 0, 20];$$

最终状态是 20 L 的水壶中有 16 L 的水,则有

$$\text{finalstate}(C) < ->$$
$$C = [X5, X8, 16];$$

其中,$X5$ 与 $X8$ 可以是任意值。

(3) 水壶问题中 goal 的定义。此时,思考一下试错策略。此例中,由于问题的目标是让 20 L 的水壶中的水量变成 16 L,因此可以将 goal 定义为

$$\text{goal}([X5, X8, X20]) = R < ->$$
$$R := \text{abs}(X20 - 16);$$

该问题求解行动的结果到达了 finalstate 的状态。因此,下式成立。

$$\text{st}(C) \leftrightarrow \text{finalstate}(C)$$

(4) 求解水壶问题的用户模型的计算机可读表达。综上所述,建立的用户模型的计算机可读表达为

```
/ * jar. set * /
delta([X5,X8,X20],[A,B])=CC<->
        ([A,B]=[20,8])->
                (
                R8:=8-X8,
                (X20>=R8)->
                        (
                        Y20:=X20-R8,
                        Y8:=8
                        )
                otherwise
                        (
                        Y20:=0,
                        Y8:=X8+X20
                        ),
                CC:=[X5,Y8,Y20]
                ),
        ([A,B]=[20,5])->
                (
                R5:=5-X5,
                (X20>=R5)->
                        (
                        Y20:=X20-R5,
                        Y5:=5
                        )
                otherwise
                        (
                        Y20:=0,
                        Y5:=X5+X20
                        ),
                CC:=[Y5,X8,Y20]
                ),
        ([A,B]=[8,20])->
```

(

R20：=20－X20，

(X8＞=R 20)－＞

  (

  Y8：=X8－R20，

  Y20：=20

)

 otherwise

   (

   Y8：=0，

   Y20：=X20＋X8

)，

  CC：=[X5，Y8，Y20]

)，

([A,B]=[8,5])－＞

 (

 R5：=5－X5，

 (X8＞=R 5) －＞

   (

   Y8：=X8－R5，

   Y5：=5

)

  otherwise

   (

   Y8：=0，

   Y5：=X5＋X8

)，

  CC：=[Y5，Y8，X20]

)，

([A,B]=[5,20])－＞

 (

 R20：=20－X20，

 (X5＞=R 20)－＞

$$
\begin{aligned}
&(\\
&\quad Y5:=X5-R20,\\
&\quad Y20:=20\\
&\quad)
\end{aligned}
$$

otherwise

$$
\begin{aligned}
&(\\
&\quad Y5:=0,\\
&\quad Y20:=X20+X5\\
&\quad),\\
&\quad CC:=[Y5,X8,Y20]\\
&\quad),
\end{aligned}
$$

$$
\begin{aligned}
&([A,B]=[5,8])->\\
&\quad (\\
&\quad R8:=8-X8,\\
&\quad (X5>=R\ 8)->\\
&\qquad (\\
&\qquad Y5:=X5-R8,\\
&\qquad Y8:=8\\
&\qquad)
\end{aligned}
$$

otherwise

$$
\begin{aligned}
&\qquad (\\
&\qquad Y5:=0,\\
&\qquad Y8:=X8+X5\\
&\qquad),\\
&\quad CC:=[Y5,Y8,X20]\\
&\quad);
\end{aligned}
$$

```
genA(C)=As <->
        As:=[[20,8],[20,5],[8,20],[8,5],[5,20],[5,8]];
constraint(C)<->
        C=C;
initialstate()=C <->
        C:=[0,0,20];
finalstate(C)<->
```

$$C=[X5,X8,16];$$
$$st(C)<->$$
$$\quad finalstate(C);$$
$$goal([X5,X8,X20])=R<->$$
$$\quad\quad\quad R:=abs(X20-16);$$

3）用户模型的运行

利用操作系统标配的文本编辑器创建上述用户模型的计算机可读表达，保存到指定名称（如 jar. set）的文件中。启动 MTA-SDK，读入并运行该文件，即可求出需要进行的行动序列。

启动 MTA-SDK 后出现 DIALOG 窗口，此时输入所需运行的系统名称（jar. set），该系统的编译与运行（见图 6 - 10）开始。

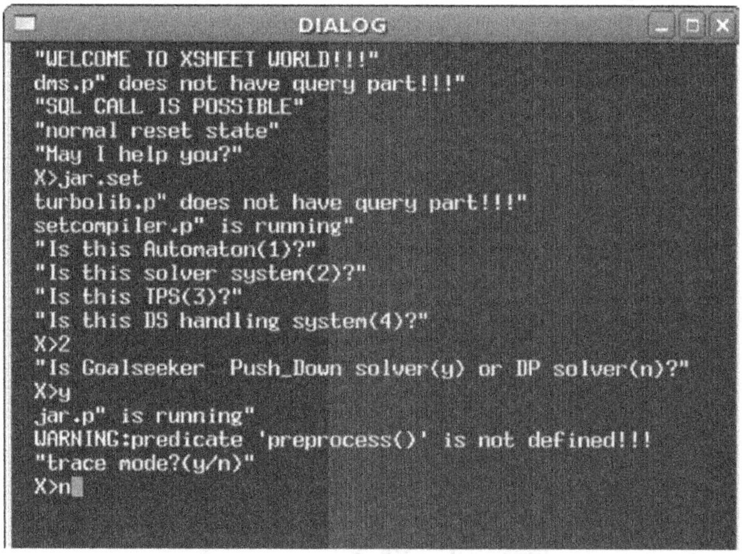

图 6 - 10　jar. set 的编译与运行

按下回车键，即可编译 jar. set。采用与 6.2 节相同的操作步骤运行编译生成的系统，就可以得到表示问题的解的行动序列 Solf。jar. set 运行结果及运行结束如图 6 - 11 所示。Yf 是最终状态的前一个状态，而真正的最终状态是在状态[5,4,11]下实施了行动[5,20]之后得到的状态[0,4,16]。

图 6 - 12 是与 DIALOG 窗口同时打开的窗口，显示了问题求解时 goal 函数值的变化。值的变化曲线是之字形折线，由此可以得知求解过程中发生了多次回溯。

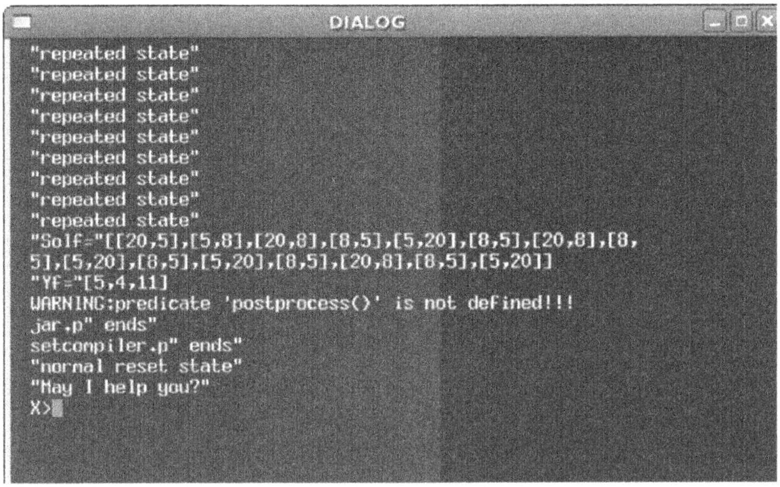

图 6‑11　jar. set 运行结果及运行结束

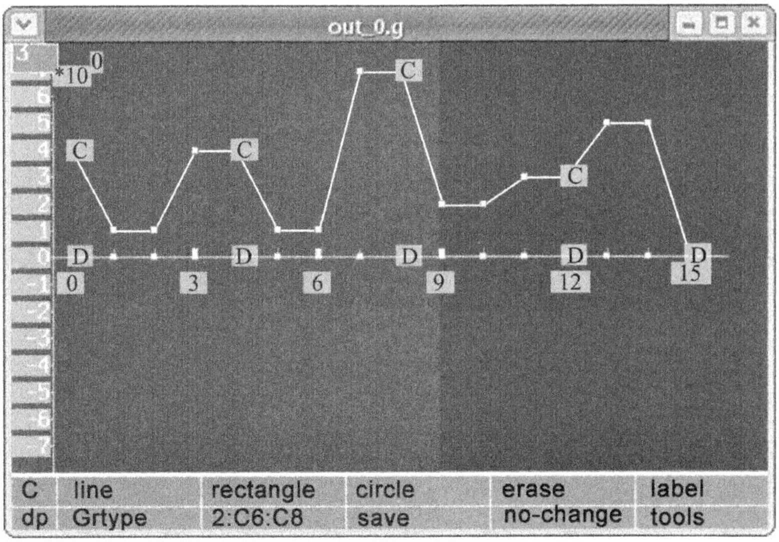

图 6‑12　问题求解时 goal 函数值的变化

练 习 题

6‑3　创建用户模型(jar. set),并在 MTA‑SDK 中运行该模型。

[6.4] 开发示例3:旅行推销员问题

本节,将讨论一个经营学中广为人知的问题——旅行推销员问题,对用于求解旅行推销员问题的问题求解系统的开发方法进行说明。

1) 问题描述

旅行推销员问题指给定一个城市集合,推销员需要访问该集合中的所有城市,而且每个城市只能访问一次,并在最后返回出发城市,求出满足上述条件的最短路径。

问题描述由以下数据(问题描述环境)决定,即

问题描述环境=<城市的集合,城市间的距离,出发城市,goal:巡回距离最短>

2) 系统开发

(1) 旅行推销员问题的用户模型的计算机可读表达。本节,将首先展示用于求解此问题用户模型的计算机可读表达,然后对创建模型的思路与内容进行说明。

[注意]

对用户模型的描述(包括问题描述环境)应是简洁的。

```
/ * tsp7. set * /
func([goal,distance,DisList]);
Cities. g=[1,2,3,4,5,6,7,8,9,10,11,12,13,14,15];


DisList(1)=[0];
DisList(2)=[123,0];
DisList(3)=[56,25,0];
DisList(4)=[78,98,225,0];
DisList(5)=[66,908,140,25,0];
DisList(6)=[37,345,87,678,336,0];
DisList(7)=[999,41,54,402,34,134,0];
DisList(8)=[79,78,89,84,755,62,244,0];
DisList(9)=[30,94,65,44,98,79,745,126,0];
DisList(10)=[74,55,65,110,100,80,96,864,200,0];
DisList(11)=[61,317,58,531,180,39,356,67,46,67,0];
```

DisList(12)＝[88,173,20,970,33,40,678,116,806,19,79,0];

DisList(13)＝[138,57,99,340,15,78,10,397,64,76,80,120,0];

DisList(14)＝[68,468,15,60,70,198,34,305,79,118,19,369,777,0];

DisList(15)＝[105,56,881,576,29,378,169,58,41,60,87,119,12,22,0];

distance (City1,City2)＝r<－>

　　　　(City1>＝City2)－>

　　　　　　　(RList:＝DisList(City1),

　　　　　　　　　　r:＝project(RList,City2))

　　　　otherwise

　　　　　　　(RList:＝DisList(City2),

　　　　　　　　　r:＝project(RList,City1));

delta(C,A)＝CC<－>

　　　　CC:＝append(C,[A]),

　　　　constraint(CC);

genA(C)＝As<－>

　　　　(cardinality(C)＝cardinality(Cities. g))－>

　　　　　　　　　　(As:＝[1])

　　　　otherwise

　　　　　　　　　(As:＝defSet(pAs(y,x,[C]),[x,Cities. g]));

pAs(y,x,[C])<－>

　　　　notmember(x,C),

　　　　y:＝x;

constraint(C);

goal(C)＝r<－>

　　　　(cardinality (C)＝1)－>

　　　　　　　(

　　　　　　　r:＝0

```
                                    )
              otherwise
                      (
                      A：＝project(C,0),
                      Cp0：＝minus(C,[A]),
                      (A=1)->
                              (
                              Cp：＝append([1],Cp0)
                              )
                      otherwise
                              (
                              Cp：＝Cp0
                              ),
                      A0：＝project(Cp,0),
                      Rcp：＝goal(Cp),
                      D：＝distance(A0,A),
                      r：＝Rcp+D
                      );


initialstate()=C<->C：=[1];


finalstate (C)<->
          cardinality(C)=cardinality(Cities.g)+1;


st(C)<->
      finalstate(C),
      xwriteln(0,"R=",goal(C));
```

（2）旅行推销员问题的城市与城市间的距离。首先要描述的是城市的集合与城市间距离的定义。此用户模型中,假设有 15 个城市,并用整数来代表各个城市。用 global 变量 $Cities.g=[1,2,3,4,5,6,7,8,9,10,11,12,13,14,15]$ 来表示城市的集合,其中出发城市是城市 1。

用函数 DisList()来定义城市间的距离。例如,DisList(3)＝[56,25,0]表

示城市 3 与城市 1 之间的距离是 56,城市 3 与城市 2 之间的距离是 25,城市 3 与城市 3 之间的距离是 0。

函数 distance:$Cities.g \times Cities.g \rightarrow \mathbf{N}$ 是在指定了两个城市时,计算两者间距离的函数。通过 RList:=DisList(City1),可以求出从 City1 到其他城市的距离,并用列表 Rlist 来表示。接下来,通过 r:=project(RList,City2),可以求出从 City1 到 City2 的距离,用 r 来表示(City1≥City2 时)。

(3) 旅行推销员问题的行动与状态的定义。此用户模型中,将推销员已经访问过的城市的列表作为状态,因此初始状态为[1],如果推销员接下来移动到城市 5,则状态变成[1,5]。行动是推销员下一个要访问的城市,因此状态迁移函数 delta()可以描述成 CC:=append(C,[A])(在状态 C 下进行了行动 A)。例如,在状态[1,5]下进行了行动[8]时,下一个状态就是[1,5,8]。状态迁移函数 delta()的定义中表示制约条件的谓词 constraint(CC)在这种情况下没有实际作用。

如果按照上述方法定义状态与行动,则在状态 C 下可以发生的行动集合 genA(C)=As 就是下一个可以访问的城市,即到目前为止尚未访问过的城市的集合。因此,用集合来表示则为 $As = \langle y \mid y \notin C, y \in Cities.g \rangle$。当访问完所有城市时(cardinality($C$)=cardinality($Cities.g$)),推销员会返回到其出发的城市,因此 As:=[1]。利用模型理论方法提供的函数 defSet,可将集合 As 的计算机可读表达定义为

$$defSet(pAs(y,x,[C]),[x,Cities.g])$$

此描述表示集合 $\langle y \mid pAs(y,x,[C]),x \in Cities.g \rangle$。在此,谓词 $pAs()$ 中的 notmember(x,C)表示 $x \notin C$,也就是说,除了最后返回到出发城市之外,推销员下一个可以进行的行动是到目前为止尚未访问过的城市。

状态评估函数 goal(),是求出到目前为止推销员已经走过的距离。在此,用递归的方法定义该函数。利用 project(C,0)可以得到列表 C 的最后一个元素 A,因此 $Cp0$ 表示上一次访问完成时访问过的城市的列表。当全部访问结束返回到出发点时,最后的元素 A 是 1,因此 minus(C,[A])的运算会删除 $Cp0$ 的第一个元素 1(出发城市)。这样一来,便可以在此时将 $Cp0$ 附加到[1]上(append([1],$Cp0$))恢复到原来的状态。综上所述,Cp 是上一次访问完成时推销员所访问过的城市的列表。goal(Cp)是到目前为止的巡回距离。把该距离与最后的巡回距离 distance($A0$,A)相加,就可以求出已巡回的全部距离。

此外,表示初始状态的函数 initialstate(),表示最终状态的谓词 finalstate(),以及表示停止条件的谓词 st() 的含义都非常明确。

(4) 旅行推销员问题目标寻找器的动作与解的优化。对于此模型,标准化的目标寻找器不会从全部可能的巡回路径中选择距离最短的路径,而是不断选择让 goal(C) 的值保持最小的那个行动。虽然这样得到的解是局部最优解,但从经验上来说却是"满足解"。

为了求得最优解,需要通过变更以确定停止条件 st(),从而优化已经求出的解。当前的 st() 中,求出的是局部最优解 $C0$,巡回距离 $R0=$ goal($C0$)。

在此,如果 st() 表述如下:

$$st(C) < - >$$
$$finalstate(C),$$
$$goal(C) < R0;$$

那么在 goal(C)<$R0$ 成立之前,结束条件都成立,因此目标寻找器会反复回溯直至该条件成立。如果计算时间以及所需内存足够,则可以最终满足条件 goal(C)<$R0$,并求出经过优化的解 C。

3) 用户模型的运行

利用操作系统标配的文本编辑器创建上述用户模型的计算机可读表达,保存到指定名称(如 tsp7. set)的文件中。启动 MTA-SDK,读入并运行该文件,即可求出需要的解。

启动 MTA-SDK 后出现 DIALOG 窗口。在此窗口中输入要运行的系统 tsp7. set,并按下回车键,即可进行编译。采用与 6.2 节相同的操作步骤运行编译生成的系统,即可得到表示问题的解的行动序列 Solf,Yf 是最终状态的前一个状态。tsp7. set 的编译与运行如图 6-13 所示。

成功运行后得到了表示该问题的解的最终状态=[1,9,15,13,7,5,4,14,3,12,10,2,8,6,11,1],与此解相对应的巡回距离是 561。

如前所述对停止条件 st() 进行变更,所得到的优化解为[1,9,15,13,7,5,4,8,11,14,3,2,10,12,6,1],如图 6-14 所示。与该解相对应的巡回距离为 513。

练习题

6-4 建立用户模型(tsp7. set),并在 MTA-SDK 中运行。同时,多次改变巡回城市的数据并运行问题求解系统,求出多个解。

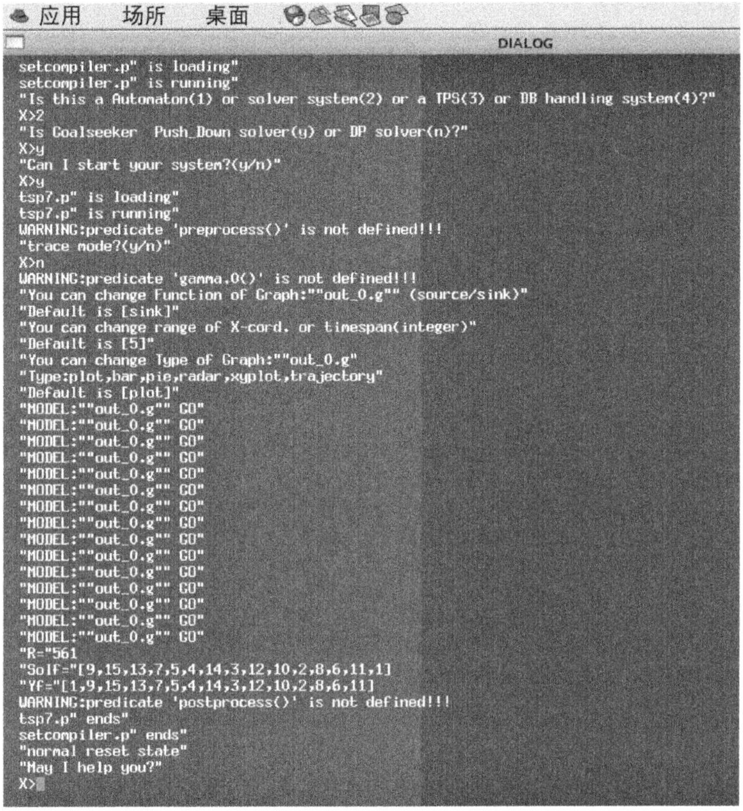

图 6-13 tps7.set 的编译与运行

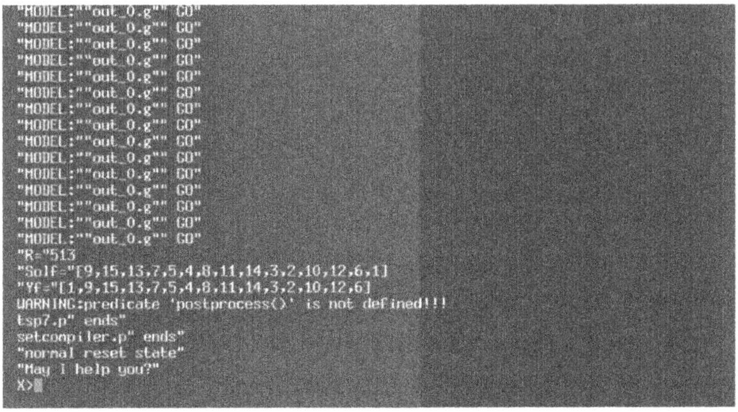

图 6-14 优化后的解

参考文献

[1] Takahara Y，Liu Y. Foundation and applications of MIS [M]. Berlin：Springer，2006.

7 业务处理系统的开发

学习目标

(1) 理解业务处理系统的一般结构(见图7-1)。

(2) 理解用于业务处理系统开发的模型(见图7-3)的特点。

(3) 理解自动机原子处理的内部结构(见图7-4)。

(4) 理解用户模型(集合表达)的各项目。

(5) 理解利用模型理论方法进行业务处理系统开发的步骤。特别是,通过显示构成业务处理系统的各个处理的初始界面来理解业务处理系统可分阶段实现的过程。

(6) 理解根据系统技术规格描述数据流图(data flow diagram, DFD)的方法。

(7) 本章列举了两个开发示例。通过在第5章所述的 MTA-SDK 中编程实现,加深对业务处理系统开发的理解。

本章将在模型理论方法提供的系统开发环境下,以某个书店面向特定客户赊售书籍的系统开发为例,对利用系统方法构建业务处理系统的方法进行说明,同时表明利用模型理论方法进行的系统开发可以提高系统的可靠性,缩短开发时间,降低开发费用。

[7.1] 业务处理系统的描述

本章将对利用模型理论方法进行的业务处理系统开发进行说明。本章讨论的问题如下所述[1]。

某个书店面向特定客户赊售书籍。

销售人员把书籍与收货单交给客户,随后立即把副本(发货单)提交给会计人员。会计人员在月末时统计当月的发货单,制作应收款余额报表后与请款单一起送至客户处。客户通过现金或银行转账等方式来支付货款,但并不需要一次性全部付清。每次支付的金额由出纳人员通过随时到款入账单反馈给会计人员。

上述过程涉及的票据与报表所包括的项目为

(1) 销售票据:客户姓名、客户电话号码、已售出书籍名、销售金额等。

(2) 到款入账票据:客户姓名、客户电话号码、到款入账金额。

(3) 应收款余额报表:当月总销售金额、当月总到款入账金额、上月末总应收款余额、当月末总应收款余额(总未付款余额)。

(4) 请款单:客户姓名、当月总购买金额、当月总到款入账金额、当月请款金额等。

根据上述内容开发一个能够为会计人员所负责的业务提供协助的信息系统。

会计业务,即使在很小的商店,也是必需的。当然,如果不是大型书店,则只需要一个人就可以处理并完成这些业务。此时,若要保留客户(顾客)的记录,则需要一个相当大的台账(存储)。业务处理中包含了大量繁杂的内容(票据的记入、交割,数据的拷贝),想要毫无差错地完成这些并非易事。此外,票据必须要妥善保管,并留存一段时间。

若要记录销售与到款入账这两类信息,则需要更大的台账。由于到款入账金额取决于客户,因此制作请款单也并非易事。为了确保请款单制作无误,需要仔细确认各个客户的购买和付款情况。制作报表时,如果客户的数量,或者销售与到款入账的次数超过了一定水平,则处理(计算)量也会变得非常巨大。

毫无疑问,单纯靠人力想要在短时间内正确无误地完成上述内容是不可能的。那么应该怎么办才好呢?最好的方法是使用 PC 来帮助完成上述内容。也就是说,可以借助计算机来提高信息处理能力。利用计算机协助会计人员处理业务的信息系统称为业务处理系统。

[7.2] 业务处理系统的模型

如上一节中书店的例子,业务处理系统指把销售票据与到款入账票据上的数据准确无误地记录到文件(存储设备)中,到月末时,根据保存在文件中的数据正确生成请款单与应收款余额报表,为日常工作提供帮助的信息系统。

已知可以通过将记录在文件中的数据内容作为状态,用自动机来表示这种系统[2]。因此,根据 3.4.3 节中说明过的自动机的物理实现,可以认为业务处理系统的一般结构如图 7-1 所示。

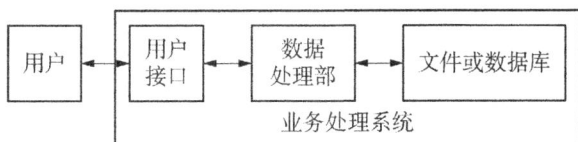

图 7-1　业务处理系统的一般结构

例如,试着思考用户通过互联网购买商品的情况。用户会访问卖家的网站,浏览商品之后,在确定购买时输入购买者姓名、收货地址、购买商品的物品编号与个数等各种信息。提供这种访问手段的模块称为用户接口(user interface,UI)。数据处理部会首先把这些信息记录到卖家的订单文件(或者数据库)中。然后,卖家会根据记录在文件中的信息处理商品的发货及付款等相关事宜(这也是数据处理部的职责)。对这些业务进行处理是当前企业使用的信息系统的基础功能。这种系统的开发称为系统开发或者软件开发,一般来说是软件工程的研究对象。本书将对如何利用系统方法完成此类系统的开发(即如何通过创建研究对象的系统模型来处理对象问题)加以说明。

7.2.1　用于业务处理系统开发的模型

为 7.1 节中提到的书店业务创建的业务处理系统如图 7-2 所示。该业务处理系统的名称为书店赊售管理系统。

在具体开发时,图 7-2 所示的结构过于简单,不能用于模型开发,因此在模型理论方法中,采取了如图 7-3 所示的模型,创建了此类业务处理系统。采用该模型的依据是自动机原理,本书不做详细说明,相关内容可查阅 Takahara(高原)等[2]的专著。

图 7-3 中的模型具备以下三个特点。

(1) 业务处理系统的功能被分解成了多个原子处理。如 7.4 节中的开发示例说明所述,业务处理系统的功能是由一个个原子处理实现的。由系统开发者根据对象问题开发和创建原子处理与文件系统。从这个意义上将该两者的组合称为业务处理系统的用户模型。

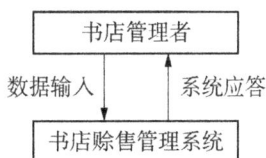

图 7-2　为书店业务创建的业务处理系统

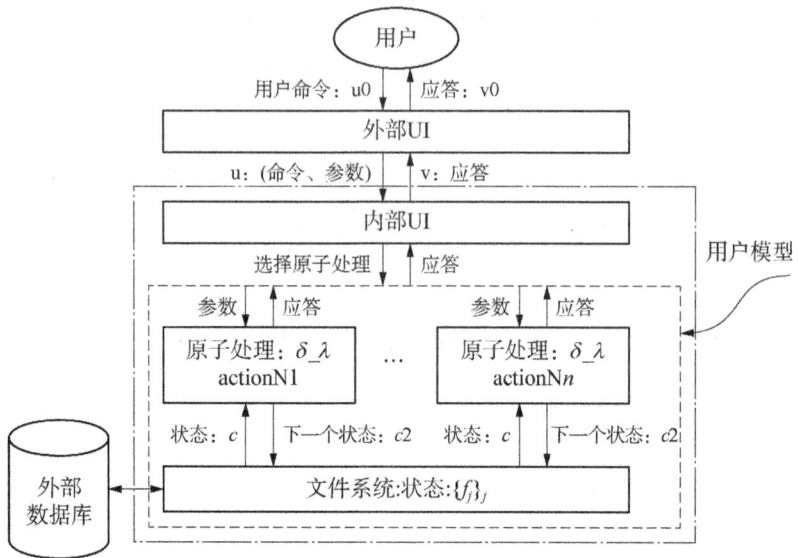

图 7-3　用于业务处理系统开发的模型

　　用户模型是自动机的一种表现。在各个时间点记录到文件系统中的数据内容是业务处理系统的状态。此外,来自用户的输入由指定功能(命令)与运行该命令时所需的参数(数据)形成的数据组来表示,通过 UI 将这些输入发送至原子处理后,原子处理就会让状态发生迁移(改写文件内容)。原子处理结束时的应答作为输出返回给用户。

　　(2) UI 由外部 UI 与内部 UI 构成,用户直接对应于外部 UI。外部 UI 与内部 UI 的作用是建立用户与用户模型之间的连接。外部 UI 获得来自用户的命令名称与运行该命令所需的参数(数据),内部 UI 根据用户所输入的命令名选择原子处理,把运行该原子处理所需的参数传递给该原子处理,确保原子处理的运行。

　　模型理论方法提供的系统开发环境具备标准化的外部 UI 与内部 UI。外部 UI 由主流的 WWW 服务器提供,因此是通用的,由 HTML 与 PHP 创建(本书中利用了运行在 Linux 上的 Apache)。

　　(3) 业务处理系统的数据都保存在文件中。这样一来,就可以实现大量数据的长期保存和高速处理。如有需要,不同信息系统可以访问同一个共享数据。由于存在多个文件,因此称为文件系统。对文件系统进行有组织的访问是利用数据库来完成的。本书对数据库不做说明。

　　一般来说,UI 的设计和开发较为复杂。模型理论方法中事先提供了与每种用户模型相对应的标准化外部 UI 与内部 UI(在符合技术规格的前提下)，系统开发者不需要再设计和开发 UI。因此，系统开发者可以专心设计用户模型。定义原子处理，并以计算机可读的形式将其表达出来是系统开发的主要工作。本书业务处理系统的开发，可以利用 7.2.2 节中说明的公式化模型结构建立用户模型，从而提高系统的可靠性，缩短开发时间，降低开发费用。

原子处理的内部结构如图 7-4 所示。

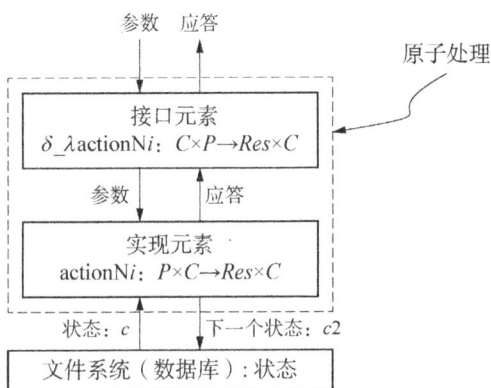

图 7-4　原子处理的内部结构

原子处理由接口元素与实现元素构成。接口元素是内部 UI 与实现元素之间的接口，把用户命令中的必要信息作为参数(数据)传递给实现元素。实现元素根据来自接口元素的信息运行原子处理。此时，文件系统的内容会改变，实现元素会在运行原子处理的同时生成应答。实现元素接受状态 c 与参数(数据)进行处理，把下一个状态 $c2$ 写入文件系统中，同时生成与此处理相对应的应答并将该应答输出到接口元素的过程如图 7-4 所示。

7.2.2　用户模型

用户模型(集合表达)的公式化如下所示。此结构给出了用户模型的标准。

用户模型 $=<$ ActionName, ResName, AttrName, $\{f_j\}_j$, para, $\{$ delta_lambda(actionN i), actionN $i\}_i$, MactionName$>$

其中各元素含义为

(1) ActionName:原子处理名称的集合。

(2) ResName:应答名称的集合。

(3) AttrName:文件系统中使用的属性的集合。

(4) $\{f_j \mid f_j \subset \text{AttrName}\}$：文件结构的类。

(5) para：$\text{ActionName} \rightarrow \wp(\text{AttrName})$：用来指定各原子处理的实现中所需数据的属性的函数。

(6) delta _ lambda（[actionNi], paralist）$\in$ ResName：actionN$i \in$ ActionName 相对应的接口元素 delta_lambda（[actionNi], paralist）= res $\leftrightarrow$ res：= actionNi（paralist）。

(7) actionNi：actionNi 实际进行的处理内容（实现元素），actionNi（paralist）= res $\leftrightarrow (\exists c, c2)((\text{res}, c2) := \varphi(c, \text{paralist}))$。

上述公式化中，各符号的含义如下所述：① actionNi 为第 i 个原子处理的名称；② res 为与 actionNi 运行对应的应答名称；③ paralist 为 actionNi 实现所需要的参数（数据）的列表；④ c 为文件系统的当前状态；⑤ $c2$ 为文件系统的下一个状态；⑥ φ 为用来计算下一个状态与应答的函数。

特别需要关注的是，φ 具体定义了被公式化成自动机的原子处理的状态迁移函数与输出函数，因此是实现业务处理系统功能的关键部分。

如 7.4 节中的开发示例所阐明的，在实际开发中，首先会提取对象系统的主要功能并将其表示为以下宏操作。

(8) MactionName：宏操作名称的集合。

详细说明可参阅 7.4 节中的开发示例，用数据流图表示系统技术规格时，在数据流图中定义的主要处理（功能）是宏操作，这些宏操作名称的集合为 MactionName。各个宏操作由具体运行处理的若干基本处理（功能），即原子处理实现。

如果要对文件系统进行补充说明，则可以用 para 函数来描述实现原子处理所需的参数（数据）的属性。与各原子处理相对应的 para 函数为

$$\text{para：ActionName} \rightarrow \wp(\text{AttrName})$$

在确定 para 函数时，所必需的属性的集合（AttrName）也随之确定，即

$$\text{AttrName} = \bigcup \{\text{para}(\text{actionN}i) \mid \text{actionN}i \in \text{ActionName}\}$$

根据标准形式的条件把属性的集合 AttrName 分割成多个文件的是文件系统。实际开发中，在根据系统技术规格创建数据流图的阶段就要探讨应该建立一个什么样的文件结构。

在实际的系统开发中，需要定义用户模型的各个项目（集合或者函数），利用计算机可读表达来描述用户模型。用户模型的计算机可读表达如下所示，

在此称其为用户模型的实现结构。

```
//filename. set
func([actionN11,…]);
MactionName. g：=["mactionN1","mactionN2",…,"mactionNn "];
mactionN1. g=["actionN11","actionN12",…,"actionN1k "];
//atomic process 11
delta_lambda([actionN11],paralist)=res<->res：=actionN11(paralist);
actionN11(paralist)=res<->(res,c2)：=φ(c,paralist);
    …
//atomic process 1k
delta_lambda([actionN1k],paralist)=res<->res：=actionN1k(paralist);
actionN1k(paralist)=res<->(res,c2)：=φ(c,paralist);
```

下述 mactionN2. g 之后也相同。

```
mactionN2. g=["actionN21","actionN22",…];
//atomic process 21
delta_lambda([actionN21],paralist)=res<->res：=actionN21(paralist);
actionN21(paralist)=res<->(res,c2)：=φ(c,paralist);
    …
```

其中，filename. set 是所开发系统的源文件名，mactionNi 是第 i 个宏操作名，actionNij 是用于实现第 i 个宏操作 mactionNi 的第 j 个原子处理名。添加在第一行的 func([…]) 是用户模型中使用的全部函数的声明，因为用户模型中定义的全部原子处理都是函数，所以需要在此进行声明。

架构系统由如下所示的 MactionName. g 语句部分，或者再加上 mactionNi. g 相关语句构成。

```
//filename. set
    MactionName. g：=["mactionN1","mactionN2",…,"mactionNn "];
    mactionN1. g=["actionN11","actionN12",…,"actionN1k "];
    mactionN2. g=["actionN21","actionN22",…];
        …
```

actionN11, actionN12, ···, actionN1k 是用以实现 mactionN1 的原子处理。实际的系统开发中,首先会搭建架构系统,然后通过逐次添加已实现的原子处理来构成 MactionName 的各个宏操作。系统开发者只需具体描述用户模型的实现结构中的方括号[···]部分与函数 φ 即可。

接下来的 7.3 节将对系统开发的步骤进行详细说明。

[7.3] 业务处理系统的开发方法

7.3.1 业务处理系统的开发步骤

基于模型理论方法开发业务处理系统的步骤如图 7-5 所示。

业务处理系统开发中,首先用数据流图表示对象系统的技术规格。顾名思义,数据流图是用图形来表示数据流,图中用长方形表示数据与信息的产生源与汇集点这些外部实体,用椭圆形表示数据的处理(流程),用双杠表示文件和数据库,用箭头表示在这些实体之间流动的数据。

对于模型理论方法,创建有效数据流图的方法之一是分层描述数据流图[3]。此方法首先着眼于系统技术规格中各段文字的主语与谓词,识别外部实体、处理与数据,并用整体上下文图将这些元素表示出来,此时对象系统整体被表示成一个处理。然后,逐次分解对象系统的处理,分层描述数据流图。分解到什么程度取决于分解的目的,以较小规模系统开发为对象的模型理论方法中,分两层描述数据流图即可。关于制作数据流图的详细步骤,7.4 节的开发示例有说明。

接下来系统开发者要按照图 7-5 中的步骤,根据表达了对象系统技术规格的数据流图,分阶段描述用户模型的实现结构。模型理论方法中,系统的初始界面显示、各宏操作的初始界面显示以及构成宏操作的原子处理的实现是分阶段进行的。开发过程中,可以通过 UI 在界面上确认之前的操作是否正确,即可以在实施开发的同时随时得到反馈,确认开发成果。这是运用模型理论方法进行开发的一大特点。除此之外,还具有以下特点。

按照图 7-5 中的开发步骤,在完成一个宏操作的实现后,就要开始下一个宏操作的实现,但也可以着手其他宏操作的实现。同样,原子处理的实现也可以采用一种灵活的方法,从一种更易于处理的方法开始,然后将其添加到系统中。当然,宏操作和原子处理可以在任何阶段轻松地进行独立添加和删除。

```
                    ┌──────────────┐
                    │  确定系统规格  │
                    └──────┬───────┘
                    ┌──────┴───────┐
                    │  绘制数据流图  │
                    └──────┬───────┘
          ┌────────────────┤
          │         ┌──────┴────────────────┐
          │         │ 确定宏操作(mactionNi)   │
          │         └──────┬────────────────┘
          │         ┌──────┴────────────┐
          │         │  显示系统的初始界面  │
          │         └──────┬────────────┘
          │   NO    ╱──────┴──────╲
          └────────╱   是否成功    ╲
                    ╲             ╱
                     ╲───────────╱
                          │ YES
    ┌─────────────────────┤
    │            ┌─────────┴──────────────────┐
    │            │ 按照以下步骤实现mactionNi     │
    │            └─────────┬──────────────────┘
    │     ┌───────────────┤
    │     │       ┌───────┴────────────────┐
    │     │       │ 确定原子处理(actionNi)   │
    │     │       └───────┬────────────────┘
    │     │       ┌───────┴──────────────────┐
    │     │       │ 显示mactionNi的初始界面     │
    │     │       └───────┬──────────────────┘
    │     │  NO   ╱───────┴──────╲
    │     └──────╱   是否成功      ╲
    │            ╲               ╱
    │             ╲─────────────╱
    │                   │ YES
    │ ┌─────────────────┤
    │ │        ┌────────┴────────────────┐
    │ │        │ 按照以下步骤实现actionNi   │
    │ │        └────────┬────────────────┘
    │ │  ┌─────────────┤
    │ │  │     ┌───────┴────────────────────┐
    │ │  │     │ 显示确定输入数据的数据输入界面 │
    │ │  │     └───────┬────────────────────┘
    │ │  │     ┌───────┴────────────────┐
    │ │  │     │ 确定接口元素与实现元素    │
    │ │  │     └───────┬────────────────┘
    │ │  │     ┌───────┴──────────────┐
    │ │  │     │ 测试actionNi的动作     │
    │ │  │     └───────┬──────────────┘
    │ │  │ NO  ╱───────┴──────╲
    │ │  └────╱   是否成功      ╲
    │ │       ╲               ╱
    │ │        ╲─────────────╱
    │ │              │ YES
    │ │  YES ╱───────┴──────────────╲
    │ └─────╱ 是否实现下一个actionNi? ╲
    │       ╲                       ╱
    │        ╲─────────────────────╱
    │               │ NO
    │   YES ╱───────┴──────────────────╲
    └──────╱ 是否实现下一个mactionNi      ╲
           ╲                           ╱
            ╲─────────────────────────╱
                   │ NO
            ┌──────┴────────────────┐
            │ 对已完成的内容进行测试    │
            └───────────────────────┘
```

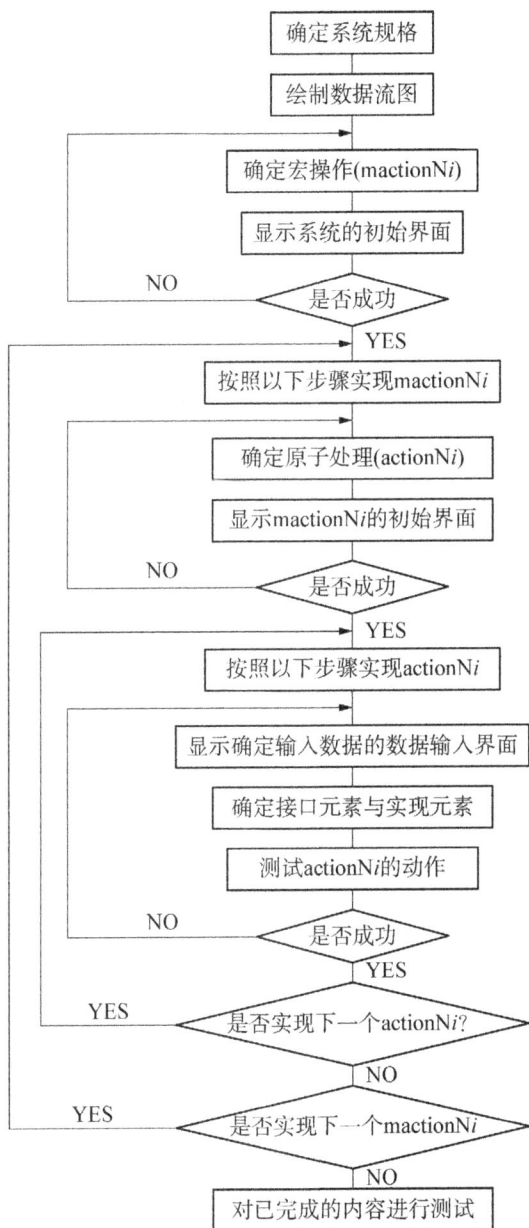

图 7 - 5　基于模型理论方法开发业务处理系统的步骤

　　如图 7 - 4 所示,除了文件系统中的各文件相互关联之外,各原子处理彼此间独立。因此,原子处理的调试可以独立进行。

7.3.2　运行形态

所开发的业务处理系统的运行形态如图 7-6 所示,完成的业务处理开发系统在整体上是一个输入-输出系统,来自用户的命令是输入,对用户命令的应答是输出。系统通过外部 UI 接受来自用户的命令,并将其传递给用户模型。用户模型对该命令进行处理,再通过外部 UI 将与处理相对应的应答传递给用户。用户模型进行处理时由 extProlog 解释器在外部 UI 的管理下运行。但是,在使用模型理论方法进行开发时,用户不需要考虑(设计)外部 UI 和 extProlog 的内容。

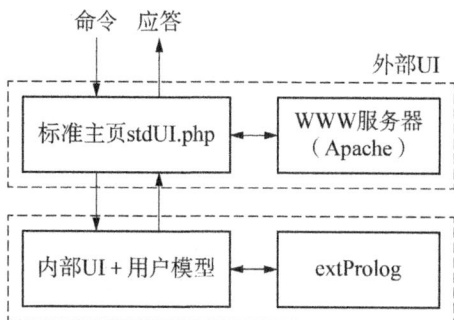

图 7-6　所开发的业务处理系统的运行形态

〔7.4〕　开发示例 1:书店赊售管理系统

运用模型理论方法进行系统开发的详细步骤如下所述。

第一步,确定技术规格。

第二步,用数据流图表示技术规格。

第三步,根据数据流图确定宏操作名称的集合 MactionName,搭建基本架构系统,保存成扩展名是 .set 的文件。宏操作的添加与删除可以在之后的阶段随时进行。

第四步,编译并运行架构系统,显示基本架构系统的初始界面。若这一步顺利完成,则可以确认开发环境正常。这是开发初始阶段中最重要的一步。

第五步,对架构系统的各个宏操作 mactionNi 实施展开操作。在这一步中,重要的是一边确认运行结果一边逐步推进开发。原子处理可以在需要时进行添加或删除,因此可以从容易着手的宏操作或原子处理开始开发。

（1）分解宏操作 mactionNi 的功能并确定原子处理的集合，将其作为 mactionNi.g 添加到架构系统中。

（2）编译并运行架构系统，显示宏操作 mactionNi 的初始界面。

（3）对于构成宏操作 mactionNi 的各个原子处理 actionNi，实施下述①～⑤的展开操作：①根据数据流图确定文件的属性名；②确定运行原子处理所需的输入数据；③描述接口元素；④描述实现元素；⑤编译并运行，确认结果。

第六步，在实现全部宏操作后，实施整体测试。

接下来基于上述步骤，对 7.1 节中所述的书店赊售管理系统的开发方法进行说明。

7.4.1　确定技术规格

从 7.1 节记载的书店业务中整理出会计人员的业务内容，并进行如下描述，其中，对部分业务进行了简化处理。

（1）接收来自销售人员的销售票据。销售票据中记录了客户姓名、客户电话号码、已售出书籍名、销售金额等信息。

（2）接收来自财务人员的到款入账票据。到款入账票据中记录了客户姓名、客户电话号码、到款入账金额。

（3）在月末，统计销售票据与到款入账票据，制作应收款余额报表。报表中的记录项目包括当月总销售金额、当月总到款入账金额、上月末总应收款余额以及当月末总应收款余额（总未付款余额）。

（4）在月末，根据销售票据与到款入账票据制作提供给客户的请款单。请款单的记录项目包括客户姓名、当月总购买金额、当月总到款入账金额以及当月请款金额等。

7.4.2　用数据流图表示技术规格

1）业务概要

会计人员的业务概要如图 7-7 所示。此阶段，会把会计人员的业务当作一个完整的处理，明确记录与外部之间的物、钱、信息的交互。

2）用数据流图表示

分解会计人员的业务内容，并用数据流图表示。在此，创建第 1 级的数据流图并进行如下分析。

（1）收到销售票据时，完成确认客户与记录销售数据这两个处理。处理对象为客户数据与销售数据。

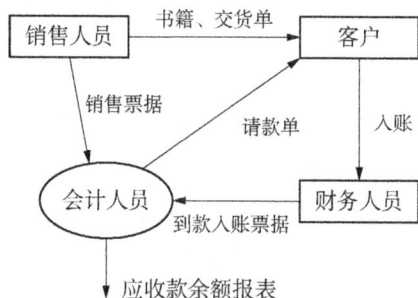

图7-7 会计人员的业务概要

（2）收到到款入账票据时,完成确认客户与记录到款入账数据这两个处理。处理对象为客户数据与到款入账数据。

（3）对赊售金额的管理在客户数据中统一进行。

（4）为了生成应收款余额报表,需要记录销售数据与到款入账数据。

（5）为了生成请款单,需要客户数据、销售数据以及到款入账数据。

（6）销售数据与到款入账数据是共通项目,都具有客户姓名、金额（销售金额或到款入账金额）以及处理时间,因此不需要单独建立记录到款入账数据的文件,而是使用记录销售数据的文件来记录到款入账数据。

基于以上分析创建的会计人员业务的数据流图如图7-8所示。

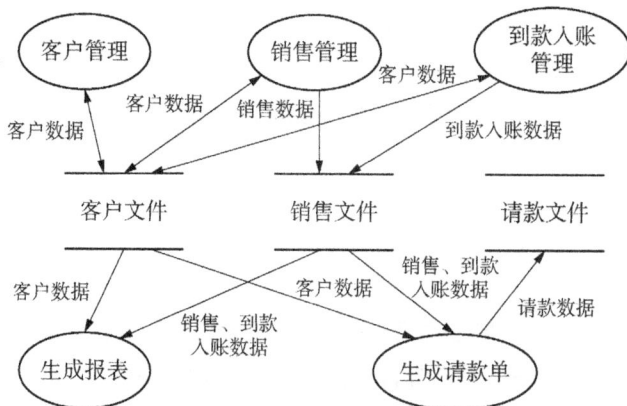

图7-8 会计人员业务的数据流图

其中,5个处理（流程）的含义与每个处理相对应的宏操作及其名称分别如下所述:

（1）客户管理（cregister）:新客户注册,更新与删除现有客户的数据。

（2）销售管理（sales）：当新客户使用系统时，提示新客户注册。当已注册客户使用系统时，追加记录新的销售数据，更新客户的未付款余额。

（3）到款入账管理（income）：记录客户的已支付款数据，更新客户的未付款余额。

（4）生成报表（report）：生成应收款余额报表。

（5）生成请款单（bill）：生成每个客户的请款单。

此外，考虑到第三范式，确定三个文件的属性结构，同时确定各个文件的文件名。在此，销售文件和到款入账文件共用同一个文件，当然，也可以分别定义成两个不同的文件。将文件的扩展名设为 .lib，将文件作为文件变量。定义文件变量时，必须在运行前生成空文件。

（1）客户文件（bcustomer.lib）＝{客户 ID，客户姓名，客户电话号码，应收款余额（未付款余额）}。

（2）销售文件/到款入账文件（sales.lib）＝{客户 ID，已售出书籍名/到款入账时，销售金额/到款入账金额，销售日期/到款入账日期}。

（3）请款文件（bill.lib）＝{客户姓名，当月总购买金额，总到款入账金额，当月请款金额，请款日期}。

7.4.3　确定 MactionName 和搭建基本架构系统

将数据流图的 5 个处理作为宏操作，从而得到以下集合。

$$MactionName＝\{cregister，sales，income，report，bill\}$$

将宏操作集合表示成计算机可读表达，创建如下所示的架构系统并将其保存成扩展名为 .set 的文件。在此，将要开发的书店赊售管理系统命名为 bookstore。

//bookstore.set
MactionName.g＝["quit","cregister","sales","income","report","bill"];

其中，"quit"是"运行终止"的宏操作名称，必须具备。如前文所述，扩展名为 .g 的集合 MactionName.g 是全局变量。

7.4.4　显示基本架构系统的初始界面

利用模型理论方法提供的系统开发环境（MTA-SDK）编译架构系统并生成可运行的文件 bookstore.p。启动外部 UI 的 stdUI4455J.php 时的初始界面如图 7 - 9 所示。按照提示输入文件名 bookstore. p,按下 OK1 按钮运行该文件,即可显示书店赊售管理系统的架构系统的初始界面(见图 7 - 10)。该初始界面的成功显示表明系统开发环境处于正常状态。

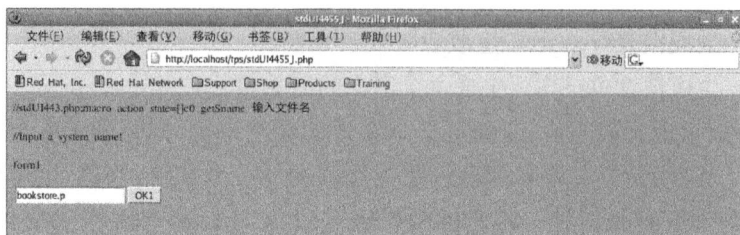

图 7 - 9 启动外部 UI 的 stdUI4455J. php 时的初始界面

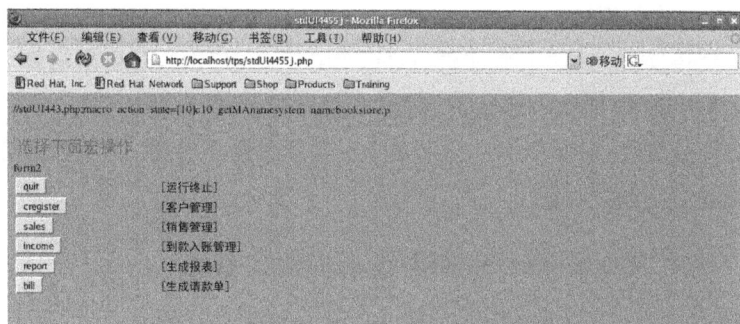

图 7 - 10 书店赊售管理系统的架构系统的初始界面

此界面中,宏操作带有注释。为了显示这些注释,需要将下列语句添加到架构系统中。

quitComm. g=["运行终止"];

cregisterComm. g=["客户管理"];

salesComm. g=["销售管理"];

incomeComm. g=["到款入账管理"];

reportComm. g=["生成报表"];

billComm. g=["生成请款单"];

7.4.5 实现各个宏操作

实现数据流图中的全部宏操作时,其实现顺序不受限制,因此可以从相对容易开发的宏操作着手。完成所有任务后,系统开发完成。

7.4.5.1　实现宏操作客户管理（cregister）

1）确定构成 cregister 的原子处理

确定宏操作客户管理（cregister）应该具备的基本功能。也就是说，进一步对图 7-8 中的客户管理功能进行分解，得到基本功能。由于可以在创建系统的过程中根据需要对这些基本功能进行添加或删除，因此现阶段并不需要十分严密的思考。直接将客户管理功能分解成必要的基本功能，将分解得到的基本功能作为构成 cregister 的原子处理。

例如，分解宏操作 cregister（见图 7-11），得到以下 4 个基本功能。

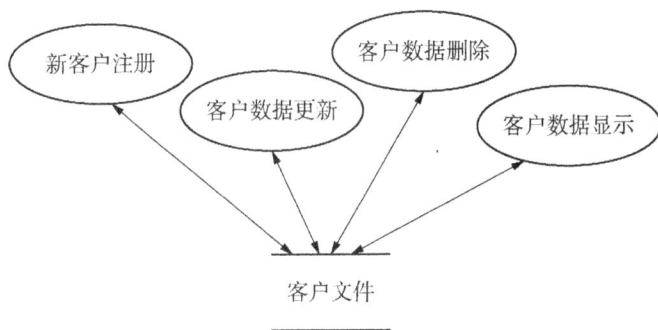

图 7-11　分解宏操作 cregister

（1）新客户注册（registercustomer）：将应收款余额的初始值设为 0。

（2）客户数据更新（updatecustomer）。

（3）客户数据删除（delcustomer）。

（4）客户数据显示（dispcustomer）：列表显示客户文件（bcustomer. lib）的。

这样一来，就可以得到如下的计算机可读表达。

cregister. g=["registercustomer","updatecustomer","delcustomer", "dispcustomer"];

将其添加到架构系统中，得到如下的架构系统。

```
//bookstore. set
    MactionName. g=["quit","cregister","sales","income","report","bill"];
    cregister. g=["registercustomer","updatecustomer","delcustomer",
"dispcustomer"];
```

2) 显示 cregister 的初始界面

覆盖并保存至通过 1) 得到的语句中，随后进行编译。在运行后显示的架构系统初始界面上单击 cregister 按钮，显示宏操作 cregister 的初始界面（见图 7－12）。

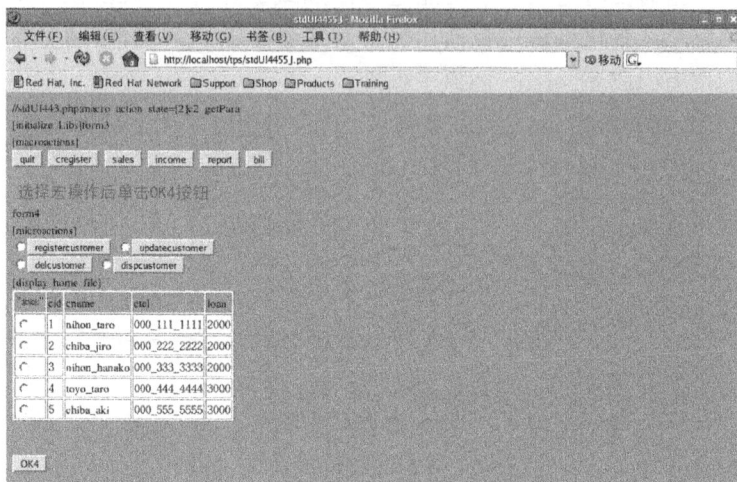

图 7－12　宏操作 cregister 的初始界面

此界面中添加了显示表 display home file。运行宏操作时，像这样用表的形式显示出来的相关文件称为 Home 文件。此例中，cregister 的 Home 文件就是客户文件，该文件中已经记录了 5 组数据。可以通过在架构系统中添加以下两个语句来显示 Home 文件。

＜mactionN＞HomeFile. g＝［要显示的文件名］；

＜mactionN＞. lib. g＝［要显示的文件的属性名 1,…,属性名 n］；

例如，为了显示图 7－12 中的 Home 文件，添加了以下语句。

cregisterHomeFile. g＝["bcustomer. lib "]；

cregister. lib. g＝["cid","cname","ctel","loan"]；

在接下来的 3) 中，对客户文件 bcustomer. lib 的属性名进行了说明。

3) 实现各个原子处理

实现顺序可以是任意的。下面，按照编号从小到大的顺序实现各个原子处理。

（1）实现原子处理 registercustomer。registercustomer 的功能是新客户

注册。实现此功能时,需要完成以下任务。

① 确定客户文件的属性名。

确定创建数据流图时定义的客户文件 bcustomer. lib 的属性名为

bcustomer. lib＝客户文件

cid	cname	ctel	loan

其中,各个部分的含义为

   cid＝客户 ID

   cname＝客户姓名

   ctel＝客户电话号码

   loan＝应收款余额(未付款余额)

② 确定新客户注册时所需的输入数据。

确定新客户注册时需要输入的数据。此例中,新客户注册时需要输入以下两个数据。

   cname:客户姓名

   ctel:客户电话号码

因此,可以确定 para 函数为

para(registercustomer)＝["cname","ctel"];

相对应的计算机可读表达为

registercustomer. g＝["cname(/ex. takahara_yasuhiko)","ctel(/ex. 045_888_2222)"];

其中,cname 后面的(/ex. takahara_yasuhiko)与 ctel 后面的(/ex. 045_888_2222)是对数据输入格式说明的注释,参见图 7-13。

此外,注册时会自动生成客户 ID。在处理销售票据时,会计算并记录客户的应收款余额,因此注册时应把客户的应收款余额的初始值设为 0。

将上述语句添加到架构系统中,则有

```
//bookstore. set
MactionName. g＝["quit","cregister","sales","income","report","bill"];
cregister. g ＝ [ " registercustomer "," updatecustomer "," delcustomer ",
"dispcustomer"];
cregisterHomeFile. g＝["bcustomer. lib"];
```

cregister. lib. g＝［"cid","cname","ctel","loan"］；

registercustomer. g＝［"cname(/ex. takahara_yasuhiko)","ctel(/ex. 045_888_2222)"］；

　　将更新后的语句内容覆盖、保存并编译。在运行后显示的架构系统初始界面上单击 cregister 按钮，并在变化后的界面上选择 registercustomer 然后单击 OK 按钮，此时系统会提示输入运行 registercustomer 所需的数据（见图 7-13）。

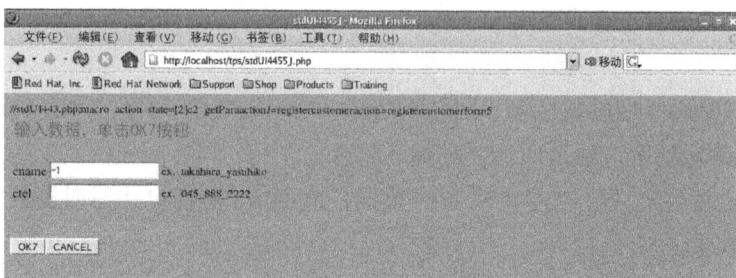

图 7-13　系统提示输入运行 registercustomer 所需的数据

　　③ 描述接口元素。

　　如下所示，根据规则描述 registercustomer 的接口元素。

delta_lambda（［_registercustomer］,paralist）＝res＜-＞

　　　res：＝registercustomer(paralist)；

此语句的含义是把运行 registercustomer 所需的数据作为 paralist 传递给实现元素。其他情况下，对原子处理接口元素的描述也遵守此规则。

　　④ 描述实现元素。

　　如下所示，根据规则描述 registercustomer 的实现元素。

registercustomer（［cname,ctel］）＝res＜-＞

　　　（member（［cid,cname,ctel,loan］,bcustomer. lib））-＞

　　　　　（

　　　　　res：＝［"Customer is already registered. "］

　　　　　）

　　　otherwise

　　　　　（

　　　　　cId：＝getCId(),

　　　　bcustomer. lib：＝append(bcustomer. lib,[[cId,cname,ctel,0]]),

　　　　res：＝[cname, "was registered"]

　　　　）;

　　registercustomer 收到以 paralist 形式从接口元素传递过来的[cname,ctel]两个数据,运行以下处理:当[cname,ctel]是文件 bcustomer. lib 中的成员时,即语句 member([cid,cname,ctel,loan],bcustomer. lib)为真时,在界面上输出应答内容"Customer is already registered."。否则,运行以下语句。

cId：＝getCId(),

bcustomer. lib：＝append(bcustomer. lib,[[cId,cname,ctel,0]]),

res：＝[cname, "was registered"];

　　该语句表示将新客户的记录[cId,cname,ctel,0]添加(append)到客户文件 bcustomer. lib 中,随后界面上会输出应答 cname, "was registered"。在此,cId 是新分配给此客户的客户 ID,用自动生成客户 ID 的函数 getCId()代入。因此还需要以下语句。

getCId()＝Id<－>

　　　　Id0：＝cId. lib,

　　　　Id：＝project(Id0,1),

　　　　cId. lib2：＝Id＋1;

　　由于 registercustomer 与 getCId 都是函数,因此在 func 中进行如下声明。

func([registercustomer,getCId]);

将该声明置于代码语句的最前面。

　　同样地,新定义的原子处理都是函数,因此也都需要在 func 中添加声明。同时在系统内创建 bcustomer. lib 与 cId. lib 这两个文件作为数据文件。对于 cId. lib 这种生成编号的文件,在创建文件时可以将初始值设定成1。

　　⑤ 编译并运行,确认结果。

　　添加以上语句并覆盖、保存,随后进行编译。在运行时的输入界面上输入客户数据,测试 registercustomer 是否正常。也就是说,在输入了客户数据并单击 OK 按钮后,如果不是新客户,则只需确认提示信息是否可以正确显示即可;如果是新客户,则会返回到宏操作 cregister 的初始界面,确认当前输入的客户数据是否已被正确添加到了初始界面的 Home 文件 bcustomer. lib 的最后一行,如果失败,则需调整接口元素与实现元素的描述语句,修改后再次测试,重复这一过程直至成功。

（2）实现原子处理 dispcustomer。dispcustomer 的功能是用列表显示客户文件（bcustomer.lib）的内容。客户文件是已事先定义好的文件。此外，无需为了列表显示而输入数据。因此，只需完成如下 3 个任务。

① 描述接口元素。

如下所示，根据规则描述 dispcustomer 的接口元素。

delta_lambda（[_dispcustomer]，paralist）＝res＜－＞res：＝dispcustomer（）；

此时不需要输入数据，所以 dispcustomer（）的括号中是空白的。

② 描述实现元素。

如下所示，根据规则描述 dispcustomer 的实现元素。

dispcustomer（）＝res＜－＞
　　　res0：＝["table"，["cid"，"cname"，"ctel"，"loan"]]，
　　　res：＝append（res0，bcustomer.lib）；

上述语句倒数第 2 行的含义是在表头位置显示属性名，并用表格的形式显示客户文件的内容。

③ 编译并运行，确认结果。

在现有架构系统中添加上述语句并覆盖、保存，随后进行编译。在运行后显示的架构系统初始界面上单击 cregister 按钮，并在变化后的界面上选择 dispcustomer，然后单击 OK13 按钮。客户文件（bcustomer.lib）的列表显示如图 7-14 所示。

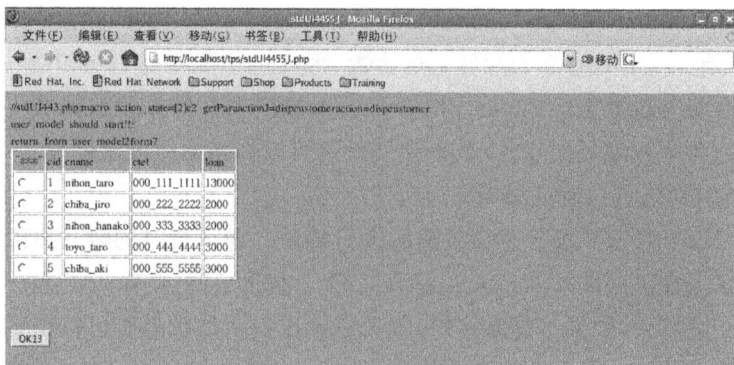

图 7-14　客户文件（bcustomer.lib）的列表显示

（3）实现原子处理 updatecustomer 与 delcustomer。作为练习题，请读者自行完成这部分任务。在本节的练习题中给出了书店赊售管理系统用户模型的实现结构，请参考。

7.4.5.2　实现宏操作销售管理（sales）

1）确定构成 sales 的原子处理

首先，对宏操作销售管理（sales）进行功能分解（见图 7 - 15）。

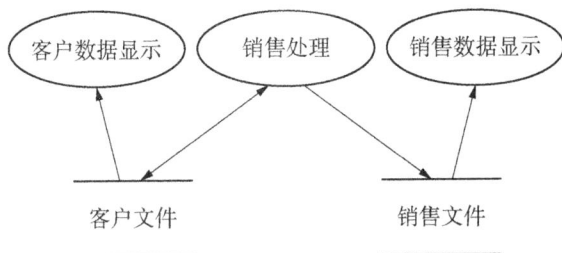

图 7 - 15　宏操作 sales 的分解

sales 的基本功能有以下 3 个。

（1）客户数据显示（dispcustomer）：列表显示客户文件（bcustomer. lib）。

（2）销售处理（bsale）：记录销售票据与更新未付款余额。

（3）销售数据显示（dispbsales）：列表显示销售文件（bsales. lib）。

宏操作 cregister 中定义了用于实现客户文件列表显示的原子处理 dispcustomer，因此该功能无需在此实现。

此外，将销售文件（bsales. lib）作为 Home 文件。接下来的 3）中定义了销售文件的属性名，如果在此提前描述 Home 文件，则可以用如下方式。

sales. g＝["bsale","dispcustomer","dispbsales"];

salesHomeFile. g＝["bsales. lib"];

sales. lib. g＝["cid","bname","amount","date"];

2）显示 sales 的初始界面。

将与 sale 相关的语句添加至架构系统并覆盖、保存，随后进行编译。在运行后显示的架构系统初始界面上单击 sales 按钮，此时会显示宏操作 sales 的初始界面（见图 7 - 16）。

3）实现各原子处理。

（1）实现原子处理 bsale。bsale 的功能是处理销售数据（如记录销售票据、更新未付款余额）。需要完成以下任务。

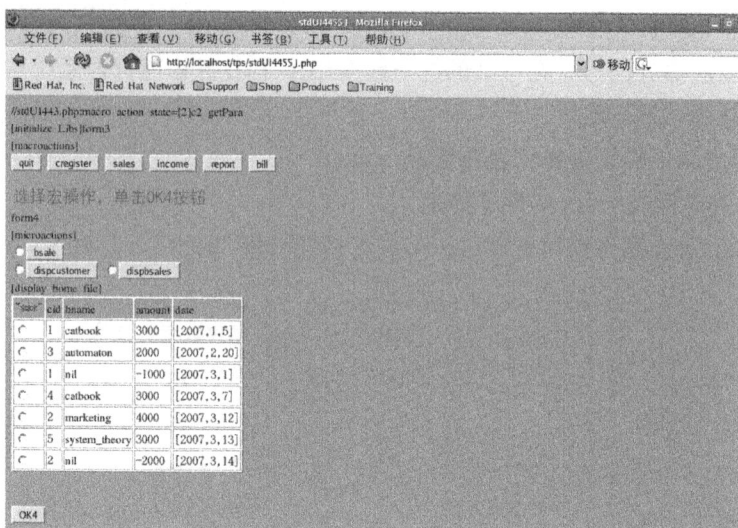

图 7-16　宏操作 sales 的初始界面

① 确定销售文件的属性名。

创建数据流图时已定义了销售文件的属性结构，在此需要定义属性名。

bsales. lib=销售文件

cid	bname	amount	date

其中，各个部分的含义为

cid=客户 ID

bname=已售出书籍名/到款入账时

amount=销售金额/到款入账金额

date=销售日期/到款入账日期

需要注意的是，到款入账数据也应记录在同一销售文件中。不同的是，到款入账时需在属性 bname 的项目中输入"nil"，将到款入账金额记为负值。

② 确定销售处理所需的输入数据。

确定销售处理需要输入的数据：客户数据与书籍销售数据。

cname:客户姓名

ctel:客户电话号码

bname:已售出书籍名

bprice:书籍价格

根据以上数据确定 para 函数为

para(bsale)＝["cname", "ctel", "bname", "bprice"];

相应的计算机可读表达为

bsale. g＝["cname(/ex. saito＿toshio)", "ctel(/ex. 047＿444＿6666)", "bname(/ex. catbook)", "bprice(/ex. 2500)"];

将此语句添加至架构系统中,覆盖、保存后进行编译。在运行后显示的架构系统初始界面上单击 sales 按钮,在变化后的界面上选择 bsale 并单击 OK 按钮,此时系统会提示输入运行 bsale 所需的数据(见图 7 - 17)。

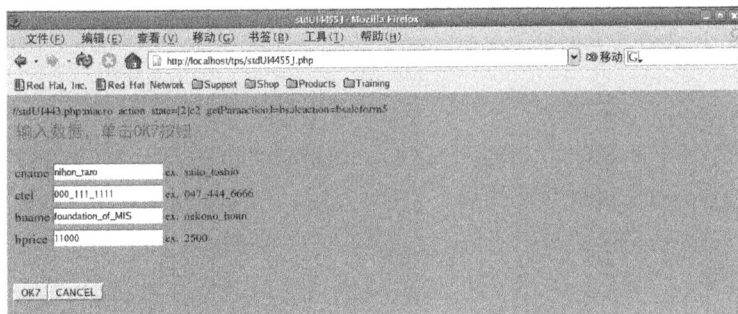

图 7 - 17　系统提示输入运行 bsale 所需的数据

③ 描述接口元素。
如下所示,根据规则描述 bsale 的接口元素。

$$delta\_lambda([\_bsale], paralist)＝res<->$$
$$res:＝bsale(paralist);$$

④ 描述实现元素。
如下所示,根据规则描述 bsale 的实现元素。

bsale([cname, ctel, bname, bprice])＝res<->
　　(member([cid, cname, ctel, loan], bcustomer. lib))->
　　(
　　date:＝getDate2(),
　　bsales. lib:＝append(bsales. lib, [[cid, bname, bprice, date]]),
　　loan2:＝loan＋bprice,
　　project(bcustomer. lib, pcid, [cid, cname, ctel, loan]),

bcustomer. lib：＝replaceList(bcustomer. lib, pcid, [cid, cname,
ctel, loan2]),
res：＝["Thank you for your purchase", bname]
)
otherwise
(
res：＝["Sorry, your name is not registered yet, please register. "]
);

bsale 从接口元素接收[cname, ctel, bname, bprice]这 4 个数据,并运行下述处理。当数据[cname, ctel]存在于客户文件 bcustomer. lib 中时(已注册时),即以下语句为真时,

member([cid, cname, ctel, loan], bcustomer. lib)

更新销售文件 bsales. lib 与客户文件 bcustomer. lib 并输出应答内容"Thank you for your purchase", bname。当为假时,则输出应答内容"Sorry, your name is not registered yet, please register. ",邀请客户注册。

getDate2()是以[年,月,日]格式提供当前时刻信息的函数,模型理论方法提供的系统开发环境(MTA-SDK)中,以库函数的形式提供了该函数。

bsales. lib 的更新是把当前的书籍销售数据记录到 bsales. lib 中的处理。此处理是通过以下两条语句运行的。

date：＝getDate2(),
bsales. lib：＝append(bsales. lib, [[cid, bname, bprice, date]]),

这两条语句可以把销售数据[cid, bname, bprice, date]添加到销售文件 bsales. lib 中。此外,bsales. lib 的更新也是对客户未付款余额(loan)值的更新。通过(member([cid, cname, ctel, loan], bcustomer. lib))语句读取到目前为止的 loan 值,并通过以下语句写入新的 loan 值。

loan2：＝loan＋bprice,

通过以下语句给出 pcid 作为文件 bcustomer. lib 中记录[cid, cname, ctel, loan]的位置。

project(bcustomer. lib, pcid, [cid, cname, ctel, loan]),

此外,通过以下语句将 bcustomer. lib 中位于 pcid 的记录更新成新数据

［cid，cname，ctel，loan2］。

bcustomer. lib：＝replaceList(bcustomer. lib, pcid,［cid, cname, ctel, loan2］)，

⑤ 编译并运行，确认结果。

将上述语句添加至架构系统中，覆盖、保存后进行编译。在运行后显示的销售数据输入界面上输入客户数据与书籍销售数据，测试 bsale 是否正常运行。例如，在图 7 - 17 所示的界面上输入数据并单击 OK7 按钮，由于客户文件中包含该客户的信息(nihon_taro,000_111_1111)，即该客户已注册过，因此系统显示的应答界面如图 7 - 18 所示。

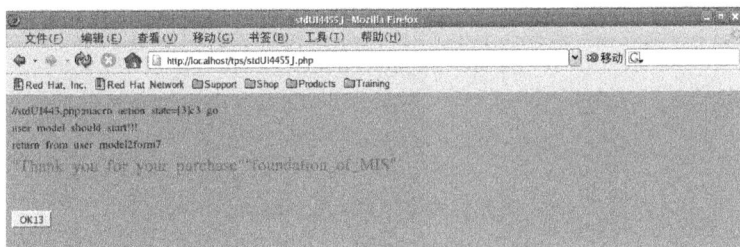

图 7 - 18 系统显示的应答界面

单击 OK13 按钮，系统会在更新 Home 文件 bsales. lib 后返回到宏操作 sales 的初始界面，如图 7 - 19 所示。表中最后一条记录就是刚刚运行过的交

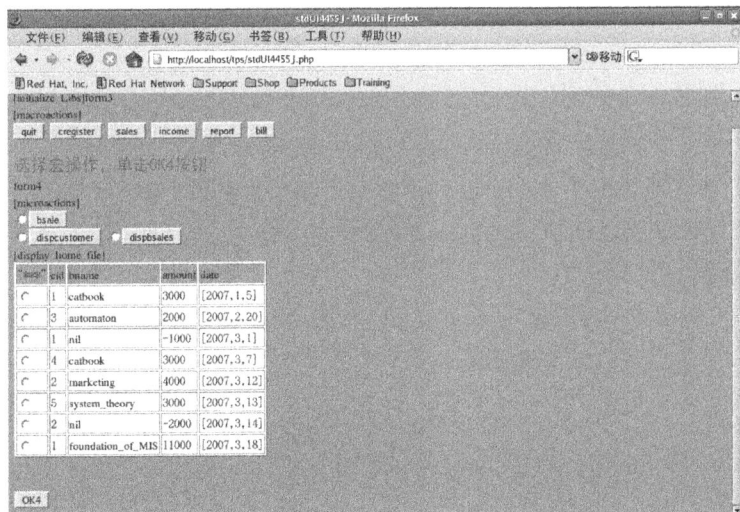

图 7 - 19 系统在更新 Home 文件 bsales. lib 后返回到宏操作 sales 的初始界面

易处理记录。也就是说,bsales. lib 的最后一条记录为 nihon_taro(cid=1)的购买信息(foundation_of_MIS,销售金额,销售日期)。

运行原子处理 dispcustomer 后,可以得到更新后的客户文件 bcustomer. lib 的列表,如图 7 - 20 所示。

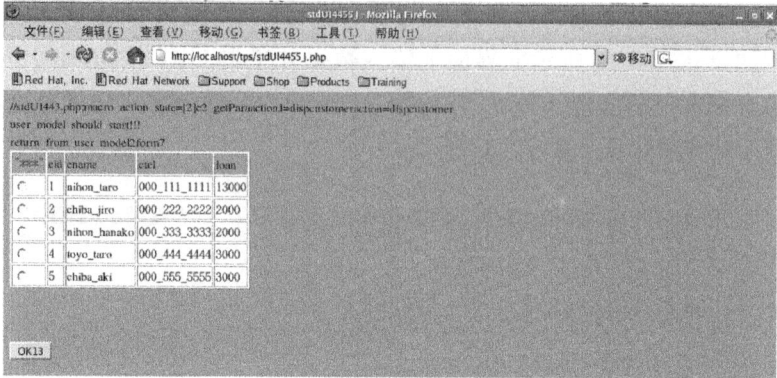

图 7 - 20　更新后的客户文件 bcustomer. lib 的列表

从图 7 - 19 和图 7 - 20 可以得知,客户 nihon_ taro 原来的 loan 值是 2 000,再加上 11 000 后,nihon_taro 的 loan 值变成了 13 000。

(2) 实现原子处理 dispsales。作为练习题,请读者自行完成这部分任务。

7.4.5.3　实现宏操作到款入账管理(income)

1) 确定构成 income 的原子处理

宏操作 income 的基本功能有以下 3 个。

(1) 到款入账处理(paid):记录到款入账票据。

(2) 客户数据显示(dispcustomer):列表显示客户文件(bcustomer. lib)。

(3) 销售数据显示(dispbsales):列表显示销售文件(bsales. lib)。

客户数据显示与销售数据显示的原子处理已定义完成,因此只需实现到款入账处理 paid 即可。

此外,将客户文件(bcustomer. lib)作为 Home 文件,使用以下语句进行描述。

income. g=["paid","dispcustomer","dispbsales"];

incomeHomeFile. g=["bcustomer. lib"];

income. lib. g=["cid","cname","ctel","loan"];

2) 显示 income 的初始界面

将 1) 中的语句添加至架构系统,覆盖、保存后进行编译。在运行后显示的架构系统初始界面上单击 income 按钮,显示宏操作 income 的初始界面(见图 7 - 21)。

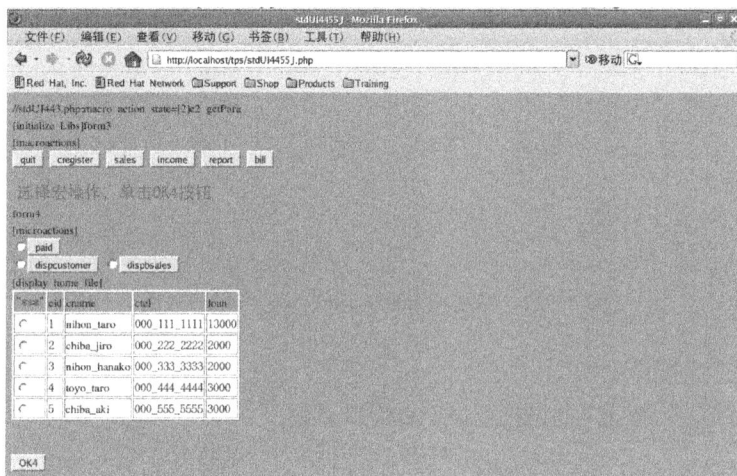

图 7 - 21　宏操作 income 的初始界面

3) 实现各个原子处理

(1) 实现原子处理 paid。paid 的功能是将到款入账数据记录到销售文件(兼到款入账文件)中。由于销售文件已有定义,因此只需要完成以下 4 个任务。

① 确定到款入账处理所需的数据。

到款入账处理需要以下 3 个数据。

cname:客户姓名

ctel:客户电话号码

amount:到款入账金额

根据该数据确定 para 函数为

para(paid)=["cname","ctel","amount"];

相应的计算机可读表达为

paid. g = [" cname (/ex. asahi _ takao)", " ctel (/ex. 043 _ 333 _ 7777)", "amount(/ex. 2500)"];

将此语句添加至架构系统中,覆盖、保存后进行编译。在运行后显示的架构系统初始界面上单击 income 按钮,在变化后的界面上选择 paid 并单击 OK4 按钮,此时系统会提示输入运行 paid 所需的数据(见图 7 - 22)。

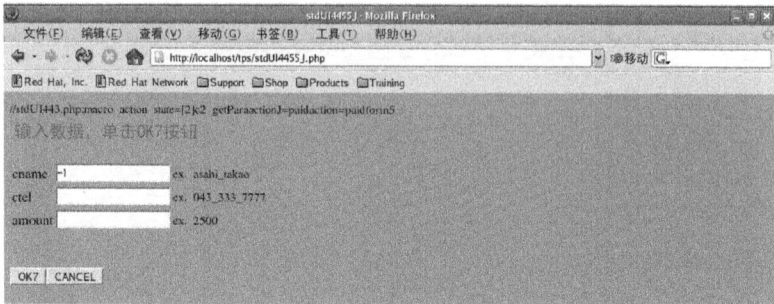

图 7 - 22 系统提示输入运行 **paid** 所需的数据

② 描述接口元素。

如下所示,根据规则描述 paid 的接口元素。

$$delta\_lambda([\_paid], paralist) = res < - >$$
$$res: = paid(paralist);$$

③ 描述实现元素。

如下所示,根据规则描述 paid 的实现元素。

$$paid([cname, ctel, amount]) = res < - >$$
$$(member([cid, cname, ctel, loan], bcustomer. lib)) - >$$
$$($$
$$date: = getDate2(),$$
$$bsales. lib: = append(bsales. lib, [[cid, "nil", -amount, date]]),$$
$$loan2: = loan - amount,$$
$$project(bcustomer. lib, pcid, [cid, cname, ctel, loan]),$$
$$bcustomer. lib: = replaceList(bcustomer. lib, pcid, [cid, cname,$$
$$ctel, loan2]),$$
$$res: = ["Thank you for your payment", amount]$$
$$)$$
$$otherwise$$
$$($$

res:=["Sorry, your name is not registered yet, please register. "]
);

如果是已注册的客户,则确定入账并显示应答内容"Thank you for your payment",amount。如果是未注册的新客户,则显示应答内容"Sorry, your name is not registered yet, please register. ",提示客户注册。

需要注意的是,将入账信息记录到销售文件 bsales. lib 中时,需要在到款入账时的属性 bname 的项目中输入"nil",并将入账金额设定为负值(-amount),同时,通过以下语句更新客户文件 bcustomer. lib 中的未付款余额(loan)。

loan2:=loan-amount;

④ 编译并运行,确认结果。

将上述语句添加至架构系统中,覆盖、保存后进行编译。在运行后显示的架构系统界面上输入到款入账数据并确认运行结果。此时可以通过确认运行 dispbsales 得到的表中存在 bname 项目为"nil"且 amount 项目为负值的记录来确认到款入账数据得到了正确记录。

7.4.5.4 实现宏操作生成报表(report)

1) 确定构成 report 的原子处理

宏操作 report 的基本功能有以下 3 个。

(1) 当月总销售金额(totalsale)。

(2) 当月总到款入账金额(totalincome)。

(3) 当月末总未付款余额(totalloan)。

将销售文件(bsales. lib)作为 Home 文件,使用以下述语句进行描述。

report. g=["totalsale","totalincome","totalloan"];

reportHomeFile. g=["bsales. lib"];

report. lib. g=["cid","bname","amount","date"];

2) 显示 report 的初始界面

将 1)中的语句添加至架构系统,覆盖、保存后进行编译。在运行后显示的架构系统初始界面上单击 report 按钮,显示宏操作 report 的初始界面(见图 7-23)。

3) 实现各个原子处理

(1) 实现原子处理 totalsale。原子处理 totalsale 的功能是根据文件中记

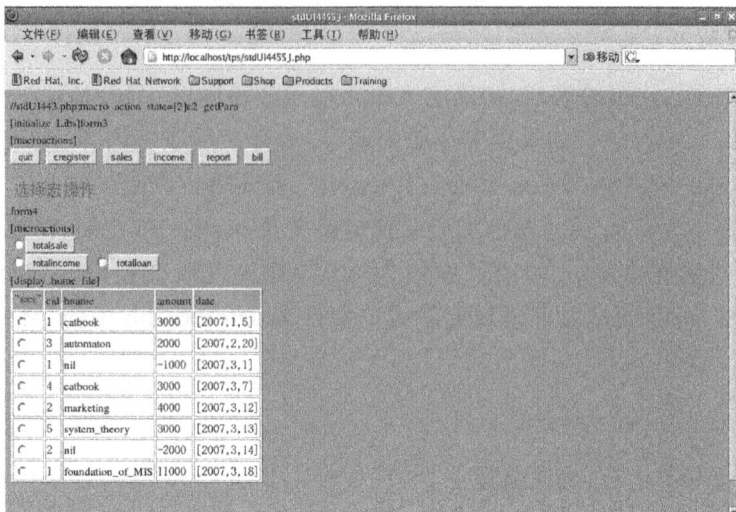

图 7 - 23　宏操作 report 的初始界面

录的数据计算当月总销售金额,因此并不需要为运行准备其他输入数据。也就是说,不需要确定 para 函数,只需要完成以下 3 个任务。

① 描述接口元素。

如下所示,根据规则描述 totalsale 的接口元素。

delta_lambda([_totalsale],paralist)=res<->
　　　res:=totalsale();

② 描述实现元素。

如下所示,根据规则描述 totalsale 的实现元素。

totalsale()=res<->
　　　date0:=getDate2(),
　　　yy0:=project(date0,1),
　　　mm0:=project(date0,2),
　　　ym0:=append(yy0,mm0),
　　　data:=bsales. lib,
　　　selectdata:=defList(ptsale0(y,x,[ym0]),member(x,data)),
　　　tsale:=defList(ptsale(y,x,[]),member(x,selectdata)),
　　　res:=[mm0,"gatu_no_totalsale=",sum(tsale)];
　　　ptsale0(y,[cid,bname,amount,date],[ym0])<->

$$yy:=project(date,1),$$
$$mm:=project(date,2),$$
$$ym:=append(yy,mm),$$
$$(ym=ym0)->$$
$$(\\ y:=[cid,bname,amount,date]\\ );$$
$$ptsale(y,[cid,bname,amount,date],[])<->$$
$$(amount>=0)->$$
$$(\\ y:=amount\\ );$$

从销售文件中读取当月销售记录的处理：getDate2()是以[年,月,日]格式提供当前时刻信息的函数。因此，通过语句 yy0:=project(date0,1) 与 mm0:=project(date0,2)，当前时刻的年与月被分别代入到 yy0 与 mm0 中，再通过语句 ym0:=append(yy0,mm0) 得到表示当前时刻[年,月]的变量 ym0。此外，通过以下语句，从销售文件 bsales.lib 的记录中读取年月与变量 ym0 相等的销售记录，将结果记录到列表 selectdata 中。

$$data:=bsales.lib,$$
$$selectdata:=defList(ptsale0(y,x,[ym0]),member(x,data)),$$
$$ptsale0(y,[cid,bname,amount,date],[ym0])<->$$
$$yy:=project(date,1),$$
$$mm:=project(date,2),$$
$$ym:=append(yy,mm),$$
$$(ym=ym0)->$$
$$(\\ y:=[cid,bname,amount,date]\\ );$$

接着，通过以下语句选择出 selectdata 中记录的销售金额（到款入账金额为负值），把选择结果记录到列表 tsale 中。

$$tsale:=defList(ptsale(y,x,[]),member(x,selectdata)),$$

$$ptsale(y,[cid,bname,amount,date],[])<->$$
$$(amount>=0)->$$
$$($$
$$y:=amount$$
$$);$$

最后,利用模型理论方法的系统开发环境提供的库函数 sum(),求出列表 tsale 全部元素的和值。

③ 编译并运行,确认结果。

将上述语句添加至架构系统中,覆盖、保存后进行编译。在运行后显示的 report 初始界面上选择 totalsale,单击 OK 按钮,便可得到当月总销售金额(见图 7 - 24)。

图 7 - 24 当月总销售金额

(2) 实现原子处理 totalincome。作为练习题,请读者自行完成这部分任务。

(3) 实现原子处理 totalloan。当月末的总应收款余额(总未付款余额)为各个客户的当月末未付款余额的总和。因此,实现原子处理 totalloan 需要完成以下 3 个任务。

① 描述接口元素。

如下所示,根据规则描述 totalloan 的接口元素。

$$delta\_lambda([\_totalloan],paralist)=res<->$$
$$res:=totalloan();$$

② 描述实现元素。

如下所示,根据规则描述 totalloan 的实现元素。

$$totalloan()=res<->$$

$date0:=getDate2()$,

$data:=bcustomer.lib$,

$tloan:=defList(ptloan(y,x,[]),member(x,data))$,

$res:=[date0,"totalloan=",sum(tloan)]$;

$ptloan(y,[cid,cname,ctel,loan],[])<->$

$y:=loan$;

该处理会利用 defList 读取记录在客户文件(bcustomer.lib)中的全部客户的未付款余额,并求出其和值。

③ 编译并运行,确认结果。

将上述语句添加至架构系统中,覆盖、保存后进行编译。运行并确认结果。

7.4.5.5 实现宏操作生成请款单(bill)

1) 确定构成 bill 的原子处理

宏操作 bill 的基本功能有以下 3 个。

(1) 当月总购买金额(totalpurchase)。

(2) 当月总到款入账金额(totalpayment)。

(3) 当月请款金额(totalbill)。

设销售文件(bsales.lib)为 Home 文件,使用以下语句进行描述。

$bill.g=["totalpurchase","totalpayment","totalbill"]$;

$billHomeFile.g=["bsales.lib"]$;

$bill.lib.g=["cid","bname","amount","date"]$;

2) 显示 bill 的初始界面

将 1)中的语句添加至架构系统,覆盖、保存后进行编译。在运行后显示的架构系统初始界面上单击 bill 按钮,显示宏操作 bill 的初始界面。

3) 实现各个原子处理

(1) 实现原子处理 totalpurchase。totalpurchase 的功能是求出并显示指定客户的当月总购买金额。因此,需要完成以下 4 个任务。

① 确定计算当月总购买金额所需的数据。

此处理中需要输入以下两个数据。

cname:客户姓名

ctel:客户电话号码

因此，可以确定 para 函数为

para(totalpurchase)＝["cname","ctel"];

相对应的计算机可读表达如下所示。

totalpurchase. g＝["cname(/ex. shiba_naoki)","ctel(/ex. 043_777_2222)"];

② 描述接口元素。

如下所示，根据规则描述 totalpurchase 的接口元素。

delta_lambda([_totalpurchase],paralist)＝res＜－＞

  res：＝totalpurchase(paralist);

③ 描述实现元素。

如下所示，根据规则描述 totalpurchase 的实现元素。

totalpurchase([cname,ctel])＝res＜－＞

  (member ([cid,cname,ctel,loan],bcustomer. lib))－＞

    (

    date0：＝getDate2(),

    yy0：＝project(date0,1),

    mm0：＝project(date0,2),

    ym0：＝append(yy0,mm0),

    data：＝bsales. lib,

    selectdata：＝ defList (ptpurchase0 (y, x, [ym0]),

    member(x,data)),

    tpurchase：＝defList(ptpurchase(y,x,[cid]),member

    (x,selectdata)),

    res：＝[cname,"totalpurchase＝",sum(tpurchase)]

)

  otherwise

    (

    res：＝["Customer data is wrong. Please try again. "]

    );

  ptpurchase0(y,[cid,bname,amount,date],[ym0])＜－＞

    yy：＝project(date,1),

$$mm:=project(date,2),$$
$$ym:=append(yy,mm),$$
$$(ym=ym0)->$$
$$($$
$$y:=[cid,bname,amount,date]$$
$$);$$
$$ptpurchase(y,[cid,bname,amount,date],[cid])<->$$
$$(amount>0)->$$
$$($$
$$y:=amount$$
$$);$$

该处理首先从销售文件中选出当月的销售记录,生成列表 selectdata,然后利用语句 member([cid,cname,ctel,loan],bcustomer. lib)选出某一客户 ID (cid)对应的销售金额,读取后生成列表 tpurchase。

④ 编译并运行,确认结果。

将上述语句添加至架构系统中,覆盖、保存后进行编译。在运行后显示的输入界面上输入客户数据,运行并确认结果。

(2) 实现原子处理 totalpayment。作为练习题,请读者自行完成这部分任务。

(3) 实现原子处理 totalbill。作为练习题,请读者自行完成这部分任务。

[提示]

将客户文件的应收款余额(未付款余额)作为当月请款金额即可。但是,在本节最后提供的用户模型的实现结构中,totallbill 会以表格的形式输出各个客户的当月总购买金额、当月总到款入账金额以及当月请款金额。

[注意]

在月末生成请款金额时,记录该数据的请款文件的属性名的定义为

bill. lib=请款文件

cname	tpurchase	tpayment	bill	date

其中,各部分的含义为

cname=客户姓名

tpurchase=当月总购买金额

tpayment＝当月总到款入账金额

bill＝当月请款金额

date＝请款日期

7.4.6 实施整体测试

在实现全部宏操作后,实施整体测试。

练习题

7-1 在书店赊售管理系统的开发中,实现以下原子处理。

(a) updatecustomer,delcustomer。

(b) dispbsales。

(c) totalincome。

(d) totalpayment,totalbill。

参考答案:请参考该系统的用户模型的实现结构。

以下是书店赊售管理系统用户模型的实现结构。

```
//bookstore. set
func([registercustomer, updatecustomer, delcustomer, dispcustomer, getCId, bsale,
dispbsales, paid, totalsale, totalincome, totalloan, totalpurchase, totalpayment,
totalbill]);
MactionName. g＝["quit","cregister","sales","income","report","bill"];
quitComm. g＝["运行终止"];
cregisterComm. g＝["客户管理"];
salesComm. g＝["销售管理"];
incomeComm. g＝["到款入账管理"];
reportComm. g＝["生成报表"];
billComm. g＝["生成请款单"];

//macro action cregister
cregisterHomeFile. g＝["bcustomer. lib"];
cregister. lib. g＝["cid","cname","ctel","loan"];
```

cregister. g ＝［" registercustomer "," updatecustomer "," delcustomer ",
"dispcustomer"］;
registercustomer. g＝［" cname (/ex. takahara_yasuhiko)"," ctel (/ex. 045_
888_2222)"］;
delta_lambda（［_registercustomer］,paralist）＝res＜－＞
　　　　res：＝registercustomer（paralist）;
registercustomer（［cname,ctel］）＝res＜－＞
　　　　（member（［cid,cname,ctel,loan］,bcustomer. lib））－＞
　　　　　　　（
　　　　　　　res：＝["Customer is already registered. "]
　　　　　　　）
　　　　otherwise
　　　　　　　（
　　　　　　　cId：＝getCId（）,
　　　　　　　bcustomer. lib：＝append（bcustomer. lib,［［cId,cname,ctel,0］］）,
　　　　　　　res：＝［cname,"was registered"］
　　　　　　　）;
getCId（）＝Id＜－＞
　　　　Id0：＝cId. lib,
　　　　Id：＝project（Id0,1）,
　　　　cId. lib2：＝Id＋1;

updatecustomer. g＝［" oldcname (/ex. takahara_yasuhiko)"," oldctel (/ex.
045_888_2222)","newcname(/ex. takahara_yasuhiko)","newctel(/ex. 033_
555_8888)"］;
delta_lambda（［_updatecustomer］,paralist）＝res＜－＞
　　　　res：＝updatecustomer（paralist）;
updatecustomer（［oldcname,oldctel,newcname,newctel］）＝res＜－＞
　　　　（member（［cid,oldcname,oldctel,loan］,bcustomer. lib））－＞
　　　　　　　（
　　　　　　　project（bcustomer. lib,pcid,［cid,oldcname,oldctel,loan］）,
　　　　　　　bcustomer. lib：＝replaceList（bcustomer. lib, pcid,［cid,
　　　　　　　newcname,newctel,loan］）,

```
                    res：=["Customer data was updated. "]
                    )
        otherwise
                (
                res：=["Old customer data is wrong. Please try again. "]
                )；


delcustomer. g＝[" cname (/ex. takahara_yasuhiko)"," ctel (/ex. 045_888_
2222)"]；
delta_lambda([_delcustomer],paralist)＝res＜－＞
        res：=delcustomer(paralist)；
delcustomer([cname,ctel])＝res＜－＞
        (member ([cid,cname,ctel,loan],bcustomer. lib))－＞
                (
                project(bcustomer. lib,pcid,[cid,cname,ctel,loan]),
                bcustomer. lib：=deleteList(bcustomer. lib,pcid),
                res：=["Customer data was deleted. "]
                )
        otherwise
                (
                res：=["Customer data is wrong. Please try again. "]
                )；


delta_lambda([_dispcustomer],paralist)＝res＜－＞
        res：=dispcustomer()；
dispcustomer()＝res＜－＞
        res0：=["table",["cid","cname","ctel","loan"]],
        res：=append(res0,bcustomer. lib)；


//macro action sales
sales. g＝["bsale","dispcustomer","dispbsales"]；
salesHomeFile. g＝["bsales. lib"]；
sales. lib. g＝["cid","bname","amount","date"]；
```

bsale. g=["cname(/ex. saito_toshio)","ctel(/ex. 047_444_6666)","bname(/ex. catbook)","bprice(/ex. 2500)"];

delta_lambda([_bsale],paralist)=res<->

      res：=bsale(paralist);

bsale([cname,ctel,bname,bprice])=res<->

      (member([cid,cname,ctel,loan],bcustomer. lib))->

          (

          date：=getDate2(),

          bsales. lib：= append(bsales. lib,[[cid, bname, bprice, date]]),

          loan2：=loan+bprice,

          project(bcustomer. lib,pcid,[cid,cname,ctel,loan]),

          bcustomer. lib：= replaceList(bcustomer. lib, pcid, [cid, cname,ctel,loan2]),

          res：=["Thank you for your purchase", bname]

)

      otherwise

          (

          res：= ["Sorry, your name is not registered yet，please register."]

          );

delta_lambda([_dispbsales],paralist)=res<->

      res：=dispbsales();

dispbsales()=res<->

      res0：=["table",["cid","bname","amount","date"]],

      res：=append(res0,bsales. lib);

//macro action income

income. g=["paid","dispcustomer","dispbsales"];

incomeHomeFile. g=["bcustomer. lib"];

income. lib. g=["cid","cname","ctel","loan"];

paid. g=["cname(/ex. asahi_takao)","ctel(/ex. 043_333_7777)","amount(/

ex. 2500)"];

delta_lambda([_paid], paralist) = res<->

        res：=paid(paralist);

paid([cname, ctel, amount]) = res<->

        (member ([cid, cname, ctel, loan], bcustomer. lib)) ->

                (

                date：=getDate2(),

                bsales. lib：= append (bsales. lib, [[cid, "nil", $-$amount, date]]),

                loan2：=loan$-$amount,

                project(bcustomer. lib, pcid, [cid, cname, ctel, loan]),

                bcustomer. lib：= replaceList (bcustomer. lib, pcid, [cid, cname, ctel, loan2]),

                res：=["Thank you for your payment", amount]

)

        otherwise

                (

                res：= [" Sorry, your name is not registered yet，please register"]

                );

//macro action report

report. g=["totalsale", "totalincome", "totalloan"];

reportHomeFile. g=["bsales. lib"];

report. lib. g=["cid", "bname", "amount", "date"];

delta_lambda([_totalsale], paralist) = res<->

        res：=totalsale();

totalsale () = res<->

        date0：=getDate2(),

        yy0：=project(date0, 1),

        mm0：=project(date0, 2),

        ym0：=append(yy0, mm0),

        data：=bsales. lib,

selectdata：＝defList(ptsale0(y,x,[ym0]),member(x,data)),

tsale：＝defList(ptsale(y,x,[]),member(x,selectdata)),

res：＝[mm0,"gatu_no_totalsale＝",sum(tsale)];

ptsale0(y,[cid,bname,amount,date],[ym0])＜－＞

　　　yy：＝project(date,1),

　　　mm：＝project(date,2),

　　　ym：＝append(yy,mm),

　　　(ym＝ym 0)－＞

　　　　　(

　　　　　y：＝[cid,bname,amount,date]

　　　　　);

　　　ptsale(y,[cid,bname,amount,date],[])＜－＞

　　　　　(amount＞＝0)－＞

　　　　　　　(

　　　　　　　y：＝amount

　　　　　　　);

delta_lambda([_totalincome],paralist)＝res＜－＞

　　　res：＝totalincome();

totalincome()＝res＜－＞

　　　date0：＝getDate2(),

　　　yy0：＝project(date0,1),

　　　mm0：＝project(date0,2),

　　　ym0：＝append(yy0,mm0),

　　　data：＝bsales. lib,

　　　selectdata：＝defList(ptincome0(y,x,[ym0]),member(x,data)),

tincome：＝defList(ptincome(y,x,[]),member(x,selectdata)),

res：＝[mm0,"month_totalincome＝",sum(tincome)];

ptincome0(y,[cid,bname,amount,date],[ym0])＜－＞

　　　yy：＝project(date,1),

　　　mm：＝project(date,2),

　　　ym：＝append(yy,mm),

　　　(ym＝ym0)－＞

　　　　　(

$$y := [cid, bname, amount, date]$$
$$);$$
$$ptincome(y, [cid, bname, amount, date], []) <->$$
$$(amount < 0) ->$$
$$($$
$$y := 0 - amount$$
$$);$$
$$delta\_lambda([\_totalloan], paralist) = res <->$$
$$res := totalloan();$$
$$totalloan() = res <->$$
$$date0 := getDate2(),$$
$$data := bcustomer. lib,$$
$$tloan := defList(ptloan(y, x, []), member(x, data)),$$
$$res := [date0, "totalloan=", sum(tloan)];$$
$$ptloan(y, [cid, cname, ctel, loan], []) <->$$
$$y := loan;$$

//macro action bill
bill. g = ["totalpurchase", "totalpayment", "totalbill"];
billHomeFile. g = ["bsales. lib"];
bill. lib. g = ["cid", "bname", "amount", "date"];
totalpurchase. g = ["cname(/ex. shiba_naoki)", "ctel(/ex. 043_777_2222)"];
$$delta\_lambda([\_totalpurchase], paralist) = res <->$$
$$res := totalpurchase(paralist);$$
$$totalpurchase([cname, ctel]) = res <->$$
$$(member ([cid, cname, ctel, loan], bcustomer. lib)) ->$$
$$($$
$$date0 := getDate2(),$$
$$yy0 := project(date0, 1),$$
$$mm0 := project(date0, 2),$$
$$ym0 := append(yy0, mm0),$$
$$data := bsales. lib,$$
$$selectdata := defList (ptpurchase0 (y, x, [ym0]), member$$

$$(x, data)),$$

$$tpurchase: = defList(ptpurchase(y, x, [cid]), member(x,$$

$$selectdata)),$$

$$res: = [cname, "totalpurchase = ", sum(tpurchase)]$$

$$)$$

otherwise

$$($$

$$res: = ["Customer data is wrong. Please try again."]$$

$$);$$

$$ptpurchase0(y, [cid, bname, amount, date], [ym0]) < ->$$

$$yy: = project(date, 1),$$

$$mm: = project(date, 2),$$

$$ym: = append(yy, mm),$$

$$(ym = ym0) ->$$

$$($$

$$y: = [cid, bname, amount, date]$$

$$);$$

$$ptpurchase (y, [cid, bname, amount, date], [cid]) < ->$$

$$(amount > 0) ->$$

$$($$

$$y: = amount$$

$$);$$

$$totalpayment. g = ["cname(/ex. saito\_toshio)", "ctel(/ex. 047\_444\_6666)"];$$

$$delta\_lambda([\_totalpayment], paralist) = res < ->$$

$$res: = totalpayment(paralist);$$

$$totalpayment([cname, ctel]) = res < ->$$

$$(member ([cid, cname, ctel, loan], bcustomer. lib)) ->$$

$$($$

$$date0: = getDate2(),$$

$$yy0: = project(date0, 1),$$

$$mm0: = project(date0, 2),$$

$$ym0: = append(yy0, mm0),$$

$$data: = bsales. lib,$$

$$selectdata:=defList(ptpayment0(y,x,[ym0]),member(x,$$
$$data)),$$

$$tpayment:=defList(ptpayment(y,x,[cid]),member(x,$$
$$selectdata)),$$

$$res:=[cname,"totalpayment=",sum(tpayment)]$$
$$)$$

otherwise

$$($$

$$res:=["Customer\ data\ is\ wrong.\ Please\ try\ again."]$$
$$);$$

$$ptpayment0(y,[cid,bname,amount,date],[ym0])<->$$
$$yy:=project(date,1),$$
$$mm:=project(date,2),$$
$$ym:=append(yy,mm),$$
$$(ym=ym0)->$$

$$($$
$$y:=[cid,bname,amount,date]$$
$$);$$

$$ptpayment(y,[cid,bname,amount,date],[cid])<->$$
$$(amount<0)->$$

$$($$
$$y:=0-amount$$
$$);$$

$$delta\_lambda([\_totalbill],paralist)=res<->$$
$$res:=totalbill();$$

$$totalbill()=res<->$$
$$tbill:=defList(ptbill(yy,x,[]),member(x,bcustomer.\ lib)),$$
$$bill.\ lib:=append(bill.\ lib,tbill),$$
$$res0:=["total\ bill","|","table",["cname","tpurchase",$$
$$"tpayment","bill","date"]],$$
$$res:=append(res0,tbill);$$
$$ptbill(yy,[cid,cname,ctel,loan],[])<->$$

date＝getDate2(),

tpayment：＝defList(ptpayment(y, x.[cid]), member(x, bsales. lib)),

tpurchase：＝defList(ptpurchase(y, x.[cid]), member(x, bsales. lib)),

yy：＝[cname, sum(tpurchase), sum(tpayment), loan, date];

[7.5] 开发示例2：酒类批发店业务管理系统

本节,将以批发业务的代表——酒类批发为例,对如何开发为此类业务提供支持的系统进行说明。首先,请考虑以下情况。

酒类批发商会从多个厂商进货并将货物保管在仓库中,然后根据来自零售店的订单配送货物。有库存时出库配送,没有库存时,告知零售店没有库存,之后再向厂商订购。在此不考虑请款及到款入账等会计处理。上述业务由销售接待与仓库职员共同完成,具体分工为：

销售接待在收到来自零售店的订单或电话订货后,如果库存数量多于订购数量,则开具出库单并将其送至仓库职员处。如果库存数量低于订购数量,则告知零售店没有库存,同时向厂商订购,并将订购单副本发送至仓库职员处。

仓库职员根据收到的出库单将货物包装好并发送后,将结果报告给销售接待。如果从厂商进货,则先根据订购单副本确认进货数量,再将入库货物清单发送至销售接待处,并将货物分类保存至仓库。

本节,重点放在销售接待所从事的业务上,与7.4节相同,对于如何按照模型理论方法的开发步骤开发为该业务提供支持的系统进行如下说明。

7.5.1 确定技术规格

整理销售接待的业务,用简洁的文字进行具体描述。

(1)从零售店接收订单或收到电话订货。订单中包括订单 ID、客户 ID、商品 ID、订购数量、订购日期等。

(2)确认库存(比较库存数量与订购数量)。

(3)开具出库单并将其发送至仓库职员处。出库单中包括订单 ID、客户姓名、客户电话号码、地址、商品名、订购数量。

（4）告知零售店已无库存。

（5）向厂商订购，将订购单副本发送至仓库职员处。订购单中包括订购 ID、客户 ID（厂商 ID）、商品 ID、订购数量、订购日期等。

（6）接收由仓库职员提供的出库完成报告。

（7）接收由仓库职员提供的入库货物清单。入库货物清单中包括订购 ID、客户 ID（厂商 ID）、厂商名、商品 ID、商品名、订购数量、交货日期。

7.5.2　用数据流图表示技术规格

1）业务概要

根据技术规格，将销售接待的业务视作一个处理，销售接待的业务概要如图 7－25 所示。

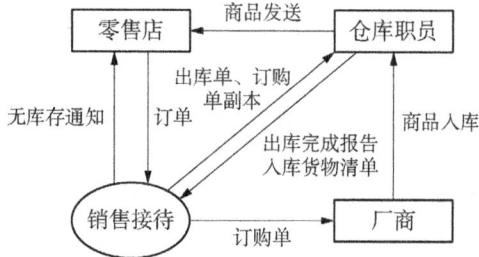

图 7－25　销售接待的业务的概要

2）用数据流图表示

分解销售接待的业务内容，用数据流图表示，同时进行以下分析。

（1）收到订单时，确认库存数据并记录订单数据。处理对象为零售店数据、库存数据、订单数据。

（2）开具出库单时，更新库存数据。

（3）向厂商订购时，记录订购数据。处理对象为订购数据。

（4）收到出库完成的报告时，标记相应订单数据。

（5）收到入库货物清单时，标记相应订购数据，更新库存数据。

（6）从销售接待的角度来看，零售店与厂商的数据具备相同的属性结构（客户姓名、客户电话号码、地址等），因此对两者不做区别，都当作客户来处理。

基于以上分析，创建销售接待业务的数据流图（见图 7－26）。

此数据流图中定义了 4 个处理（流程）与 5 个文件。各处理的名称与处理

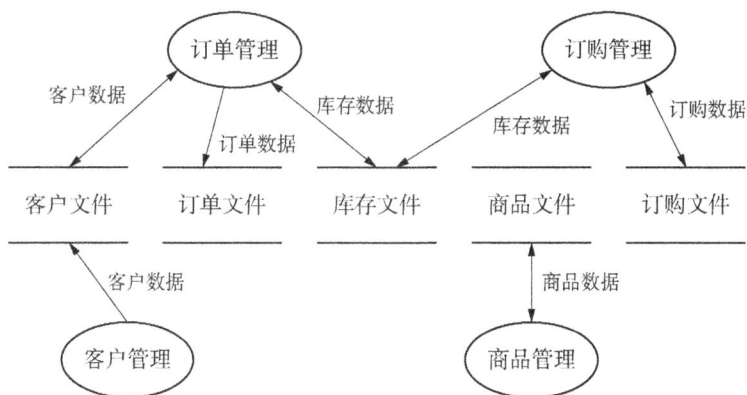

图 7-26　销售接待业务的数据流图

内容如下所述。

（1）客户管理（customer）：管理零售店及厂商的客户数据，相关操作如注册、更新、删除。

（2）订单管理（order）：对于来自零售店的订单，如果是新客户，则提示新客户注册。如果是已注册的客户，则确认商品库存。如果库存数量能够满足订货需求，则开具出库单并将其发送给仓库职员，更新库存数据，把订单数据（内容）输入到订单文件中；如果库存数量无法满足订货需求，则告知零售店库存不足，随后进行订购管理相关业务的处理。当收到了仓库职员提供的出库完成报告后，把已出库标记记入相应的订单数据中。

（3）订购管理（ordering）：将发送给厂商的订购数据输入到订购文件中，并将订购单副本提供给仓库职员。收到来自仓库职员的入库货物清单后，把已入库标记记入相应的订购数据中，并更新库存数据。

（4）商品管理（item）：进行商品的注册、更新、删除。

此外，5 个文件的文件名、属性结构及属性名的定义如下。

（1）订单文件（order. lib）＝{订单 ID，客户 ID，商品 ID，订购数量，订购日期，状态}。

oid	cid	itemid	quant	date	state

（2）客户文件（customer. lib）＝{客户 ID，客户名称，客户电话号码，地址}。

cid	cname	ctel	caddress

(3) 商品文件(item. lib)={商品 ID,商品名}。

itemid	itname

(4) 库存文件(stock. lib)={商品 ID,库存数量}。

itemid	Q

(5) 订购文件(ordering. lib)={订购 ID,客户 ID(厂商 ID),商品 ID,订购数量,订购日期,状态}。

orid	cid	itemid	quant	date	state

在此,状态指表示受订与订购的状态(是否已完成出库、是否已完成入库)的属性。

7.5.3 确定 MactionName 和搭建基本架构系统

将数据流图的 4 个处理作为宏操作,并由此得到以下内容。

$$MactionName=\{customer, order, ordering, item\}$$

将宏操作集合表示成计算机可读表达,创建基本架构系统,并将该架构系统保存成以 wholesaler. set 命名的文件。

```
//wholesaler. set
MactionName. g=["quit","customer","order","ordering","item"];
quitComm. g=["运行终止"];
customerComm. g=["客户管理"];
orderComm. g=["订单管理"];
orderingComm. g=["订购管理"];
itemComm. g=["商品管理"];
```

7.5.4 显示基本架构系统的初始界面

利用模型理论方法提供的系统开发环境编译架构系统并生成可运行文件 wholesaler. p。启动外部 UI 的 stdUI4455J. php,在初始界面上按照提示输入文件名 wholesaler. p,单击 OK 按钮开始运行,显示酒类批发店业务管理系统的架构系统的初始界面(见图 7 - 27)。

图 7 - 27　酒类批发店业务管理系统的架构系统的初始界面

7.5.5　实现各个宏操作

实现数据流图中的全部宏操作。

1）实现宏操作客户管理（customer）

（1）确定构成 customer 的原子处理。customer 的基本功能为以下 4 个。

① 客户注册（register_customer）。

② 客户数据更新（update_customer）。

③ 客户数据删除（del_customer）。

④ 客户数据显示（disp_customer）。

将 customer. lib 作为 Home 文件，使用以下语句进行描述。

customer. g＝["register_customer","update_customer","del_customer",
"disp_customer"]；

customerHomeFile. g＝["customer. lib"]；

customer. lib. g＝["cid","cname","ctel","caddress"]；

（2）显示 customer 的初始界面。将（1）中的语句添加至架构系统，覆盖、保存后进行编译。在运行后显示的架构系统初始界面上单击 customer 按钮，显示宏操作 customer 的初始界面。

（3）实现各个原子处理。作为练习题，请读者自行完成这部分任务。

［提示］

定义生成客户 ID 的函数 getCustomerID()，创建 customerId. lib，并将初始值设成 1。

getCustomerID()＝Id＜－＞

       Id0：＝customerId. lib，

       Id：＝project(Id0,1)，

       customerId. lib2：＝Id＋1；

2）实现宏操作订单管理(order)

（1）确定构成 order 的原子处理。此系统中，在确认订单商品的库存之前，先运行零售店确认与订单商品确认这两个处理。如果客户在零售店已注册，其订购的商品也已注册且均知道 ID，则该处理可以省略。

订单管理的基本功能有以下 6 个。

① 零售店确认(order1)：确认客户是否已在零售店注册与显示客户 ID。

② 订单商品确认(order2)：确认订单商品与显示商品 ID。

③ 订单处理(order3)：确认库存、记录订单数据、更新库存数据。

④ 出库处理(shipment)：将已出库标记记入到订单数据中。

⑤ 订单数据显示(disp_order)：订单文件的列表显示。

⑥ 库存数据显示(disp_stock)：库存文件的列表显示。

此外，将 cusomer. lib 作为 Home 文件，并使用以下语句进行描述。

order. g＝["order1","order2","order3","shipment","disp_order","disp_stock"]；

orderHomeFile. g＝["customer. lib"]；

order. lib. g＝["cid","cname","ctel","caddress"]；

（2）显示 order 的初始界面。将（1）中的语句添加至架构系统，覆盖、保存后进行编译。在运行后显示的架构系统初始界面上单击 order 按钮，显示宏操作 order 的初始界面（见图 7－28）。

（3）实现各个原子处理。

① 实现原子处理 order1。

进行零售店确认处理所需的数据有如下两个。

    cname：客户姓名

    ctel：客户电话号码

使用以下语句进行描述。

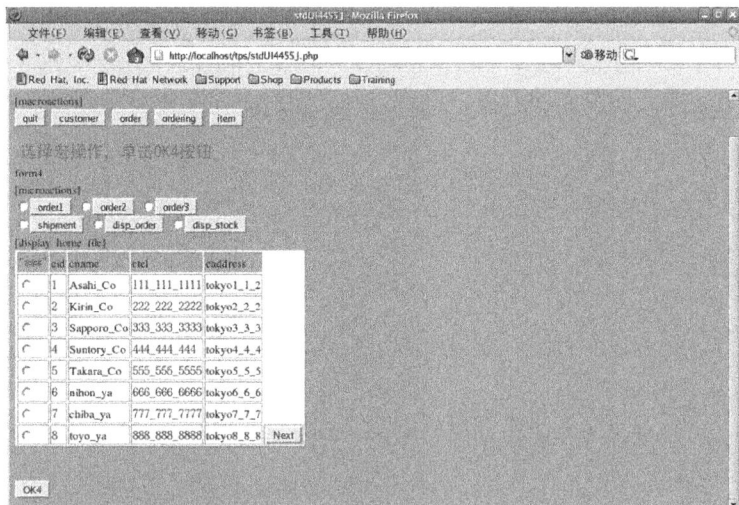

图 7 – 28　宏操作 **order** 的初始界面

order1. g＝["cname(/ex. nihon_taro)","ctel(ex. 000_111_2222)"];

描述接口元素与实现元素。此处理中,如果客户已在零售店注册,则显示客户 ID;如果没有,则显示提示客户注册的信息。

delta_lambda([_order1],paralist)＝res＜－＞

　　　　res：＝order1(paralist);

order1([cname,ctel])＝res＜－＞

　　　　(member([cid,cname,ctel,caddress],customer. lib))－＞

　　　　　　　(

　　　　　　　res：＝["CustomerID is",cid]

　　　　　　　)

　　　　otherwise

　　　　　　　(

　　　　　　　res：＝["Customer is not registered yet，please register. "]

　　　　　　　);

② 实现原子处理 order2。

进行订单商品确认所需的数据为

　　itname:商品名

使用以下语句进行描述。

order2. g＝［"itname(/ex. Asahi_beerA)"］;

描述接口元素与实现元素。此处理中,如果订单商品已注册,则显示该商品 ID。

delta_lambda(［_order2］,paralist)＝res＜－＞

      res:＝order2(paralist);

order2(［itname］)＝res＜－＞

      (member (［itemid,itname］,item. lib))－＞

          (

          res:＝［"ItemID is",itemid］

)

      otherwise

          (

          res:＝［"Item is not registered yet, please try again. "］

          );

③ 实现原子处理 order3。

在订单处理中输入以下 3 个数据。通过运行原子处理 order1 与 order2 分别得到客户 ID 与商品 ID。

      cid:客户 ID

      itemid:商品 ID

      quant:订购数量

使用以下语句进行描述。

order3. g＝［"cid(/ex. 5)","itemid(ex. 13)","quant(/ex. 100)"］;

描述接口元素与实现元素。此处理中,当库存数量不低于订购数量时,将订单数据记录到订单文件中,并更新库存数据。否则,提示库存不足。

delta_lambda(［_order3］,paralist)＝res＜－＞

      res:＝order3(paralist);

order3(［cid,itemid,quant］)＝res＜－＞

      date:＝getDate2(),

      project(stock. lib,Ip,［itemid,Q］),

$(Q>=quant)->$

$($

$Q2:=Q-quant,$

$oid:=getOrderID(),$

$order. lib:=append(order. lib,[[oid,cid,itemid,quant,$

$date,0]]),$

$stock. lib:=replaceList(stock. lib,Ip,[itemid,Q2]),$

$res:=["Stock \& order data update done!"]$

$)$

otherwise

$($

$res:=["Sorry! Out of stock, please inform the customer. "]$

$);$

$getOrderID()=Id<->$

$Id0:=orderId. lib,$

$Id:=project(Id0,1),$

$orderId. lib2:=Id+1;$

其中,getOrderID()是生成订单 ID 的函数。需要定义文件 orderId. lib,并将初始值设成 1。

④ 实现原子处理 shipment。

出库处理中,收到了来自仓库职员的出库完成报告时,输入得到的订单 ID。

oid:订单 ID

使用以下语句进行描述。

$shipment. g=["oid(/ex. 7)"];$

描述接口元素与实现元素。此处理会将已出库标记记入到订单文件中的相应数据中。也就是说,将状态(state)设定成 1。

$delta\_lambda([\_shipment],paralist)=res<->$

$res:=shipment(paralist);$

$shipment([oid])=res<->$

$(member([oid,cid,itemid,quant,date,state],order. lib))->$

$$
\begin{aligned}
&(\\
&\text{project}(\text{order. lib}, \text{Ip}, [\text{oid}, \text{cid}, \text{itemid}, \text{quant}, \text{date}, \text{state}]),\\
&\text{order. lib}: = \text{replaceList}(\text{order. lib}, \text{Ip}, [\text{oid}, \text{cid}, \text{itemid},\\
&\text{quant}, \text{date}, 1]),\\
&\text{res}: = [\text{"Order data update done. "}]\\
&)\\
&\text{otherwise}\\
&(\\
&\text{res}: = [\text{"OrderID is wrong, please try again. "}]\\
&);
\end{aligned}
$$

⑤ 实现原子处理 disp_order 与 disp_stock。

作为练习题,请读者自行完成这部分任务。原子处理 disp_stock 的运行结果如图 7-29 所示。

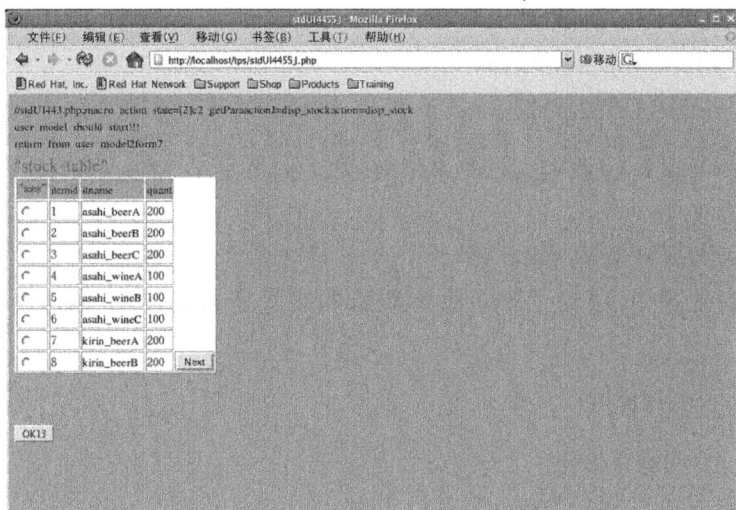

图 7-29　原子处理 disp_stock 的运行结果

3) 实现宏操作订购管理(ordering)

(1) 确定构成 ordring 的原子处理。订购管理的基本功能有以下 5 个。

① 订购处理(ordering1):记录订购数据。

② 入库处理(arrival):将已入库标记记入到订购数据中并更新库存数据。

③ 订购数据显示(disp_ordering)。

④ 客户数据显示(disp_customer)。

⑤ 库存数据显示(disp_stock)。

此外,把 item. lb 作为 Home 文件,使用以下语句进行描述。

ordering. g = [" ordering1 "," arrival "," disp _ ordering "," disp _ customer ","disp_stock"];

orderingHomeFile. g=["item. lib"];

ordering. lib. g=["itemid","itname"];

(2) 显示 ordering 的初始界面。将(1)中的语句添加至架构系统,覆盖、保存后进行编译。在运行后显示的架构系统初始界面上单击 ordering 按钮,显示宏操作 ordering 的初始界面(见图 7 - 30)。

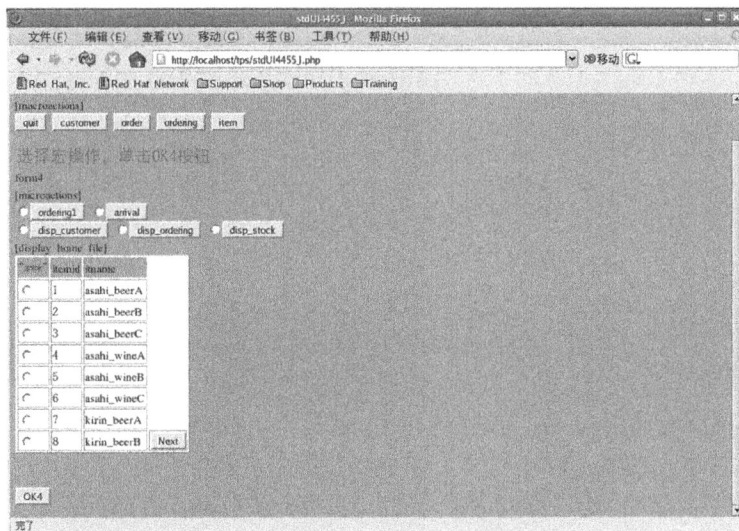

图 7 - 30 宏操作 ordering 的初始界面

(3) 实现原子处理。

① 实现原子处理 ordering1。

设已知客户 ID 与商品 ID,订购时需要输入以下 3 个数据。

　　cid:客户 ID(厂商 ID)

　　itemid:商品 ID

　　quant:订购数量

使用以下语句进行描述。

ordering1. g＝["cid(/ex. 7)","itemid(ex. 5)","quant(ex. 200)"]；

描述接口元素与实现元素。此处理中,在确认客户 ID(厂商 ID)与商品 ID后,把订购数据记录到订购文件中。

delta_lambda([_ordering1],paralist)＝res＜－＞
  res：＝ordering1(paralist)；
ordering 1([cid,itemid,quant])＝res＜－＞
  (member ([cid,cN,cT,cA],customer. lib))－＞
    (
    (member ([itemid,itN],item. lib))－＞
      (
      rid：＝getOrderingID(),
      date：＝getDate2(),
      ordering. lib：＝append(ordering. lib, [[rid,
      cid,itemid,quant,date,0]]),
      res：＝["Ordering data update done. "]
)
    otherwise
      (
      res：＝["ItemID is wrong! Please try again. "]
)
)
  otherwise
    (
    res：＝["CustomerID is wrong! Please try again. "]
)；
getOrderingID()＝Id＜－＞
    Id0：＝orderingId. lib,
    Id：＝project(Id0,1),
    orderingId. lib2：＝Id＋1；

其中,getOrderingID()是生成订购 ID 的函数。需要创建文件 orderingId. lib,并把初始值设成1。

② 实现原子处理 arrival。

入库处理中,输入仓库职员提供的入库货物清单中的订购 ID。

　　　orid：订购 ID

使用以下语句进行描述。

　　arrival. g＝["orid(/ex. 15)"];

描述接口元素与实现元素。此处理中,会把已入库标记记入订购数据中。也就是说,把状态(state)设成 1。更新库存数据。

delta_lambda([_arrival],paralist)＝res<－>
　　　　　res：＝arrival(paralist);
arrival([orid])＝res<－>
　　　　　(member([orid,cid,itemid,quant,date,state],ordering. lib))－>
　　　　　　　(
　　　　　　　project (ordering. lib, Ip, [orid, cid, itemid, quant, date, state]),
　　　　　　　ordering. lib：＝replaceList (ordering. lib, Ip, [orid, cid, itemid,quant,date,1]),
　　　　　　　project(stock. lib,pitid,[itemid,**Q**]),
　　　　　　　Q2：＝Q＋quant,
　　　　　　　stock. lib：＝replaceList(stock. lib,pitid,[itemid,Q2]),
　　　　　　　res：＝["Ordering & stock data update done. "]
　　　　　　　)
　　　　　otherwise
　　　　　　　(
　　　　　　　res：＝["OrderingID is wrong! Please try again. "]
　　　　　　　);

③ 实现原子处理 disp_ordering。

作为练习题,请读者自行完成这部分任务。

④ 实现原子处理 disp_customer。

作为练习题,请读者自行完成这部分任务。

⑤ 实现原子处理 disp_stock。

作为练习题,请读者自行完成这部分任务。

4) 实现宏操作商品管理(item)

（1）确定构成 item 的原子处理。商品管理的基本功能有以下 4 个。

① 商品注册（register_item）。

② 商品数据更新（update_item）。

③ 商品数据删除（del_item）。

④ 商品数据显示（disp_item）。

此外，将 item.lib 作为 Home 文件，使用以下语句进行描述。

item.g＝["register_item","update_item","del_item","disp_item"];

itemHomeFile.g＝["item.lib"];

item.lib.g＝["itemid","itname"];

（2）显示 item 的初始界面。作为练习题，请读者自行完成这部分任务。

（3）实现各个原子处理。作为练习题，请读者自行完成这部分任务。

[提示]

生成商品 ID 的函数 getItemID() 的定义如下所示，且已事先创建了文件 itemId.lib。

$$getItemID()＝Id<->$$
$$Id0：＝itemId.lib,$$
$$Id：＝project(Id0,1),$$
$$itemId.lib2：＝Id＋1;$$

7.5.6 实施整体测试

在实现全部宏操作后，实施整体测试。

练 习 题

7－2 在酒类批发店业务管理系统开发中，实现以下原子处理。

（a）register_customer,update_customer,del_customer,disp_customer。

（b）disp_order, disp_stock。

（c）disp_ordering。

参考答案：请参考本章附录。

7－3 在酒类批发店业务管理系统开发中，显示宏操作 item 的初始界面，实现各个原子处理。

参考答案：请参考本章附录。

7-4 想要在酒类批发店业务管理系统中添加会计处理功能,思考需要添加什么文件与处理。

参考答案:略。

附　　录

酒类批发店业务管理系统用户模型的实现结构

```
//wholesaler. set
func([register_customer, update_customer, del_customer, disp_customer, order1,
order2, order3, shipment, disp_order, disp_stock, ordering1, arrival, disp_ordering,
register_item, update_item, del_item, disp_item, getCustomerID, getOrderID,
getITname, getOrderingID, getItemID]);
MactionName. g=["quit", "customer", "order", "ordering", "item"];
quitComm. g=["运行终止"];
customerComm. g=["客户管理"];
orderComm. g=["订单管理"];
orderingComm. g=["订购管理"];
itemComm. g=["商品管理"];


//macro action customer
customer. g=["register_customer", "update_customer", "del_customer",
"disp_customer"];
customerHomeFile. g=["customer. lib"];
customer. lib. g=["cid", "cname", "ctel", "caddress"];


register_customer. g=["cname(/ex. takahara_yasuhiko)", "ctel(/ex. 045_
888_2222)", "caddress(/ex. tokyo1_1_1)"];
delta_lambda([_register_customer], paralist)=res<->
        res:=register_customer(paralist);
register_customer([cname, ctel, caddress])=res<->
        (member([cid, cname, ctel, caddress], customer. lib))->
```

```
                    (
                    res:=["Customer is already registered. "]
                    )
            otherwise
                    (
                    cid:=getCustomerID(),
                    customer. lib: = append ( customer. lib, [[ cid, cname, ctel,
                    caddress]]),
                    res:=[cname,"was registered"]
                    );
getCustomerID()=Id<->
        Id0:=customerId. lib,
        Id:=project(Id0,1),
        customerId. lib2:=Id+1;
```

```
update_ customer. g = [ " oldcname (/ex. takahara _ yasuhiko)"," oldctel (/
ex. 045_ 888 _ 2222)"," oldcaddress (/ex. sakura1 - 2 - 1)", "newcname (/
ex. takahara_ yasuhiko)"," newctel (/ex. 033 _ 555 _ 8888)"," newcaddress (/
ex. funabashi4-3-2)"];
delta_lambda([_update_customer],paralist)=res<->
        res:=update_customer(paralist);
update _ customer ([ oldcname, oldctel, oldcaddress, newcname, newctel,
newcaddress])=res<->
        (member ([cid,oldcname,oldctel,oldcaddress],customer. lib))->
                (
                project(customer. lib,pcid,[cid,oldcname,oldctel,oldcaddress]),
        customer. lib: = replaceList ( customer. lib, pcid,[ cid, newcname,
        newctel,newcaddress]),
                res:=["Customer data was updated. "]
        )
        otherwise
                (
                res:=["Old customer data is wrong. Please try again. "]
```

```
                );

del_customer. g=["cname(/ex. takahara_yasuhiko)","ctel(/ex. 045_888_2222)"];
delta_lambda([_del_customer],paralist)=res<->
        res:=del_customer(paralist);
del_customer([cname,ctel])=res<->
        (member ([cid,cname,ctel,caddress],customer. lib))->
                (
                project(customer. lib,pcid,[cid,cname,ctel,caddress]),
                customer. lib:=deleteList(customer. lib,pcid),
                res:=["Customer data was deleted. "]
                )
        otherwise
                (
                res:=["Customer data is wrong. Please try again. "]
                );

delta_lambda([_disp_customer],paralist)=res<->
        res:=disp_customer();
disp_customer()=res<->
        res0:= [ " customer  table"," | "," table", [ " cid"," cname", "ctel",
"caddress"]],
        res:=append(res0,customer. lib);


//macro action order
order. g=["order1","order2","order3","shipment","disp_order","disp_stock"];
orderHomeFile. g=["customer. lib"];
order. lib. g=["cid","cname","ctel","caddress"];

order1. g=["cname(/ex. nihon_taro)","ctel(/ex. 000_111_2222)"];
delta_lambda([_order1],paralist)=res<->
        res:=order1(paralist);
order1([cname,ctel])=res<->
```

$$(member([cid,cname,ctel,caddress],customer.lib)) ->$$

$$($$

$$res := ["CustomerID is",cid]$$

$$)$$

otherwise

$$($$

$$res := ["Customer is not registered yet, please register. "]$$

$$);$$

$$order2.g=["itname(/ex. asahi\_beerA)"];$$

$$delta\_lambda([\_order2],paralist)=res <->$$

$$res := order2(paralist);$$

$$order2([itname])=res <->$$

$$(member([itemid,itname],item.lib)) ->$$

$$($$

$$res := ["ItemID is",itemid]$$

$$)$$

otherwise

$$($$

$$res := ["Item is not registered yet, please try again. "]$$

$$);$$

$$order3.g=["cid(/ex. 5)","itemid(/ex. 13)","quant(/ex. 100)"];$$

$$delta\_lambda([\_order3],paralist)=res <->$$

$$res := order3(paralist);$$

$$order3([cid,itemid,quant])=res <->$$

$$date := getDate2(),$$

$$project(stock.lib,Ip,[itemid,Q]),$$

$$(Q >= quant) ->$$

$$($$

$$Q2 := Q - quant,$$

$$oid := getOrderID(),$$

$$order.lib := append(order.lib,[[oid,cid,itemid,quant,$$

$$date, 0]]),$$

$$stock. lib：=replaceList(stock. lib, Ip, [itemid, Q2]),$$

$$res：=["Stock \& order data update done!"]$$

$$)$$

otherwise

$$($$

$$res：=["Sorry! Out of stock, please inform the customer. "]$$

$$);$$

$$getOrderID()=Id<->$$

$$Id0：=orderId. lib,$$

$$Id：=project(Id0, 1),$$

$$orderId. lib2：=Id+1;$$

$$shipment. g=["oid(/ex. 7)"];$$

$$delta\_lambda([\_shipment], paralist)=res<->$$

$$res：=shipment(paralist);$$

$$shipment([oid])=res<->$$

$$(member([oid, cid, itemid, quant, date, state], order. lib))->$$

$$($$

$$project(order. lib, Ip, [oid, cid, itemid, quant, date, state]),$$

$$order. lib：= replaceList (order. lib, Ip, [oid, cid, itemid,$$

$$quant, date, 1]),$$

$$res：=["Order data update done. "]$$

$$)$$

otherwise

$$($$

$$res：=["OrderID is wrong, please try again. "]$$

$$);$$

$$delta\_lambda([\_disp\_order], paralist)=res<->$$

$$res：=disp\_order();$$

$$disp\_order()=res<->$$

$$torder：=defList(ptorder(yy, x, []), member(x, order. lib)),$$

```
        res0：＝["order table","|","table",["oid","cid","cname","itemid",
        "itname","quant","date","state"]],
        res：＝append(res0,torder);
        ptorder(yy,[oid,cid,itemid,quant,date,state],[])<->
                member([cid,cname,ctel,caddress],customer.lib),
                itname：＝getITname(itemid),
                yy：＝[oid,cid,cname,itemid,itname,quant,date,state];
getITname(ITid)＝ITname<->
        member([ITid,ITname],item.lib);


delta_lambda([_disp_stock],paralist)＝res<->
        res：＝disp_stock();
disp_stock()＝res<->
        tstock：＝defList(ptstock(yy,x,[]),member(x,stock.lib)),
        res0：＝["stock table","|","table",["itemid","itname","quant"]],
        res：＝append(res0,tstock);
        ptstock(yy,[itemid,quant],[])<->
                member([itemid,itname],item.lib),
                yy：＝[itemid,itname,quant];


//macro action ordering
ordering.g＝["ordering1","arrival","disp_ordering","disp_customer",
"disp_stock"];
orderingHomeFile.g＝["item.lib"];
ordering.lib.g＝["itemid","itname"];


ordering1.g＝["cid(/ex.7)","itemid(/ex.5)","quant(/ex.200)"];
delta_lambda([_ordering1],paralist)＝res<->
        res：＝ordering1(paralist);
ordering1([cid,itemid,quant])＝res<->
        (member([cid,cN,cT,cA],customer.lib))->
        (
        (member([itemid,itN],item.lib))->
```

$$
\begin{aligned}
&(\\
&\quad orid：=getOrderingID（），\\
&\quad date：=getDate2（），\\
&\quad ordering. lib：= append（ordering. lib，[[orid，cid，itemid，\\
&\quad quant，date，0]]），\\
&\quad res：=["Ordering data update done. "]\\
&\quad)
\end{aligned}
$$

otherwise

$$
\begin{aligned}
&(\\
&\quad res：=["itemID is wrong! Please try again. "]\\
&\quad)\\
&)
\end{aligned}
$$

otherwise

$$
\begin{aligned}
&(\\
&\quad res：=["CustomerID is wrong! Please try again. "]\\
&\quad)；
\end{aligned}
$$

getOrderingID（）＝Id$<->$

Id0：＝orderingId. lib，

Id：＝project（Id0,1），

orderingId. lib2：＝Id＋1；

arrival. g＝["orid（/ex. 15）"]；

delta_lambda（[_arrival]，paralist）＝res$<->$

　　res：＝arrival（paralist）；

arrival（[orid]）＝res$<->$

（member（[orid，cid，itemid，quant，date，state]，ordering. lib））$->$

$$
\begin{aligned}
&(\\
&\quad project（ordering. lib，Ip，[orid，cid，itemid，quant，date，\\
&\quad state]），\\
&\quad ordering. lib：＝replaceList（ordering. lib，Ip，[orid，cid，\\
&\quad itemid，quant，date，1]），\\
&\quad project（stock. lib，pitid，[itemid，\mathbf{Q}]），\\
&\quad Q2：＝Q＋quant，\\
&\quad stock. lib：＝replaceList（stock. lib，pitid，[itemid，Q2]），
\end{aligned}
$$

$$res: = [\text{"Ordering \& stock data update done. "}]$$
$$)$$

otherwise

$$($$
$$res: = [\text{"OrderingID is wrong! Please try again. "}]$$
$$);$$

delta_lambda([_disp_ordering], paralist) = res<->
 res: = disp_ordering();
disp_ordering() = res<->
 tordering: = defList(ptordering(yy, x, []), member(x, ordering. lib)),
 res0: = ["ordering table", "|", "table", ["orid", "cid", "cname",
 "itemid", "itname", "quant", "date", "state"]],
 res: = append(res0, tordering);
 ptordering (yy, [orid, cid, itemid, quant, date, state], [])<->
 member([cid, cname, ctel, caddress], customer. lib),
 itname: = getITname(itemid),
 yy: = [orid, cid, cname, itemid, itname, quant, date, state];

//macro action item
item. g = ["register_item", "update_item", "del_item", "disp_item"];
itemHomeFile. g = ["item. lib"];
item. lib. g = ["itemid", "itname"];

register_item. g = ["itname(/ex. asahi_beerA)"];
delta_lambda([_register_item], paralist) = res<->
 res: = register_item(paralist);
register_item([itname]) = res<->
 (member ([itemid, itname], item. lib))->
 (
 res: = ["Item data is already registered. "]
)
 otherwise

```
                (
                itemid:=getItemID(),
                item.lib:=append(item.lib,[[itemid,itname]]),
                res:=["Item data was registered."]
                );
getItemID()=Id<->
        Id0:=itemId.lib,
        Id:=project(Id0,1),
        itemId.lib2:=Id+1;
```

update_item.g=["olditname(/ex.asahi_beerA)","newitname(/ex.asahi_beerXX)"];
delta_lambda([_update_item],paralist)=res<->
        res:=update_item(paralist);
update_item([olditname,newitname])=res<->
        (member([itemid,olditname],item.lib))->
                (
                project(item.lib,pcid,[itemid,olditname]),
                item.lib:=replaceList(item.lib,pcid,[itemid,newitname]),
                res:=["Item data was updated."]
)
        otherwise
                (
                res:=["Old item data is wrong. Please try again."]
                );

del_item.g=["itname(/ex.asahi_beerA)"];
delta_lambda([_del_item],paralist)=res<->
        res:=del_item(paralist);
del_item([itname])=res<->
        (member([itemid,itname],item.lib))->
                (
                project(item.lib,pcid,[itemid,itname]),
```
```

$$item. lib:=deleteList(item. lib,pcid),$$

$$res:=["Item data was deleted. "]$$

$$)$$

otherwise

$$($$

$$res:=["Item data is wrong. Please try again. "]$$

$$);$$

$$delta\_lambda([\_disp\_item],paralist)=res<->$$

$$res:=disp\_item();$$

$$disp\_item()=res<->$$

$$res0:=["item table","|","table",["itemid","itname"]],$$

$$res:=append(res0,item. lib);$$

参考文献

[1] 山崎利治. 程序设计[M]//计算机科学/软件技术讲座 3. 东京:共立出版,1990.

[2] Takahara Y, Liu Y. Foundations and applications of MIS [M]. Berlin:Springer, 2006.

[3] 玉井哲雄. 软件工程基础[M]. 东京:岩波书店,2004.

8 仿真系统的开发

(1) 理解由多个元素结合形成的系统的自动机模型。

(2) 了解与上述模型相对应的用户模型(利用 CAST 语言建立的模型)的创建方法。

(3) 通过运行简单的用户模型来体验仿真。

(4) 了解在仿真运行中用图表显示数据的方法(位于本章末尾的附录)。

仿真(simulation)有时也称为模拟实验。根据大辞林(三省堂)的解释,仿真指用模型来表达物理或抽象系统,并利用该模型进行实验。在天气预报、灾害的发生及其规模的预测、剧场及商场中(紧急时)的人流预测等多个领域,仿真都得到了广泛应用。仿真有两种形式:一种是通过创建实际模型进行的物理仿真;另一种是利用计算机进行的仿真。本章的讨论对象是后者。计算机仿真(以下简称为仿真)指针对对象系统的内部法则与规则进行建模,在计算机上运行(计算)该模型,分析、理解并预测对象系统的动作及状态变化。

本章将对两个仿真进行探讨。第一个,用于求出微观经济学中均衡价格的系统(价格调整系统)仿真。第二个,通过引力互相吸引的两个物体的运动(二体动力学)仿真。通过体验简单模型的创建,掌握模型理论方法中仿真开发的主要内容。为了进行仿真开发,需要理解对象系统并掌握表达(建模)技能。乍一看,可能认为在进行建模之前先了解针对对象是正常的,但实际上,理解和表达在建模中的先后顺序很难清晰界定。很多情况下,会先创建一个模型,然后一边对这个模型进行调整,一边深化对对象系统的理解。系统指由相互作用的多个元素(部分系统或部分功能)形成的复合体。因此,需要一边逐步阐明对象系统各个元素的动作规则及相互作用,一边进行建模。

下文介绍的两个仿真对象各自都由相互作用的多个状态机(自动机)构成,而在仿真时却都把对象整体看作一个状态机来建模。从某种意义上来说,如果再进一步添加元素,则可以创建规模更大的仿真模型是仿真系统开发的基础。运行本章各节中的用户模型时,需要安装第 5 章中介绍过的 MTA-SDK。可以通过在 MTA-SDK 中的文件夹 dss 内创建用户模型来运行仿真系统。此外,在本章参考文献[1]所给出的公开网站上,对各种仿真模型及数据显示所需的谓词都进行了介绍,可供参考。本章讲述的是面向初学者的仿真开发入门内容。

[8.1]   价格调整系统的仿真

首先,对经济学中的价格调整系统进行简单介绍,其中,生产者(部门)和消费者(部门)通常都表述为实施最优化操作的系统,但是在此,则把它们表述为确定最优值的函数型系统以简化讨论。把价格调整功能建模成状态机,利用 CAST 语言对价格调整系统进行建模。该价格调整系统是一个把生产者与消费者结合在一起的复合系统。

1) 消费者模型

效用函数与费用函数如图 8-1 所示。设 $u(x)$ 为购买(需求)量为 x 时的某种商品对消费者的效用(单位为货币金额)。函数曲线会在斜率递减的同时向右上升,也就是说,向上凸起(见图 8-1)。当价格为 p 时,费用是 px,因此净效用为 $f(x)=u(x)-px$。如果价格 p 是固定的,那么认为消费者会按照净效用最大化($f(x^*)=\max f(x)$)的原则来决定最优购买量(需求量)x^*。如图 8-1 所示,最优购买量(需求量)x^* 是 $u(x)$ 与 px 之间差值最大之处。

由于确定了与价格 p 相对应的最优购买量(需求量)x^*,因此可以用函数表示最优购买(需求)量($x^*=S1(p)$)。函数 $S1$ 称为需求函数(见图 8-2)。需求曲线是向右下降的,表明需求会随着价格的上升而降低。例如,当净效用为 $f(x)=4\sqrt{x}-px$ 时,最优购买量(需求量)可以通过微分计算得到。对 $f'(x)=2/(\sqrt{x})-p=0$ 进行整理后,得到 $x=4/p^2$,因此以下公式成立。

$$S1(p) = 4/p^2 \qquad\qquad (8-1)$$

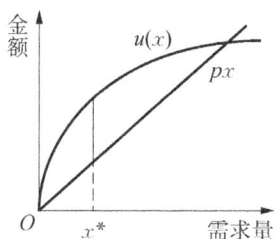

图 8-1　效用函数与费用函数

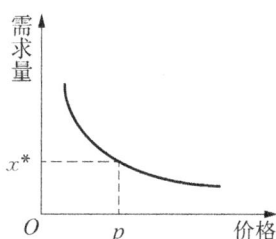

图 8-2　需求函数 $S1$

2) 生产者模型

收入函数与费用函数如图 8-3 所示。设 $v(y)$ 为生产(供给)量为 y 的某种商品的成本(单位为货币金额)。函数曲线会在斜率递增的同时向右上升,也就是说,向下凸起(见图 8-3)。当价格为 p 时,如果商品全部卖出,则收入为 py,因此净利润为 $g(y) = py - v(y)$。由于生产者知道价格为 p 时,可以将商品全部卖出,因此会按照净利润 $g(y)$ 最大化的原则($g(y^*) = \max g(y)$)来决定最优生产量(供给量)y^*。如图 8-3 所示,最优生产量(供给量)y^* 是 py 与 $v(y)$ 之间差值最大之处。

由于确定了与价格 p 相对应的最优生产量(供给量)y^*,因此可以用函数表示最优生产(供给)量($y^* = S2(p)$)。函数 $S2$ 称为供给函数(见图 8-4)。供给曲线是向右上升的,表明供给量会随着价格的上升而升高。例如,当净利润为 $g(y) = py - y^2$ 时,最优生产量(供给量)可以通过微分计算得到。对 $g'(y) = p - 2y = 0$ 进行整理后,得到 $y = (1/2)p$,因此以下公式成立。

$$S2(p) = (1/2)p \qquad\qquad (8-2)$$

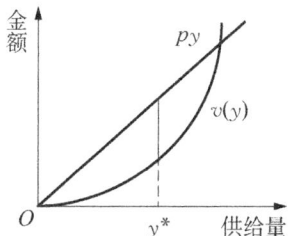

图 8-3　收入函数与费用函数

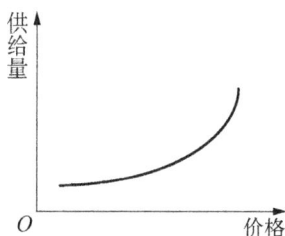

图 8-4　供给函数 $S2$

3) 价格调整系统

现在,假设有一个可以调整价格 p 的调整者 $S3$,按照如下规则进行调整。

(1) 如果需求量大于供给量($S1(p) > S2(p)$),那么将价格 p 稍微上调。

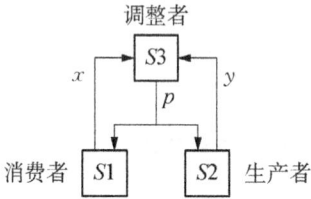

图 8 - 5　价格调整系统

(2) 如果供给量大于需求量($S1(p) < S2(p)$),那么将价格 p 稍微下调。

如图 8 - 5 所示,将 $S1,S2,S3$ 结合在一起的复合系统称为价格调整系统。无论价格从哪个初始状态(p,x,y)开始,价格 p 都会由于 $S3$ 的调整规则而波动,最终达到平衡状态($S1(p) = S2(p)$)。在本章,将建立仿真模型来模拟此价格调整系统。

8.1.1　自动机模型

如图 8 - 6 所示,最终形成的价格调整系统 $S4$ 是一个由 3 个元素组成的复合系统。

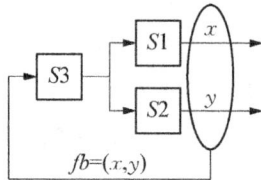

图 8 - 6　价格调整系统 $S4$

把各个元素分别建模成状态机$<\delta1><\delta2><\delta3>$。状态机的输出与状态等价,因此 x 是 $S1$ 的状态,y 是 $S2$ 的状态,p 是 $S3$ 的状态。

利用式(8 - 1)和式(8 - 2),即可将消费者 $S1$ 的状态迁移函数 $\delta1$ 与生产者 $S2$ 的状态迁移函数 $\delta2$ 写为

$$\delta1(x,p) = xx \leftrightarrow xx = 4/p^2$$

$$\delta2(y,p) = yy \leftrightarrow yy = (1/2)p$$

针对当前需求量 x 和供给量 y,如果给出了新价格 p,那么与该价格 p 相对应的新需求量 xx 和新供给量 yy 是确定的。无论哪一个都与当前的状态 x,y 无关,只需利用状态迁移函数并输入 p 就可以计算得到下一个状态。也就是说,可以用状态机来表示函数型系统。如果将价格 p 输入到状态机 $S1$,

S2 中,则可以计算得到新需求量 xx 与新供给量 yy。计算得到的新需求量 xx 与新供给量 yy 称为下一个状态(输出)。

如前所述,调整者 S3 为一个状态机。该状态机收到与 p 相对应的需求量与供给量的二元组数据 (x,y) 时,在对其进行比较后,输出调整后的价格 pp,作为下一时刻的状态。其价格调整规则如下所述。如果误差 $|x-y|$ 落在 0.1 的可接受范围内,则 $pp=p$,即已达到均衡价格。

$$\delta3(p,(x,y))=pp \leftrightarrow pp=p \begin{cases} p+0.05 & (x-y>0.1) \\ p & (|x-y|\leqslant 0.1) \\ p-0.05 & (x-y<-0.1) \end{cases}$$

价格调整系统 S4 的状态是由当前建议价格 p,以及与该价格相对应的需求量 x 和供给量 y 形成的三元组 (p,x,y)。一般来说,多个元素系统组合在一起形成的复合系统的整体状态可以由全部元素系统的状态的多元组来表示。S4 的状态机模型 $<\delta4>$ 为

$$\delta4(p,x,y)=(pp,xx,yy) \leftrightarrow$$
$$fb=(x,y),$$
$$pp=\delta3(p,fb),$$
$$(pp,xx,yy)=(pp,\delta1(x,pp),\delta2(y,pp))$$

此表达式有以下两个特点。首先,价格调整系统 S4 是自律系统。也就是说,S4 是一个没有输入,但会随着时间的推移自律迁移自己状态的模型。因此,可以用 $\delta4$(当前状态)=下一时间点的状态来表示。其次,此表达式表示的是确定值的逻辑顺序。先确定提供给调整者的输入(需求量与供给量的反馈 fb),然后计算调整者的输出(调整后的价格 pp),接下来确定消费者与生产者的输出(与调整后的价格 pp 相对应的新需求量与新供给量的二元组)。上述过程如图 8-6 从左到右的内容所示。

8.1.2 用户模型

利用 CAST 语言对价格调整系统建立的模型(用户模型)如图 8-7 所示。此模型中,delta1 与 delta2 分别是消费者 S1 与生产者 S2 的状态迁移函数,计算与建议价格 p 相对应的需求量与供给量。delta3 是调整者 S3 的状态迁移函数,比较与当前价格(状态)p 相对应的需求量 x 与供给量 y(输入),计算下

一时间点的价格 pp（输出）。

以 $S1,S2,S3$ 为元素形成的价格调整系统 $S4$ 的状态是三元组 (p,x,y)。在此，假设初始状态为 $[1,4,0.5]$。价格调整系统的状态迁移函数是 delta4。反馈是 $fb:=[x,y]$，首先将该反馈代入 delta3 中，然后将得到的价格 pp 代入 delta1 与 delta2 中。

该用户模型中，delta4$([p,x,y],\text{dummy})=$cc 中的输入 $dummy$ 是一个不会产生任何影响的变量，只用于表示时间的推移。此外，该模型还设定输入 30 次虚拟输入值"d"（inputsequence()$=$"d"；times()$=30$；）[①]。

```
//price6.set        计算均衡价格的自动机
func([delta1,delta2,delta3,delta4]);
delta1(x,p)=xx<−>xx:=4/(p*p);
delta2(y,p)=yy<−>yy:=(1/2)*p;
delta3(p,[x,y])=pp<−>
    (x−y>0.1)−>(pp:=p+0.05),
    (x−y<−0.1)−>(pp:=p−0.05),
    (abs(x−y)<=0.1)−>(pp:=p);
delta4([p,x,y],dummy)=cc<−>
    fb:=[x,y],
    pp:=delta3(p,fb),
    cc:=[pp,delta1(x,pp),delta2(y,pp)];
inputsequence()="d";
times()=30;
initialstate()=c0<−>c0:=[1,4,0.5],hist.g:=[];
delta(c,a)=delta4(c,a);
```

图 8-7 利用 CAST 语言对价格调整系统建立的模型（用户模型）

8.1.3 运行结果

可以在 MTA-SDK 中编译并运行图 8-7 所示的用户模型，其运行结果如图 8-8 所示。另外，在本章末的附录中举例说明了添加图形显示功能的用户模型，其运行结果如图 8-9 所示。

---

① 尽管并未在本章提及，但是在 MTA-SDK 中，可以把问题求解系统（第 6 章）和仿真组合起来运行。如有兴趣，请参见公开网站[1]中的技术材料"价格调整系统（均衡价格）"。实际上，该模型并未使用微分，而是将消费者 S1 与生产者 S2 作为问题求解（此处为优化）系统进行了仿真。

图 8-8　用户模型的运行结果

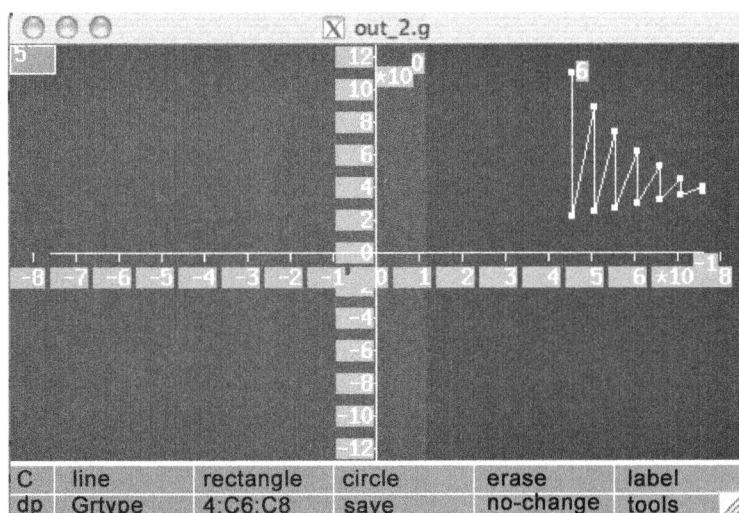

图 8-9　添加图形显示功能的用户模型的运行结果

练 习 题

8-1 尝试创建并运行消费者的效用随着时间推移而发生变化的模型。例如,考虑消费者对该商品心生厌倦的情况。

［提示］

设消费者的效用为 $u(x,t)=(4-0.02t)\sqrt{x}$(创建一个适当的函数,该函数曲线向上凸起,且凸起程度会随时间的推移而发生变化)。此时,根据 $S1(p)=(2-0.01t)^2/p^2$,添加一个表示时间的变量 t,就可以得到以下表达式。

delta1(p,x,t)=xx<->xx=(2-0.01*t)*(2-0.01*t)/(p*p)

对于该式,需要将计算次数设成 200 次以下以确保系数不变负数。实际上,可以用全局变量 $t.g$ 来表示时间,该全局变量的值会随着计算次数的增加而增加。

参考答案:

```
//price8. set    该模型含消费者的效用随时间推移而发生变化的情况
func([delta1,delta2,delta3,delta4]);
delta1(x,p,t)=xx<->
    xx=(2-0.01*t)*(2-0.01*t)/(p*p),showHistory(p,xx);
delta2(y,p)=yy<->yy:=(1/2)*p,showHistory(p,yy);
delta3(p,[x,y])=pp<->
    (x-y>0.1)->(pp:=p+0.05),
    (x-y<-0.1)->(pp:=p-0.05),
    (abs(x-y)<=0.1)->(pp:=p);
delta4([p,x,y],a)=cc<->
    t:=t.g,
    fb:=[x,y],
    pp:=delta3(p,fb),
    cc:=[pp,delta1(x,pp,t),delta2(y,pp)],
    t.g:=t+1;

inputsequence()="d";
times()=150;
initialstate()=c0<->c0:=[1,4,0.5],hist.g:=[],t.g:=0;
delta(c,a)=delta4(c,a);

showHistory(u,v)<->
    hist1:=hist.g,
    hist2:=append(hist1,[[u,v]]),
    show2(2,transpose(hist2),"trajectory"),
    hist.g:=hist2;
```

[8.2]　二体动力学的仿真

其次,创建一个与二体动力学相对应的仿真模型,并在 MTA-SDK 中运行该模型。建模对象二体动力学指两个物体在引力的作用下互相吸引运动的系统[①]。

通过计算求得该系统内物体的运动轨迹(轨道)的问题称为"二体问题"。尽管二体问题已经在物理学中通过解析方法得到了解决,但在本书中,将从模型理论方法的角度重新创建一个仿真模型,并通过运行该仿真模型得到运动轨迹。通常,在动力学系统的仿真中,当给出每个物体的位置 $u_i(t)$ 后,会近似计算经过了极短时间 h 后的位置 $u_i(t+h)$,然后不断反复运行此计算过程,得到物体在未来某一时间点的位置。把各个时间点的位置 $u_i(t),u_i(t+h)$,$u_i(t+2h)$…描绘在图形上,就可以得到物体的运动轨迹。这也是本章要采取的建模策略。

8.2.1　自动机模型

物体 1 和物体 2 不受外力作用,仅在引力的作用下互相吸引运动的系统称为二体动力学(见图 8-10)。众所周知,引力的大小与物体质量乘积成正比,与距离的平方成反比,因此位置是使状态发生变化的重要因素。引力会产生加速度,而加速度又会使得速度发生变化,其结果又会导致位置发生变化。这是物体间相互作用的本质所在。在物体 1 的位置发生变化的同时,物体 2 的位置也在变化。因此,不只是物体间的距离在发生变化,物体间引力的作用方向也在发生变化。由此看来,位置也是引起变化的重要因素。

下面内容中,用粗体字来表示向量。设两个物体的质量分别为 m_1 与 m_2,在时间点 t 的位置分别是 $u_1(t),u_2(t)$,速度分别是 $v_1(t),v_2(t)$,加速度分别是 $a_1(t),a_2(t)$。引力 $F_1(t),F_2(t)$ 的作用方向是 $r(t)=u_1(t)-u_2(t)$。图 8-10 中符号 O 是直角坐标系的原点。在该系统中,两个物体之间始终存在引力。

在模型理论方法中,将此系统看作由多个元素系统相互作用结合形成的

---

① 对于不熟悉物理学的读者,请参阅基础的大学教科书。例如,由沢田、影山、小口、柳编写的《基础物理I》(第三版)(1983),槙书店,第 91-92 页。

系统,二体动力学的模型结构如图 8-11 所示,对此系统进行建模。本章中,将各个元素系统作为状态机(state machine),相互作用(引力)作为函数进行建模。此外,还将整体系统作为自动机进行建模。

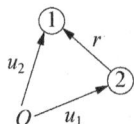

图 8-10　二体动力学　　图 8-11　二体动力学的模型结构

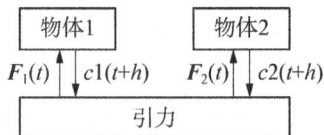

在对各个物体的运动进行建模时,设各个物体在时间点 t 时的状态如下:

$$c1(t)=(m_1,\boldsymbol{u}_1(t),\boldsymbol{v}_1(t))$$
$$c2(t)=(m_2,\boldsymbol{u}_2(t),\boldsymbol{v}_2(t))$$

首先,把物体 1 公式化成状态机 $<\delta1>$。引力会产生加速度,加速度会使速度发生变化,其结果会导致位置发生变化。物体 1 的运动方程是 $m_1 \cdot \boldsymbol{a}_1 = \boldsymbol{F}_1$,因此加速度 $\boldsymbol{a}_1(t)=(1/m_1) \cdot \boldsymbol{F}_1(t)$。为了进行近似计算,可以设经过极短时间 h 后的速度与 $\boldsymbol{v}_1(t+h)=\boldsymbol{v}_1(t)+h \cdot \boldsymbol{a}_1(t)$ 近似,设位置与 $\boldsymbol{u}_1(t+h)=\boldsymbol{u}_1(t)+h \cdot \boldsymbol{v}_1(t+h)$ 近似。因此,可以用以下逻辑表达式将物体 1 的状态迁移函数公式化。

$$\delta1(c1(t),\boldsymbol{F}_1(t))=c1(t+h)\leftrightarrow$$
$$\boldsymbol{a}_1(t)=(1/m_1) \cdot \boldsymbol{F}_1(t),$$
$$\boldsymbol{v}_1(t+h)=\boldsymbol{v}_1(t)+h \cdot \boldsymbol{a}_1(t),$$
$$\boldsymbol{u}_1(t+h)=\boldsymbol{u}_1(t)+h \cdot \boldsymbol{v}_1(t+h),$$
$$c1(t+h)=(m_1,\boldsymbol{u}_1(t+h),\boldsymbol{v}_1(t+h)) \qquad (8-3)$$

其中,符号 $\leftrightarrow$ 是充分必要条件的逻辑符号。同样,把物体 2 作为状态机 $<\delta2>$,公式化后得到的表达式为

$$\delta2(c2(t),\boldsymbol{F}_2(t))=\delta1(c2(t),\boldsymbol{F}_2(t)) \qquad (8-4)$$

系统整体的状态是 $c(t)=(m_1,\boldsymbol{u}_1(t),\boldsymbol{v}_1(t),m_2,\boldsymbol{u}_2(t),\boldsymbol{v}_2(t))$。此时,在 r 方向上的单位向量是 $(\boldsymbol{u}_1(t)-\boldsymbol{u}_2(t))/r$,根据万有引力定律,物体 1 受到的来自物体 2 的力为

$$\boldsymbol{F}_1(t)=-\left[(G \cdot m_1 \cdot m_2)/r^2\right] \cdot (\boldsymbol{u}_1(t)-\boldsymbol{u}_2(t))/r$$

其中,G 是万有引力常数。根据作用力与反作用力的法则,物体 2 受到的来自物体 1 的力是 $-\boldsymbol{F}_1(t)$。如果把表示状态 $c(t)$ 与两物体所受的力 $(\boldsymbol{F}_1,\boldsymbol{F}_2)$ 之间的对应关系的函数定义为

$$\theta(c(t)) = (\boldsymbol{F}_1(t),\boldsymbol{F}_2(t)) \leftrightarrow$$
$$r = \sqrt{\mid \boldsymbol{u}_1(t) - \boldsymbol{u}_2(t) \mid^2},$$
$$\boldsymbol{F}_1(t) = -[(G \cdot m_1 \cdot m_2)/r^2] \cdot (\boldsymbol{u}_1(t) - \boldsymbol{u}_2(t))/r,$$
$$\boldsymbol{F}_2(t) = -\boldsymbol{F}_1(t) \tag{8-5}$$

那么,该函数就是图 8-13 中的"相互作用"。

通过式(8-3)、式(8-4)、式(8-5)实现了对构成图 8-13 的各个元素系统的公式化。然后,组合上述表达式,将整体系统公式化成自动机 $<\delta,\lambda>$。此时系统的状态是 $c(t)=(m_1,\boldsymbol{u}_1(t),v_1(t),m_2,\boldsymbol{u}_2(t),v_2(t))$,整体系统的状态迁移函数可以定为

$$\delta(c(t)) = c(t+h) \leftrightarrow$$
$$(\boldsymbol{F}_1(t),\boldsymbol{F}_2(t)) = \theta(c(t)),$$
$$c1(t+h) = \delta1(c1(t),\boldsymbol{F}_1),$$
$$c2(t+h) = \delta2(c2(t),\boldsymbol{F}_2),$$
$$c(t+h) = (c1(t+h),c2(t+h)) \tag{8-6}$$

至此,已经将整体系统公式化为自动机 $<\delta,\lambda>$。由于没有外力,因此该自动机是一个自律自动机,其状态会自主变化。在实际仿真中,该自动机会反复利用 δ 计算下一时间点的位置与速度,描画两个物体的位置(2 个点)。

8.2.2 用户模型

如图 8-12 所示,利用 CAST 语言建立用户模型。其中的 preprocess 语句是对事先准备的谓词进行预处理。用全局变量来定义万有引力常数 G 与时间步长 h,代入适当的值后,打开图形显示窗口,将该窗口编号代入到全局变量 $Wp.g$ 中。此外,为了强制实现时间的推移,输入了 4 000 次虚拟值 "d" (inputsequence()="d";times()=4000;)[①]。

[①] 目前,最多可在图形显示窗口描画 20 000 个对象。二体动力学系统每次状态迁移部需要描画两个点,因此最多可进行 10 000 次状态迁移(仿真循环)。状态迁移次数较多时,也可以不进行描画操作,先把输出 b(位置)保存在文件中,然后再利用商业软件描画图像。关于保存输出的方法,请参阅网站[1]中的技术资料"文件操作"及"用 Spread Sheet 显示数据"。

```
//twobody10. set
func([delta1,delta2,theta]);
preprocess()<->
    G. g:=100,h. g:=0. 01,
    wopen(Wp,"xyplot"),
    plaingraph(Wp),
    Wp. g:=Wp;
inputsequence()="d";
times()=4000;
initialstate()=c0<->
    c0:=[200,[100,100],[0,3],300,[300,100],[0,-2]];
delta1([m,u,v],F)=cc<->               //物体1的运动
    a:=(1/m)*F,
    v_next:=v+h. g*a,
    u_next:=u+h. g*v_next,
    cc:=[m,u_next,v_next];
delta2(c,F)=delta1(c,F);              //物体2的运动
theta1([m1,u1,v1,m2,u2,v2])=[F1,F2]<->   //相互作用
    r:=sqrt(sum((u1-u2)*(u1-u2))),
    F1:=-(G. g*m1*m2/(r*r*r))*(u1-u2),
    F2:=-F1;
delta ([m1,u1,v1,m2,u2,v2],dummy)=cc<->   //整个系统
    [F1,F2]:=theta([m1,u1,v1,m2,u2,v2]),
    cc1:=delta1([m1,u1,v1],F1),
    cc2:=delta2([m2,u2,v2],F2),
    cc:=append(cc1,cc2),
  showGraph(cc);
showGraph([m1,u1,v1,m2,u2,v2])=b<->   //描画
  xwrite(Wp. g,"r",append(u1,u1)),
  xwrite(Wp. g,"r",append(u2,u2));
```

图 8-12 利用 CAST 语言建立用户模型

状态变量是由质量、位置与速度这 3 个量形成的列表,即 $c=[m_1,u_1,v_1,$ $m_2,u_2,v_2]$。该模型设 c0:$=[200,[100,100],[0,3],300,[300,100],[0,-$ $2]]$为初始状态。delta1$(c,F)=cc$ 是一个物体的状态迁移函数(式(8-3))。theta(c,F)是相互作用函数。delta$(c,dummy)=cc$ 是整体系统的状态迁移函数。利用式(8-6)计算下一个状态(即 cc:$=[m1,u1\_next,v1\_next,m2,$ u2_next,v2_next])。最后,利用用户定义的谓词 showGraph 在已经打开的图形显示窗口中描画各个物体的位置(2 个点)。

8.2.3 运行结果

在利用模型理论方法进行的仿真中,可以把利用文本编辑器创建的用户模型读入到开发运行环境 Simcast 中,并进行编译和运行。运行情况如图 8 - 13 所示。由于物体 1 的质量比物体 2 的小 ($m_1 = 200, m_2 = 300$),因此左侧的椭圆形更大一些。从初始值看,重心的速度为 $m_1 \cdot v_1 + m_2 \cdot v_2 = 3 \times 200 - 2 \times 300 = 0$,整体重心的位置是固定的。因此,运动轨迹恒定。

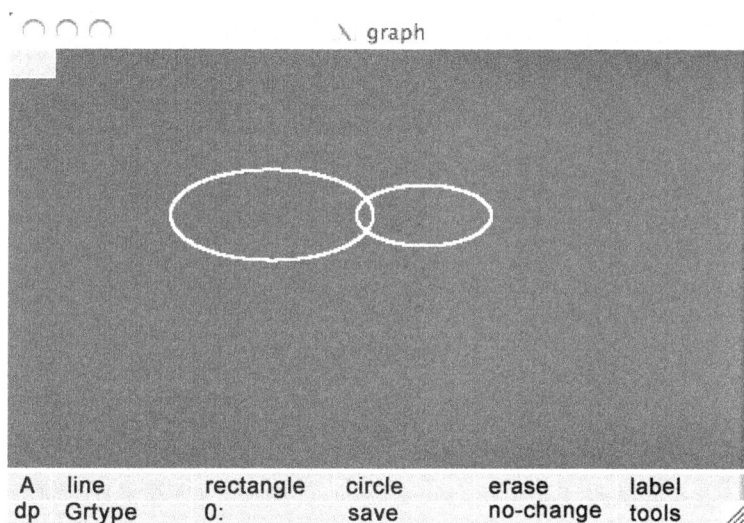

$G = 100, h = 0.01,$
$c0 = [200, [100, 100], [0, 3], 300, [300, 100], [0, -2]]$

图 8 - 13　运行情况

最初,设步长 $h = 0.01$ 有些偏大,因此曾担心物体运动轨迹形成的曲线可能不闭合,但结果出人意料,绘制出了一个闭合曲线。由于是近似计算,因此也有可能发生在某些参数值时曲线不闭合的情况[1]。

重心的移动情况如图 8 - 14 所示,图中展示了将重心的速度从零变更成具有一定值的初始速度后,再次运行得到的结果。从初始值看,重心的速度为 $m_1 \cdot v_1 + m_2 \cdot v_2 = 4 \times 200 - 3 \times 300 = -100$。因此,两物体的运动轨迹以恒定速度向上移动。

---

[1] 质量比 m_1/m_2 变大后,误差会累积并导致运动轨迹椭圆变形。实际上,当 $m_1/m_2 = 1\,000$ 左右时,就有可能发生椭圆变形的情况。此时可以通过缩小步长($h = 0.001$ 左右)来避免发生这种情况。但需要注意的是,状态迁移的次数有上限。

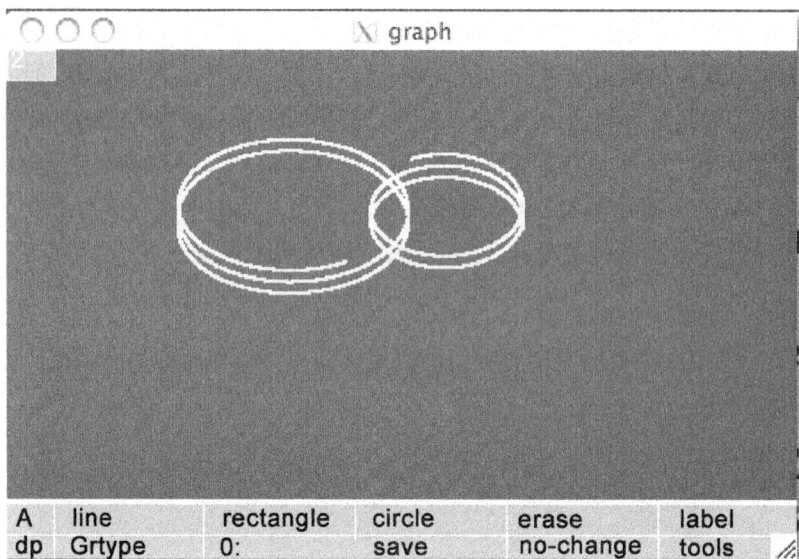

$G=100, h=0.01,$
$c0=[200,[100,100],[0,4],300,[300,100],[0,-3]]$

图 8‑14　重心移动的情况

练 习 题

8‑2　尝试改变初始状态 initialstate() 的值，改变质量比后再次运行该模型。确认重心的速度，考虑如何才能确保运动轨迹的曲线真正闭合，并运行该模型。

［提示］

要确认运动轨迹的曲线是否真正闭合，可以通过创建只有一个物体运动的模型来验证。

此外，CAST 语言还可以进行列表计算，因此可以重写状态迁移函数（不定义系统元素 delta1，delta2，theta），将其写成如下非常简短的表达式。

```
delta([m1,u1,v1,m2,u2,v2],a)=cc<->
    r:=sqrt(sum((u1-u2)*(u1-u2))),
    F:=-(G.g*m1*m2/(r*r*r))*(u1-u2),
    [a1,a2]:=[(1/m1)*F,-(1/m2)*F],
    [v1_next,v2_next]:=[v1,v2]+h.g*[a1,a2],
    [u1_next,u2_next]:=[u1,u2]+h.g*[v1_next,v2_next],
    cc:=[m1,u1_next,v1_next,m2,u2_next,v2_next];
```

如果仅仅只是关注运行仿真,则上述语句就可以实现了。但是,本书着重于对系统模型的理解,因此还是给出了物体间相互作用与系统元素的解析式模型(见图 8 - 12)。

参考答案:略

［8.3］ 建模的基础

利用模型理论方法仿真时,建模的背景理论是标准的自动机理论。基本原理是将多个状态机(自动机)结合形成的系统在整体上视为一个状态机(自动机)。这正是系统开发环境(MTA-SDK)的动作原理。如果引擎可以驱动一个自动机,则其可以驱动任意多个复合系统。开发方法论也遵循同一原理。通过将多元素自动机组合起来形成中等规模的复合模型,再将多个中等规模的模型组合起来形成多层系统。这种分阶段建模始终遵循同一原理,由此,就可以实现复杂复合系统的仿真。

需要注意的是,复合系统中有并行处理和顺序处理两种系统。并行处理系统(concurrent processing system)指全部元素都在自律运行的复合系统,与构成系统的各个元素之间的结合形态无关。例如,由自律运行的多台个人计算机连接起来形成的互连网(计算机网络)是并行处理系统。8.2 节中,将二体动力学建模成了一个并行处理系统。此系统中,物体间相互作用 θ 一直存在,并利用其值同时计算两个物体的位置。顺序处理系统(sequential processing system)指构成系统的各元素按照固定的顺序逐个(逐组)发生动作的复合系统。也就是说,当元素 1 运行处理时,元素 2 与元素 3 都不发生动作,当元素 2 运行处理时,元素 1 与元素 3 都不发生动作,像这样,各个元素按照固定顺序(框图从左到右)逐个发生动作。例如,8.1 节的价格调整系统中,在调整者提供调整后的价格 pp 后,消费者与生产者利用该价格确定需求量与供给量。也就是说,该系统的处理顺序是调整者→消费者和生产者。需要注意的是,即使两者都采用了相同的结合方案,并行处理系统与顺序处理系统仍然是运行不同动作的系统,因此需要为这两种系统创建不同的模型。详细请参阅文献[2]。

附　录

【添加图形显示功能的用户模型】

```
//price7.set    计算均衡价格的自动机(含图形显示功能)
func([delta1,delta2,delta3,delta4]);
delta1(x,p)=xx<->xx:=4/(p*p),showHistory(p,xx);
delta2(y,p)=yy<->yy:=(1/2)*p,showHistory(p,yy);
delta3(p,[x,y])=pp<->
      (x-y>0.1)->(pp:=p+0.05),
      (x-y<-0.1)->(pp:=p-0.05),
      (abs(x-y)<=0.1)->(pp:=p);
delta4([p,x,y],a)=cc<->
      fb:=[x,y],
      pp:=delta3(p,fb),
      cc:=[pp,delta1(x,pp),delta2(y,pp)];
inputsequence()="d";
times()=30;
initialstate()=c0<->c0:=[1,4,0.5],hist.g:=[];
delta(c,a)=delta4(c,a);
showHistory(u,v)<->
      hist1:=hist.g,
      hist2:=append(hist1,[[u,v]]),
      show2(2,transpose(hist2),"trajectory"),
      hist.g:=hist2;
```

【用于图形显示的谓词】

上面的用户模型中,使用了进行简易图形显示的谓词 show2。仿真开发运行环境 Simcast 中,show 系列的谓词具有以下 3 个特点。

(1) 不需要为了打开图形窗口进行事先设定。

(2) 显示与图形种类相符的坐标轴。

(3) 坐标轴的比例(刻度)会根据数值的大小进行调整。

请通过亲手操作来体验坐标轴比例的变化。

【格式】

(1) show2(编号,数据,图形的种类)。

(2) show1(数据,图形的种类)。

【示例】例 8-1

(1) show2(3,[10,20,30],"plot")。

(2) show1([10,20,30],"plot")。

(3) show1([[3,4,5],[10,20,30]],"xyplot")。

(4) show1([[3,4,5],[10,20,30]],"trajectory")。

【含义】解答与说明

(1) 打开名为 out_3.g 的图形显示窗口,在坐标平面上绘制并连接 3 个点

$(0,10),(1,20),(2,30)$的折线。

（2）打开名为 out_0.g 的图形显示窗口，绘制并连接与 show2$(0,[10,20,30],"plot")$相同的折线。show2 语句可以给窗口名编号$(out\_编号.g)$以此来区分多个图形显示窗口，而 show1 只使用一个图形显示窗口 out_0.g。

（3）绘制 3 个点$(3,10),(4,20),(5,30)$。

（4）连接 3 个点$(3,10),(4,20),(5,30)$。

通过利用上述 show 系列谓词，用户可以在处理少量数据（400 个以内数据）时，简单方便地使用图形显示窗口而无需进行窗口设计。但是，此方法并不适用于固定了坐标轴的大量数据的显示。8.2 节二体动力学的仿真中使用的 wopen 系列谓词不显示图像的坐标轴，最多可绘制 20 000 个数据。

【格式】例 8-2

（1）wopen(wp,"xyplot")。

（2）plaingraph(wp)。

（3）xwrite(wp,"q",[x1,y1,x2,y2])。

（4）xwrite(wp,"c",[x1,y1,x2,y2])。

【含义】解答与说明

（1）打开新的 xyplot 窗口。将窗口编号（整数）代入到自动变量 wp 中。

（2）以编号为 wp 的窗口显示坐标轴。新坐标系中，设窗口左上端为原点$(0,0)$，横轴 x 向右，纵轴 y 向下。

（3）绘制左上端的坐标为(x_1,y_1)，右下端的坐标为(x_2,y_2)的矩形。$(x_2,y_2)=(x_1,y_1)$或者$(x_2,y_2)=(x_1+1,y_1+1)$表示点数据的赋值。

（4）绘制圆心为(x_1,y_1)，圆周通过点(x_2,y_2)的圆盘。圆的半径为$\sqrt{(x_2-x_1)^2+(y_2-y_1)^2}$。

【限制】

应该尽可能在 preprocess() 内使用谓词 wopen() 和 plaingraph()。利用谓词 xwrite()，可以在窗口中最多绘制 20 000 个图形（用矩形代替点）。与 show 系列谓词不同，xwrite 系列谓词之前绘制的点不会消失，随着绘制过程的进行，窗口中的点是逐渐增加的。只有当点的坐标满足条件 $x>0,y>0$ 时（方向向下的第一象限），点才可见。因此，当 x 或 y 的值是负数时，需要想办法移动图形的位置。

窗口的种类有图形、电子表格、文本这三种。全部窗口都有窗口编号与窗口名称。用 show 系列函数显示图形时，以窗口名称$(out\_n.g)$进行区别。用

wopen 系列函数显示图形时,以窗口编号进行区别。虽然窗口名称或编号的末尾都是 . g,但该表达与全局变量没有关系。显示电子表格时,不同窗口用窗口编号来区别。详细请参阅公开网站上的相关技术资料[1]。

参考文献

[1] 旭贵朗. 利用模型描述语言 CAST 仿真的技术资料[EB/OL](2012 - 09 - 01). http://www2. toyo. ac. jp/~asahi/research/simulation/.

[2] 旭贵朗. 复合系统的分类与利用 CAST 语言建模的技术资料[EB/OL](2008 - 03 - 26). http://www2. toyo. ac. jp/~asahi/research/simulation/docs/connection. doc.

索　引